はじめての刑法ウォーミングアップ

総論・各論

一瀬 裕文

第2章　社会公共の法益を侵害する罪

第3章　国家の法益を侵害する罪

総論

1 構成要件該当性
不作為犯
因果関係

犯罪成立
の3要件

2 違法性
正当行為
正当防衛
緊急避難

3 有責性
責任能力
故意・過失
錯誤

未遂犯

共同正犯

罪数

共犯

教唆犯

従(幇助)犯

はじめに

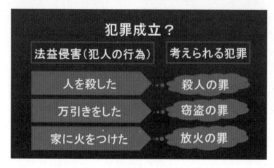

どんな行為が、犯罪となるのか。皆さん方は、例えば、人を殺したと聞けば殺人の罪を、万引きをしたと聞けば窃盗の罪を、家に火をつけたと聞けば放火の罪を思い浮かべると思います。幼いころから家庭で教えられた、ニュースや小説・ドラマなどを見てなんてあるかもしれません。このように漠然と犯罪について理解はしているものの、実際に法律の条文を見て、罪名や刑罰を確認することは、特別の動機がなければまずはないと思います。

"はじめての刑法"、刑法が、犯罪に関してどのように定めているのか、刑法総論について細かい学説の対立には深入りせず、判例・通説の立場を基本に広く浅くお話していきます。その広さ、浅さの"物差し"は、実際に現場で事件・事故を取り扱ってきた私の経験則です。

なお、裁判例については、裁判所名と裁判年月日を略記しますので、インターネット上の最高裁判所「裁判例検索」などを活用して、直に確認してください。

第1 刑法の概観

1 罪刑法定主義 "法律なければ犯罪もなく刑罰もなし"

まず、大原則である憲法が定める**罪刑法定主義**（第31条、第39条）についてお話しします。

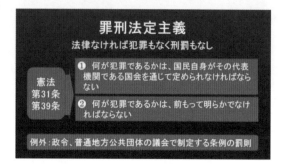

罪刑法定主義とは、「犯罪と刑罰はあらかじめ法律によって明確に定められていなければならない」という原則です。二つの内容があります。

❶つ目は、何が犯罪であるかは、国民の代表機関である国会を通じて定められること。これには例外があり、政令や普通地方公共団体の議会で制定する条例の罰則などは例外となります。❷つ目は、何が犯罪であるかは、前もって明らかでなければならないということです。

傍目には、悪いことをしているように見えても、その行為を処罰する法律がなければ、それは犯罪ではなく、罰せられることはないということです。例えば「不倫」、社会的・倫理的に許されない行為で、民事上の「不法行為」となり得ますが、犯罪として法律で定められていませんので処罰されることはありません。

この罪刑法定主義に基づき制定された刑法。現在の刑法は 1907（明治 40）年に制定され、幾多の改正を経て、今日に至っています。

2　刑法の概観〜総論と各論の二部構成

次に、刑法がどのような構成、言わば建付けになっているのか見てみます。

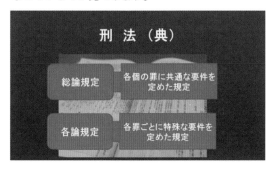

刑法は、総論と各論の二部構成、第一編「総則」、第二編「罪」となっています。「総則」には、刑の適用範囲や未遂、共犯など犯罪に共通する一般原則が書かれています。そして、「この編の規定は、他の法令の罪についても、適用する。ただし、その法令に特別の規定があるときは、この限りでない。」（第8条）と、刑法以外の刑罰法規にも適用されます。他方「罪」には、それぞれの**犯罪が成立するための要件**（以下、「**構成要件**」という。）とその**刑罰の内容**（以下、「**法定刑**」という。）が書かれています。

刑法以外の刑罰法規、と言いましたが、総称して「**特別刑法**」あるいは「**特別法**」と呼んでいます。時代が変化する中で、刑法が定めている犯罪類型にそぐわない、言わば新手の犯罪も出てきます。それに対応するため社会情勢に合わせて制定されてきた新たな法律が特別刑法です。例えば、軽犯罪法、覚醒剤取締法、銃砲刀剣類所持等取締法などなど、平成に入り制定されたものとして、いわゆるストーカー規制法（注1）や児童買春・児童ポルノ法（注2）、自動車運転処罰法（注3）などがあります。これらの特別刑法にも、刑法の総則が適用されます。

正式名称（注1）ストーカー行為等の規制等に関する法律、**（注2）**児童買春、児童ポルノに係る行為等の規制及び処罰並びに児童の保護等に関する法律、**（注3）**自動車の運転により人を死傷させる行為等の処罰に関する法律

刑法に話を戻します。刑法の建付けである総論規定と各論規定の概観を示すとこのようになります。

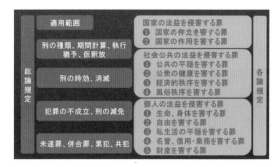

さらに、各論規定を概観すると、次のようになります。国家、社会公共、個人と法益侵害の対象に分けて整理しています。

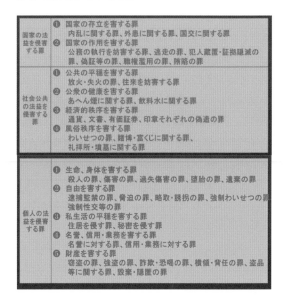

以上が、刑法の概観です。

第2　犯罪成立の3要件

　犯罪の成立要件についてお話しします。これは、刑法各論と絡んだ刑法総論の論点です。

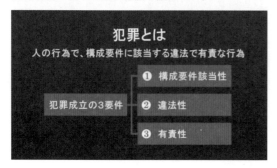

　「犯罪」とは、人の行為で、構成要件に該当する違法で有責な行為をいいます。言い換えると、犯罪とは、「構成要件該当性」、「違法性」、「有責性」という3つの要件を備えた人の「行為」です。この3つの要件のどれか一つが欠けても犯罪とはなりません。

　3つの要件を簡単に説明すると、「構成要件該当性」とは、例えば、窃盗罪であれば第235条に「他人の財物を窃取した者」、詐欺罪であれば第246条1項に「人を欺いて財物を交付させた者」とあります。この刑法の条文に当てはまるかどうかということです。「違法性」とは、後ほどお話しする違法性阻却事由に該当していないかということ、「有責性」とは、行為者に（刑法上の）責任能力と故意又は過失があるかということです。

　それぞれの要件に関する主な論点を挙げると次のようになります。

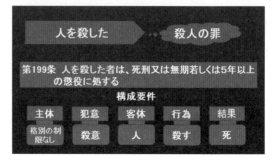

　これから、❶構成要件該当性については、不作為犯、因果関係を、❷違法性については、違法性阻却事由を、❸有責性については、責任能力、故意・過失、錯誤を、それぞれお話していきます。非常に難い感じの言葉が並びますが、これらの論点について、刑法を初めて学ぼうとする皆さんが理解しやすいように、「殺人罪」を例に話しを進めていきます。

　殺人罪、刑法は、各論である第二編「罪」の第199条で「人を殺した者は、死刑又は無期若しくは5年以上の懲役に処する。」と定めています。

　条文上は、「人を殺した者」と、わずか6文字ですが、構成要件を示すと、●「主体（犯人）」には特に制限はなく、被害者以外の人であること、●「犯意（罪を犯す意思）」として殺意があること、●「客体（対象）」は人であること、●「行為」は殺害しようとすること、●「結果」として人が死ぬこと、となります。

　構成要件個々の論点については、各論の機会に譲り、ここでは、総論との関係での論点についてお話していきます。

　殺人罪の構成要件個々に対応した刑法総論の論点を示しています。主体に関して「責任能力」、犯意に関して「故意、過失」、犯意から結果にかけて「錯誤」、

行為に関して「不作為」と結果との「因果関係」、そして全体に関して「違法性阻却事由」を挙げています。

「構成要件該当性」に関するものを青色、「違法性」に関するものを黄色、「有責性」に関するものを緑色で示しています。法律書の多くが、この順に解説を展開されていますが、現実的にイメージしやすくするために、この順番を敢えて無視して、構成要件である主体、犯意、客体・・・の順に話を進めます。

1 責任能力～「酒に酔っていて、全く覚えていない・・・」?

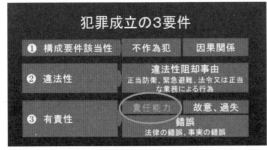

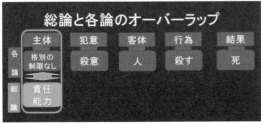

まず、主体である犯人に責任能力が認められるか。犯罪の成立要件の一つ「有責性」に関わる部分です。

責任能力とは、平たく言えば、「自分の行為が、やって良いことなのか、悪いことなのかを判断する能力があり、かつ、悪い行為をしないように自己コントロールする能力」をいいます。

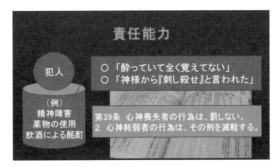

ニュースなどで「酒に酔っていて、事件当時のことを全く覚えていない」、あるいは、特異ですが「神様のお告げで『刺し殺せ』と言われた」など、警察に逮捕された犯人の弁解を聞くことがあります。

責任能力が求められるのは、犯罪の実行行為当時です。問題となる具体例としては、犯行当時、犯人が精神障害を患っていた、あるいは覚醒剤などの薬物を使用していた、飲酒による酩酊状態だったというケースなどがあります。

責任能力に関して、刑法は、総則の第7章で「犯罪の不成立及び刑の減免」を定め、第39条1項で「心神喪失者の行為は、罰しない」同2項で「心神耗弱者の行為は、その刑を減軽する」と定めています。

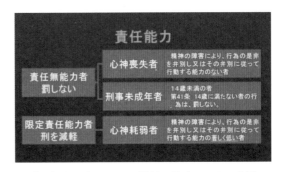

「心神喪失者」とは、精神の障害により、行為の是非を弁別し又はその弁別に従って行動をする能力がない者をいい、「心神耗弱者」とは、精神の障害により、行為の是非を弁別し又はその弁別に従って行動をする能力の著しく低い者をいいます。両者は、能力の差により、前者を責任無能力者、後者を限定責任能力者といいます。

刑事裁判での心神喪失、心神耗弱の認定は、裁判所が専門家の鑑定結果なども踏まえて、最終的に判

断します。

　また、14歳に満たない者も刑事未成年者として、その行為は罰しない（第41条）とされ、責任無能力者です。

　責任能力のない者に対して、違法行為をしないということを期待することはできません。したがって、責任能力のない者のした違法行為は「有責性」を欠き、犯罪を構成しないということなのです。

　責任能力について、ポイントをまとめます。

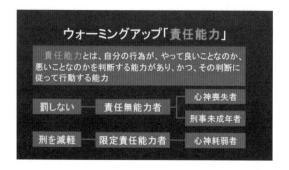

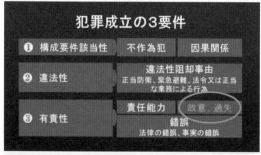

　次は、犯意に関わる故意と過失についてです。これも「有責性」に関する部分で、殺人罪の場合、その成立には「殺意」が必要です。

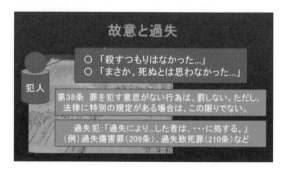

　刑事ドラマで、警察に捕まった犯人が「殺すつもりはなかった」、「まさか、死ぬとは思わなかった」、あるいはニュースで「犯人は、殺意を否認しています」などと聞いたことがあると思います。

　刑法は、総則第38条で「罪を犯す意思がない行為は、罰しない。ただし、法律に特別の規定がある場合は、この限りではない。」と定めています。処罰するのは、罪を犯す意思がある故意犯が原則（故意処罰の原則）、例外として、刑罰法規に規定のある過失犯としています。例えば、過失犯として刑法第209条は過失傷害罪を、第210条は過失致死罪をそれぞれ定めています。

　ここで、故意と過失の意義について説明する前に、故意と過失の認定がもたらす影響について見てみます。"相手を死なせてしまった"という行為を例にした故意犯と過失犯との刑罰の差です。

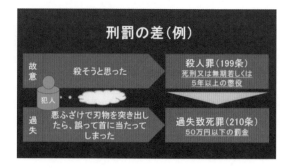

　"相手を死なせてしまった"という同じ結果であっても、故意犯である殺人罪は「死刑又は無期若しくは5年以上の懲役」、過失犯である過失致死罪には懲役刑はなく「50万円以下の罰金」となっています(注)。

（注）両罪のいわば中間的位置付けともいえる傷害致死罪（第205条）については、後述の「結果的加重犯」を参照。

過失の責任性の程度は、故意よりは弱いことから、刑罰の重さに格段の差があります。明確な殺意で人を殺した犯人が殺意を否認する、その理由の一つが、この刑罰の差なのかもしれません。しかし、日本の刑事裁判では、単なる言い逃れはまかり通りません。故意、事例の場合の殺意の有無の判断については、被告人の供述もさることながら客観的に存在する状況証拠に基づき判断されます。裁判での殺意の認定の一例です。

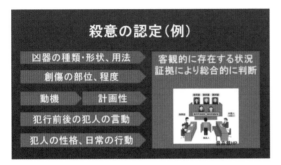

凶器の種類・形状、凶器の用い方、被害者の傷の部位や程度、犯行の動機や計画性、犯行前後の犯人の言動、犯人の性格、日常の行動など客観的に存在する状況証拠により総合的に判断されます。例えば、鋭利で頑丈な刃物を被害者の体の枢要部に力強く、かつ、奥深く突き刺した状況は、殺意が認められやすくなります。

話が逸れてしまいました。故意、過失の意義について続けます。

（1）故 意 ― 罪を犯す意思

故意とは、罪を犯す意思（第38条1項）で、平たく言えば「犯罪になると分かっていて、敢えて行うこと」ということです。

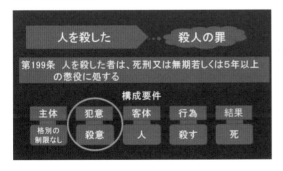

繰り返しになりますが、殺人罪の場合、「殺意」が必要です。

故意を分類すると次のようになります。

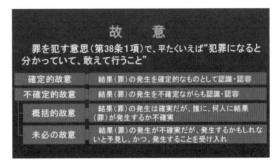

故意は、確定的故意と不確定的故意とに分けられます。両者は、いずれも結果（罪）を受け入れる心理状態です。違いは、結果（罪）の発生の認識・認容の程度が、確定的なものか、不確定ながらも、という差です。

さらに、不確定的故意の中に、概括的故意と未必（みひつ）の故意があります。概括的故意とは、結果（罪）の発生は確実だけれども、誰に、何人に結果（罪）が発生するか不確実な場合です。他方、未必の故意は、結果（罪）の発生が不確実だけれども、発生するかもしれないと予見し、かつ、発生することを受け入れている場合です。

殺人の場合を例に、犯人の意思でわかりやすく表現すると次のようになります。

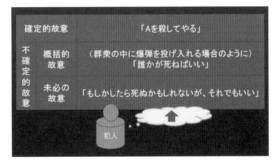

確定的故意「Aを殺してやる」は、結果（罪）の発生を明確に希望しています。概括的故意「誰かが死ねばいい」は、誰かは死ぬという結果（罪）の認識・認容があり、ただ具体的に誰が死ぬかが明らかでないだけです。未必の故意「もしかしたら死ぬかも

13

しれないが、それでいい」は、結果（罪）が発生する
かもしれないが、それでもいいと結果（罪）を受け
入れています。

（2）過失（犯）

　刑法は、罰するのは罪を犯す意思がある故意犯が
原則（故意処罰の原則）、例外として、刑罰法規に
規定のある過失犯とお話ししました。

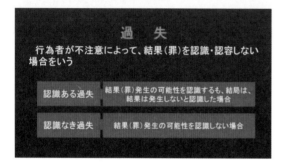

　そこで、まず、過失の意義についてお話しします。
　過失とは、行為者が不注意によって、結果（罪）を
認識・認容しない場合をいい、認識ある過失と認識な
き過失とに分けられます。
　認識ある過失とは、行為者が結果（罪）の発生す
る可能性を認識していたものの、その可能性はゼロ
に等しいと考え（避けられると思って）行動し、結
果を発生させてしまった場合です。例えば、車の運
転者が、歩行者が飛び出しそうに見えたときに、ぶ
つかるかもしれないが、自分の技量なら「大丈夫だ」
（＝結果は発生しない）と運転を継続し、歩行者を
はねてしまった、というようなケースです。
　認識なき過失とは、行為者が、結果（罪）の発生
を認識しないで行為し、たまたま結果（罪）の発生
を招くこととなった場合をいいます。
　故意と過失について、結果発生の認識と結果発生
の意思の点から図示すると次のようになります。

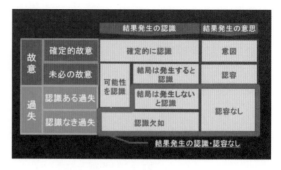

　未必の故意と認識ある過失とは、行為者が結果（罪）
の発生の可能性を認識するという点では共通してい
ますが、その境界線は、結果（罪）発生の認識・認
容を欠くか、欠かないかにあります。
　続いて、過失犯についてお話しします。
　過失犯とは、不注意な行為すなわち注意義務に
違反した行為によって結果を生じさせた犯罪をいいま
す。どこに不注意があったかは、それぞれの事件に
よって異なるので、具体的に条文で「これこれしか
じか」とは書けません。したがって、何が過失で
あるかは、それぞれの事件ごとに具体的事実の積み
上げということになります。

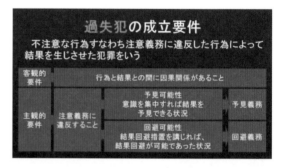

　結果（罪）を認識しなかった行為者に対する過失
犯の成立要件は、行為と結果との間に因果関係があ
ること、そして、注意義務に違反することが必要
です。前者を客観的要件、後者を主観的要件といい
ます。
　主観的要件としての「注意義務違反」とは、意識
を集中していれば結果が予見でき（「予見可能性」）、
それに基づいて結果の発生を回避することができた
（「回避可能性」）のに、集中を欠いたため予見義務
を果たさず、結果を回避することができなかったと

いう場合です。

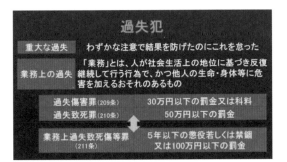

過失犯の中でも、注意義務違反の程度が大きいものを「重大な過失」又は「重過失」といいます。わずかの注意で結果を防げたのにこれを怠った場合です。結果が重大であることではありません。

また、過失は、**業務上の過失**と通常の過失とに区別されます。ここにいう「業務」(注1)について、判例は「**人が社会生活上の地位に基づき反復継続して行う行為で、かつ他人の生命・身体等に危害を加えるおそれのあるもの**」としています。業務は、いわゆる「仕事」とイコールではありません。公務か私用かを問わず、必ずしも収入や利益を得るものである必要もありません。また、業務は適法なものに限らず、反復継続性を有する限り、無免許医師による医療行為（福岡高判昭 25.12.21）(注2)なども業務に当たります。

(注1) 業務上横領罪にいう「業務」には、「他人の生命・身体等に危害を加えるおそれのあるもの」という要件がない。

(注2) 福岡高等裁判所判決、昭和 25 年 12 月 21 日の略です。以下、同様簡記。

重過失・業務上過失を重く処罰するものとして、業務上過失致死傷等罪（第 211 条）があります。過失傷害罪（第 209 条）、過失致死罪（第 210 条）の法定刑が、「30 万円以下の罰金又は科料」、「50 万円以下の罰金」であるのに比して、業務上過失致死傷等罪では「5 年以下の懲役若しくは禁錮又は 100 万円以下の罰金」となっています。

「科料」という言葉が出たので、ここで横道にそれますが、刑罰である懲役、禁錮、罰金、科料について簡単に説明します。

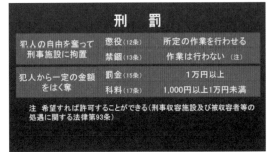

懲役（第 12 条）、禁錮（第 13 条）とも犯人の自由を奪って刑事施設に拘置することで、所定の作業を行わせるか否かで分けられます（禁錮であっても、作業を希望すれば許可されることもあります。）。

罰金、科料とも犯人から一定の金額をはく奪するものですが、金額の多寡、罰金は 1 万円以上(第 15 条)、科料は 1,000 円以上 1 万円未満(第 17 条)と規定されています。

話しを過失犯に戻します。私たちの生活に身近な人身交通事故に関しては、刑法の業務上過失致死傷等罪から交通事故に関する規定を独立させた「自動車の運転により人を死傷させる行為等の処罰に関する法律」に定められています。

> **自動車の運転により人を死傷させる行為等の処罰に関する法律**
>
> 第 5 条（過失運転致死傷）
> 自動車の運転上必要な注意を怠り、よって人を死傷させた者は、7 年以下の懲役若しくは禁錮又は 100 万円以下の罰金に処する。ただし、その傷害が軽いときは、情状により、その刑を免除することができる。

過失犯の主なものとして、次の罪があります。

> **主な過失犯**
> ◇ 過失傷害罪（第 209 条）、過失致死罪（第 210 条）
> ◇ 業務上過失致死傷等罪（第 211 条）
> ◇ 失火罪（第 116 条）、業務上失火等罪（第 117 条の 2）
> ◇ 過失激発物破裂罪（第 117 条第 2 項）
> ◇ 過失建造物等浸害罪（第 122 条）
> ◇ 過失往来危険罪・業務上過失往来危険罪（第 129 条）
> ◇ 過失運転致死傷罪（自動車運転処罰法）

故意、過失に関するポイントです。

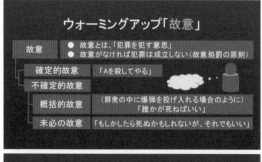

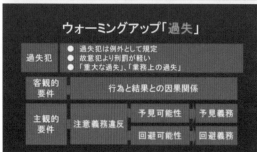

（3）結果的加重犯～故意なき行為でも処罰～

故意のない行為であっても処罰される場合として、結果的加重犯があります。

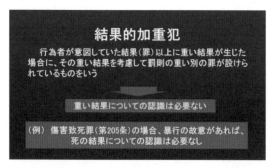

結果的加重犯とは、行為者が意図していた結果（罪）以上に重い結果が生じた場合に、その重い結果を考慮して罰則の重い別の罪が設けられているものをいいます。

結果的加重犯については、重い結果の発生についての認識は必要ないとされています。例えば、傷害罪（第204条）や傷害致死罪（第205条）の場合、暴行の故意があれば、傷害や死の結果についての認識は

必要ありません（最判昭25.6.27）。

結果的加重犯の主なものと刑罰については、次のとおりです。

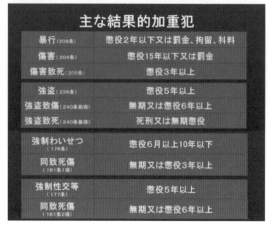

いずれの罪も、犯人に結果である傷害や死の認識がなくても成立します。

3 錯誤～思っていたことと、実際の結果との不一致　故意を認めるか？

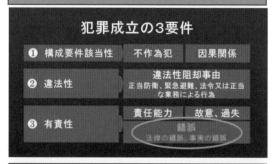

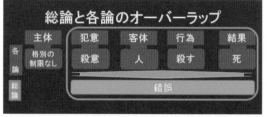

錯誤、ここで言う錯誤とは、犯人が思っていたことと、実際の結果が違った場合をいいます。このような場合に、故意を認めるのか、認めないのか、という問題で、「有責性」に関する部分です。

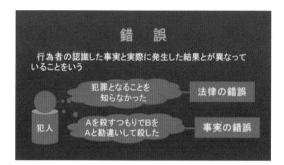

犯人が思っていたことと、実際の結果が違うというケースには、●犯人が、「犯罪になるとは思わなかった」「そんな法律があることは知らなかった」すなわち法律の不知というケースや、殺人を例にすると●人違い、「Aを殺すつもりが、BをAと勘違いして殺してしまった」などというケースがあります。前者を法律の錯誤、後者を事実の錯誤といいます。

（1） 法律の錯誤～"法の不知を理由に
罪を逃れることはできない"

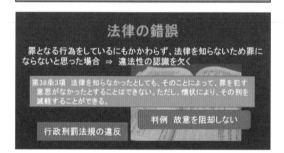

法律の錯誤の場合、違法性の認識を欠くので故意を認めないのか。判例は、刑法第38条3項の規定で、故意を阻却しないとしています。"法の不知を理由に罪を逃れることはできない"ということですね。殺人や窃盗などそれ自体が反社会的・反道義的とされる犯罪（「自然犯」という。）について、法律の錯誤というのはあまり考えられませんので、現実には、行政刑罰法規に関して、問題となりやすいケースだと思います。法律の錯誤に関しては、情状によりその刑を減軽することができる（第38条3項但し書き）とされています。

（2） 事実の錯誤～法定的符合説～

事実の錯誤とは、行為者が認識していた結果（罪）と発生した事実とが食い違った場合で、その両者がともに何らかの構成要件に該当している場合をいいます。

事実の錯誤に関しては、次のように整理することができます。殺人に関する例を挙げています。

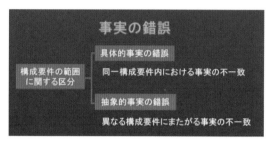

まず、構成要件の範囲で分けると、行為者の認識した事実と発生した事実とが、ともに同じ構成要件内である場合、これを具体的事実の錯誤、異なる構成要件にまたがる場合を抽象的事実の錯誤といいます。

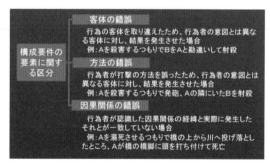

次に、構成要件の要素に関して、客体の錯誤、方法の錯誤、そして因果関係の錯誤に分かれます。

客体の錯誤とは、例えば、Aを殺害するつもりで、BをAと勘違いして射殺した場合のように、行為の客体を取り違えたため、犯人の意図とは異なる客体に対して、結果を発生させた場合です。

方法の錯誤とは、例えば、Aを殺害するつもりで発砲したところ、Aの隣にいたBを射殺した場合のように、犯人が打撃の方法を誤ったため、犯人の意図とは異なる客体に対して、結果を発生させた場合です。

因果関係の錯誤とは、例えば、Aを溺死させる

つもりで橋の上から川へ投げ落としたところ、Aが橋脚に頭を打ち付けて死亡した場合のように、犯人が認識した因果関係の経緯と実際に発生したそれとが一致していない場合です。

このような錯誤により生じた結果（罪）に対して、故意を認めるかについて、判例・通説は、犯人の認識した事実と発生した事実とが法定の構成要件内で一致する範囲について故意犯の成立を認める**法定的符合説**の立場をとっています。

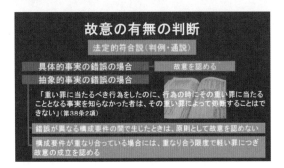

法定的符合説によると、具体的事実の錯誤の場合は、故意を認め、抽象的事実の錯誤の場合は、原則として故意を認めず、構成要件が重なり合っている場合に、重なり合う限度で軽い罪について故意を認めるということになります。

事例で見てみましょう。**具体的事実の錯誤**の場合です。

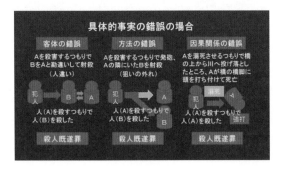

客体の錯誤である、Aを殺害するつもりで、BをAと勘違いして射殺した場合、人（A）を殺すつもりで人（B）を殺したのですから、犯人に殺人の故意が認められ、Bに対する殺人既遂罪が成立します。

方法の錯誤である、A殺害するつもりで発砲したところ、Aの隣にいたBを射殺した場合も、結局、

人（A）を殺す意思で人（B）を殺したのですから、犯人に殺人の故意が認められ、Bに対する殺人既遂罪が成立します。

因果関係の錯誤である、Aを溺死させるつもりで橋の上から投げ落としたところ、Aが橋の橋脚に頭を打ち付けて死亡した場合も、同様に、犯人に殺人の故意が認められ、Aに対する殺人既遂罪が成立します。

次に、**抽象的事実の錯誤**の場合です。

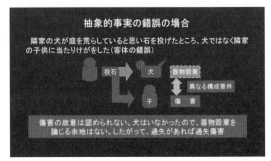

犯人が、隣家の犬が庭を荒らしていると思い石を投げたところ、犬ではなく隣家の子供に当たりけがをしたという客体の錯誤です。

他人の飼っている動物を傷つける行為は、器物損壊罪に当たります。**器物損壊**（第261条「他人の物を損壊し、又は傷害した者」）と子供にけがをさせた**傷害**（第204条「人の身体を傷害した者」）という異なる構成要件にまたがりますので、傷害の故意は認められません。そして、そもそも犬は存在していないので器物損壊罪が成立する余地もありません。

したがって、過失があれば過失傷害罪が成立することになります。

犯人が、人が住んでいる家を空き家と思って放火

した場合です。

人が住んでいる住居に放火した場合は**現住建造物等放火罪**（第108条）、人がいないいわゆる空き家に放火した場合は、**非現住建造物等放火罪**（第109条）に当たります。

非現住建造物等放火の意図で現住建造物等放火という結果。**放火という点で構成要件の重なりがあります**ので、軽い罪、現住建造物等放火罪の法定刑は「**死刑又は無期若しくは5年以上の懲役**」、非現住建造物等放火罪のそれは「**2年以上の有期懲役**」ですので、非現住建造物等放火の故意を認めるということになります。

錯誤に関するポイントです。

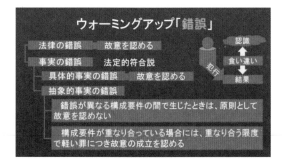

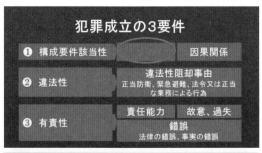

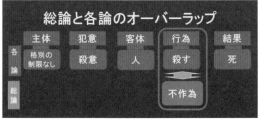

不作為犯についてお話しします。これは、犯罪の

成立要件の一つ「**構成要件該当性**」に関わる部分です。

殺人罪では、犯人の行為として「**殺す**」ことが必要です

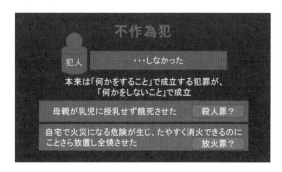

刑法には、「**殺した**」、「**放火して**」などと構成要件に積極的な行為すなわち**作為**が予定されているものが多くあります。これらの作為と同一視できそうな**不作為**、つまり"**行動しないこと**"、例えば、母親が乳児に授乳しなかったため餓死させた、あるいは、自宅が火災になる危険を察知し、たやすく消火できる状態であったのに、保険金欲しさに、これを放置して全焼させたなどというケースで、これら不作為についてそれぞれ殺人罪、放火罪の刑事責任を問うことができるかという問題です。

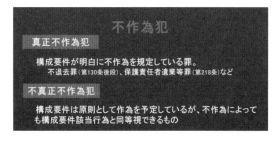

不作為犯は2つに分けられ、刑法で、**構成要件が明白に不作為を定めている罪**、不退去罪（第130条後段「退去しなかった者」）や保護責任者遺棄等罪（第218条「生存に必要な保護をしなかったとき」）など、これを「**真正不作為犯**」といいます。他方、**構成要件は原則として作為を予定しているものの、不作為によっても構成要件該当行為と同等視できるもの**、これを「**不真正不作為犯**」といいます。

不真正不作為犯の成立要件を4つ挙げています。

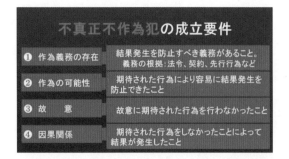

❶**作為義務の存在**、行為者に構成要件的結果の発生を防止すべき義務があること。この作為義務は、法律上の義務であり、義務が発生する根拠としては法令の規定、契約・事務管理などの法律行為、慣習、条理又は信義誠実の原則、自己の先行行為などがあります（注1）。❷**作為の可能性**、行為者が容易に期待された行為を行い（作為義務の履行）、結果の発生を防止することができた可能性があること（注2）。❸**故意**、行為者が期待された行為を敢えて行わなかったこと。そして❹**因果関係**、行為者が期待された行為をしなかったことによって結果が発生したこと、がそれぞれ必要です。

（注1）例えば、見知らぬ子どもが川で溺れかかっているのを見つけた人が、このままでは死んでしまうと思い、助けることができたにもかかわらず、知らぬふりをして立ち去った場合、法的な義務がない以上、不作為の殺人を問うことはできません。他方、溺れかかっている子どもの親だった場合には、親には、子どもを監護すべき法律上の義務がありますから、容易に助けることができたにもかかわらず、殺意をもって救助しなかった場合には、不作為の殺人に問われることとなります。

（注2）上記の溺れる子どもの例でいえば、助けなければならない法的義務を負う人が、いわゆる金槌で川に飛び込むことができない場合には、不作為の殺人罪は成立しません。

ここで、最高裁判所が不作為犯の成立を認めた二つの裁判例を紹介し、不作為犯の話を終わります。

まず、不作為の殺人罪の成立を認めた裁判例です。

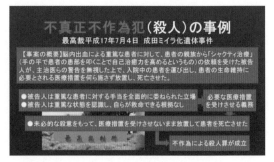

事件は「成田ミイラ化遺体事件」ともいわれているもので、平成17年7月4日の判断です。

事件は、脳内出血による重篤な患者に対して、患者の親族から「シャクティ治療」（手の平で患者の患部を叩くことで自己治癒力を高めるというもの）の依頼を受けた被告人が、主治医らの警告を無視した上で、入院中の患者を運び出し、患者の生命維持に必要とされる医療措置を何ら施さず放置し、死亡させた、というものです。

最高裁判所は、被告人は重篤な患者に対する手当を全面的に委ねられた立場にあり、重篤な状態を認識し、自らが救命できる根拠がなかったのだから、必要な医療措置を受けさせる義務がある。そして、未必的な殺意をもって、医療措置を受けさせないまま放置して患者を死亡させた、と不作為による殺人罪の成立を認めました。

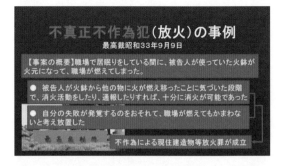

次に、不作為の放火罪の成立を認めたものです。昭和33年9月9日の判断です。

事件は、職場で居眠りをしている間に、被告人が使っていた火鉢が火元になって、職場が燃えてしまった、というものです。

最高裁判所は、被告人が火鉢から他の物に火が燃え移ったことに気づいた段階で、消火活動をしたり、通報したりすれば、十分に消火が可能であったのに、自分の失敗が発覚するのをおそれて、職場が燃えてもかまわないと考え放置した、として不作為による現住建造物等放火罪の成立を認めています。

不作為犯のポイントです。

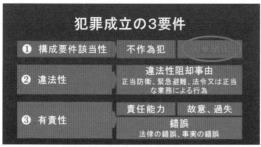

5 因果関係〜行為と結果とのあるべき関係

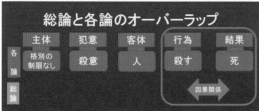

因果関係、これも犯罪の成立要件の一つ「構成要件該当性」に関わる部分で、犯罪の成立に犯罪の行為と結果を必要とする結果犯において取り入れられる考え方です。

因果関係とは、「行為」と「結果」との間にあるべき関係、ある行為があったためにその結果が生じたといえるかどうかということです。実行行為があって

も、発生した結果（罪）との間に因果関係がない場合、その犯罪は未遂となります。

殺人罪では、「殺す」という「行為」と「死」という「結果」との間に因果関係が必要です。

この因果関係については、条件説、原因説、相当因果関係説があり、相当因果関係説が通説で、判例も採用しています。

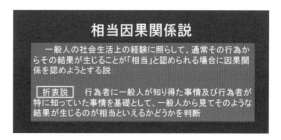

相当因果関係説は、一般人の社会生活上の経験に照らして、通常その行為からその結果が生じることが「相当」と認められる場合に因果関係を認めるという説です。「相当」、言い換えれば「偶然ではない」ということで、偶然かどうかを一般的に判断するものです。さらに、相当因果関係説の中では、行為者に一般人が知り得た事情及び行為者が特に知っていた事情を基礎として、一般人から見てそのような結果が生じるのが相当といえるかどうかを判断する折衷説が有力です。因果関係は具体的事案を通じ、個別に判断されます。

例を挙げて説明します。

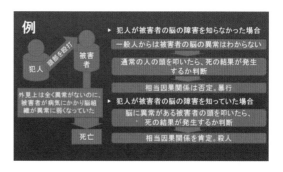

犯人が、被害者の頭を叩いたところ、外見上は全く異常がないのに被害者が病気にかかり脳組織が弱くなっていたために死亡した、というケースです。

折衷説によれば、一般人からは被害者の脳組織の

異常が分からない以上「通常の人の頭を叩いたことから死という結果が発生する相当性」を判断します。その結果、相当因果関係は否定されます。他方、犯人が特にその事情を知っていた場合は、「脳組織が弱まっていた人の頭を叩くこと」を土台に死の結果の相当性を判断することになり、因果関係が認められるということになります。

ここでも最後に、因果関係に関する最高裁判所の裁判例を紹介します。平成15年7月16日の判断です。

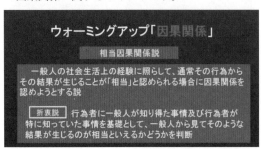

事件は、被告人らから激しい暴行を受けた被害者が、暴行から逃れるため逃走し、高速道路に入って疾走してきた車にはねられ、後続の車に轢かれて死亡した、というものです。

最高裁判所は、被害者の高速道路への進入について、被害者が、被告人らから長時間激しくかつ執拗な暴行を受け、被告人らに対し極度の恐怖感を抱き、必死に逃走を図る過程で、とっさにそのような行動をとったものと認めた上で、被告人らからの暴行から逃れる方法として、著しく不自然、不相当であったとはいえない、したがって、被害者が高速道路に進入して死亡したのは、被告人らの暴行に起因するものと評価することができ（因果関係を認め）、傷害致死罪が成立すると判断しました。

因果関係に関するポイントです。

6　違法性阻却事由－違法性を否定する事由

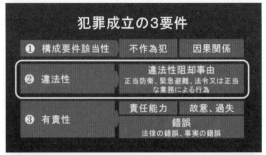

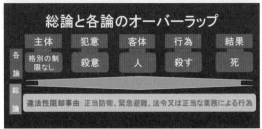

犯罪成立の3要件について、いよいよ最後の項目となりました。**違法性阻却事由**についてお話しします。

違法性阻却事由は、文字どおり犯罪の成立要件の一つ「**違法性**」に関わる部分です。

違法性阻却事由、「阻却」とは「しりぞける」ということで、平たく言えば、"**本来なら違法な行為を違法として扱わない**"、その根拠となる理由です。

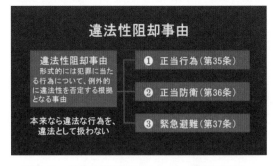

刑法は、違法性阻却事由として、❶正当行為（第35条）、❷正当防衛（第36条）、❸緊急避難（第37条）を定めています。順にお話ししていきます。

（1）正当行為

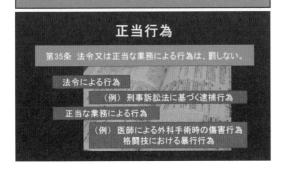

刑法第 35 条は「法令又は正当な業務による行為は、罰しない」と定めています。

「**法令による行為**」とは、文字どおり、法律や命令に基づく行為、法令に定められた要件を具備する行為です。例えば、刑事訴訟法に基づく被疑者や被告人の逮捕、勾留、住居内における捜索、刑法に基づく死刑の執行などがあります。

また、法令に直接の規定がなくても、社会通念上、正当と認められる業務上の行為、「**正当な業務による行為**」も違法性が阻却されます。例えば、医師による手術（傷害罪とならない）、プロ力士の相撲、プロボクサーの拳闘（いずれも暴行罪とならない）などの格闘技などがあります。必ずしも業務行為とはいえないものでも、社会通念上、相当と認められる限り違法性は阻却されますので、アマチュアスポーツとして行われる相撲、ボクシングなども違法ではありません。

（2）正当防衛

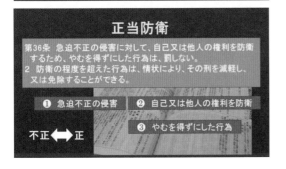

警察の活動を紹介するテレビ映像、いわゆる実録ものの中で、繁華街でけんかをした当事者が「相手が先に手を出してきたから、やり返しただけだ。俺は正当防衛だ」などと言っている場面を見ることがあります。

刑法は、**正当防衛**について第 36 条 1 項で「急迫不正の侵害に対して、自己又は他人の権利を防衛するため、やむを得ずにした行為は、罰しない」と定めています。"侵害者の「不正」に対する「正」たる行為"です。正当防衛が認められれば、反撃行為が殺人罪や傷害罪を構成しても、違法性が阻却され、犯罪を構成せず、処罰されません。

正当防衛が認められるための要件は、次のとおりです。

❶**急迫不正の侵害**。他人からの不正な侵害が、正に加えられようとしていることを要します。侵害が終わってしまった後や未来の侵害に対する正当防衛は認められません。現に行為が降りかかってきていることが必要です。なお、責任無能力者による侵害も、ここにいう不正な侵害です。❷**自己又は他人の権利を防衛する行為**であること。防衛の意思で行われることが必要で、専ら憤激などの攻撃的意思である場合には、要件を欠くこととなります。❸**やむを得ずにした行為**であること。**具体的事情の下で、防衛行為が必要かつ相当なものであったことが必要**です。その程度を超えた場合は、例えば、窃盗を防ぐために相手を殺したというような場合は、通常、第 36 条 2 項が定める「過剰防衛」となり、行為は違法とされ、情状によって刑が減軽又は免除されることになります。

冒頭の事例の「相手が先に手を出してきたから」だけでは、正当防衛は成立しません。

（3）緊急避難

緊急避難、例えば、歩道を歩いていたところ、車が正面から突っ込んできたので、隣を歩いていた人を突き飛ばして、自分が轢かれるのを防いだというような場合です。突き飛ばされた人にけがをさせても、緊急避難が認められれば、傷害罪は成立しません。

緊急避難

第37条 自己又は他人の生命、身体、自由又は財産に対する現在の危難を避けるため、やむを得ずにした行為は、これによって生じた害が避けようとした害の程度を超えなかった場合に限り、罰しない。ただし、その程度を超えた行為は、情状により、その刑を減軽し、又は免除することができる。
2 前項の規定は、業務上特別の義務がある者には、適用しない。

❶ 自己又は他人の生命、身体、自由又は財産に対する現在の危難
❷ 危難を避けるためにやむを得ずにした行為であること　　正◀▶正
❸ 避難行為から生じた害が、防ごうとした害の程度を超えないこと

刑法は、**緊急避難**について第37条1項で「自己又は他人の生命、身体、自由又は財産に対する現在の危難を避けるため、やむを得ずにした行為は、これによって生じた害が避けようとした害の程度を超えなかった場合に限り、罰しない。ただし、その程度を超えた行為は、情状により、その刑を減軽し、又は免除することができる」と定めています。

正当防衛が、不正な侵害に対する反撃行為で、「不正対正」の関係であるのに対して、緊急避難の場合は「正対正」の関係にあります。他人の不正ではない行為、あるいは人の行為でない自然現象（地震、火災、水害など）などによって利益損害の状態が生じたときに、これを守るためにする防衛行為ですので、正当防衛の場合に比べて、要件がより厳格となっています。

緊急避難が成立する要件です。

緊急避難の成立要件

❶ 自己又は他人の生命、身体、自由又は財産に対する現在の危難
　危難が切迫していることが必要
❷ 危難を避けるためにやむを得ずにした行為であること
　危難を避ける行為（「避難行為」）で、やむを得ない行為であること。正当防衛と異なり、他に避難の方法があればその方法をとらなければならない（「補充性」）
❸ 避難行為から生じた害が防ごうとした害の程度を超えないこと
　「法益の均衡」といい、小さな法益を守るために大きな法益を犠牲にすることは許されない

まず、❶「自己又は他人の生命、身体、自由又は財産」に対する危難が切迫している必要があります。そして❷危難を避けるための行為（「避難行為」という。）で、他に方法がなく（「補充性」という。）、❸「法益の均衡」、すなわち小さな法益を守るために大きな法益を犠牲にすることは許されない、という要件を全て満たすことが求められます。

ここで、緊急避難を説明する際に、よく使われる「カルネアデスの板」という問題があります。古代ギリシャの哲学者カルネアデスが提起したものです。

カルネアデスの問は「洋上で船が難破して、人々が海に放り出された。誰もが海に浮かぶ板にしがみついて生き延びようとするが、板には一人しかつかまれない。ある男は、他の漂流者から板を奪い取って生き延びた。この男は処罰されるべきか」というものです。緊急避難の可否を検討する事例ですね。

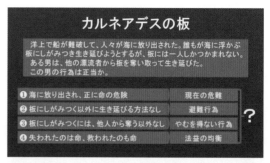

カルネアデスの板

洋上で船が難破して、人々が海に放り出された。誰もが海に浮かぶ板にしがみつき生き延びようとするが、板には一人しかつかまれない。ある男は、他の漂流者から板を奪い取って生き延びた。この男の行為は正当か。

❶ 海に放り出され、正に命の危険	現在の危難
❷ 板にしがみつく以外に生き延びる方法なし	避難行為
❸ 板にしがみつくには、他人から奪う以外なし	やむを得ない行為
❹ 失われたのは命、救われたのも命	法益の均衡

❶海に放り出され、命の危険に晒されている、正に「現在の危難」ですね。❷・❸板にしがみつく以外に、他人の板を奪う以外に生き延びる方法がない、「避難行為」「やむを得ない行為」ですね。そして❹失ったのは命、救われたのも命、「法益の均衡」は保たれていますね。したがって、カルネアデスの問には、緊急避難が認められそうですね。

なお、緊急避難を定める刑法第37条2項は「前項の規定は、**業務上特別の義務がある者**には、適用しない」と定めています。「**業務上特別の義務がある者**」とは、自衛官、警察官、消防職員などその業務の性質上、一定の危険に自らの身をさらすべき義務を負う者をいいます。しかし、このような義務者には緊急避難の規定の適用が一切できないというのではなく、場合によっては、自己又は他人の法益を救うための緊急避難は許されると解されています。例えば、警察官職務執行法第7条（武器の使用）は「…第37条（緊急避難）に該当する場合…」と警察官にも一定の場合に緊急避難の規定が適用されることを想定しています。

違法性阻却事由に関するポイントです。

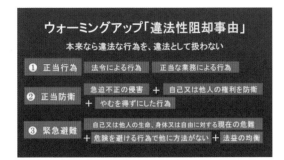

以上で、犯罪成立の3要件についての話を終わります。

第3　未遂犯

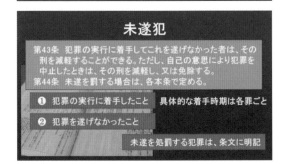

犯罪は、一般的に、決意→実行に着手→実行の終了→結果の発生という過程を踏みます。**実行に着手したものの、又は実行を終了したものの何らかの事情**によって結果が発生しなかった場合を「未遂」といいます。

未遂犯について、刑法は第43条で「犯罪の実行に着手してこれを遂げなかった者は、その刑を減軽することができる。ただし、自己の意思により犯罪を中止したときは、その刑を減軽し、又は免除する」、第44条で「未遂を罰する場合は、各本条で定める」と定めています。

未遂犯の要件は、❶犯罪の実行に着手したこと、と❷犯罪を遂げなかったことです。

実行の着手時期については、「犯罪構成要件の実現に至る現実的危険性を含む行為の開始時」又は「当該犯罪類型の未遂犯として、処罰に値するだけの法益侵害の危険性が高まった時点」とされていますが、具体的に殺人、窃盗などそれぞれの罪ごとに理解する必要があります。

未遂犯が処罰される罪は、条文で明記されています。

未遂犯の種類を整理すると次のようになります。

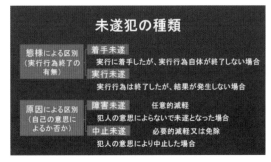

まず、犯罪を遂げなかった態様により「着手未遂」と「実行未遂」に分けられます。殺人未遂罪を例にすると、刀を振り上げた程度で終われば着手未遂、相手を切ったけれども死ななかった場合が実行未遂です。この区別には、刑罰を適用する上での差異はありません。

次に、犯人の意思で中止したか否かにより「障害未遂」と「中止未遂」に分けられます。**中止未遂の場合は、刑が必ず減軽又は免除されます。**

例えば、盗みの目的で他人の家に入り、たんすの引き出しを開けたが、家人に発見されたために、何

も盗らずに逃げた、というように犯人の意思によらないで未遂となった場合が**障害未遂**、同じ例で、たんすの引き出しを開けたが、良心の呵責から止めた、犯人の任意の意思で止めた場合が**中止未遂**（「中止犯」ともいう。）です。

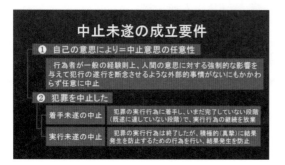

中止未遂が成立するためには、❶自己の意思によること、と❷犯罪を中止したことが必要です。

❶「自己の意思により」とは、任意に自発的にというものですが、その判断基準として**フランクの公式**というものがあります。これは「**しようと思えばできたが、しなかった**」場合は**中止未遂**、「**したかったが、できなかった**」場合は**中止未遂とはならない**というものです。例えば、犯行に及んだものの後悔して止めた場合や、被害者から懇願されて自発的にやめた場合などが、「しようと思えばできたが、しなかった」場合に当たり、「自己の意思により」と認められることが多いとされています。他方、恐怖から止めた場合や被害者の出血に驚愕して止めた場合などは「したかったが、できなかった」場合に当たり、「自己の意思により」とは認められないことが多いとされています。

❷「犯行を中止した」には、**着手未遂の中止**、例えば、バックの中から財布を盗もうと手を入れたが、財布を抜き取るのをやめた場合と**実行未遂の中止**、例えば、殺害のため被害者を刺したが、119番通報するとともに救命措置を施すなどして、被害者が命を取り留めた場合などが考えられます。特に、実行未遂の中止が成立するためには、結果の発生を阻止すべく、真摯な努力をしたことが必要となります。

この点について参考となる裁判例を紹介します。

昭和61年3月6日の福岡高等裁判所の裁判例です。

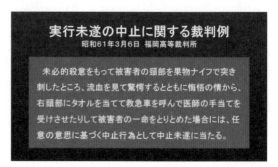

事件は、被告人が、未必的殺意をもって被害者の頚部を果物ナイフで一回突き刺したが、被害者に加療約8週間を要する頚部刺傷等の傷害にとどまったというものです。

本件の実行未遂の中止に関して裁判所は、「被害者が死に至ることを防止すべく、消防署に架電して救急車の派遣を要請し、被害者の頚部にタオルを当てて出血を少しでも食い止めようと試みるなどの真摯な努力を払い、これが消防署員や医師らによる早期かつ適切な措置と相まって被害者の死の結果を回避せしめたことは疑いない」「したがって、被告人の犯行後における前記所為は中止未遂にいう中止行為に当たる」と判示しています。

以上で、未遂犯についての話を終わります。

未遂犯についてのポイントです。

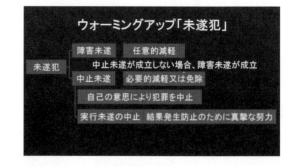

第4 共犯

共犯とは、二人以上の者が同一の犯罪に関与することをいいます。犯罪に関与した者それぞれがどのような刑事責任を負うのか、という問題です。

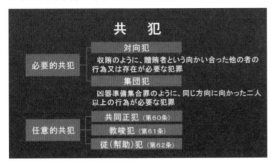

まず、共犯は、**必要的共犯**と**任意的共犯**とに分けられます。

必要的共犯とは、法律で初めから複数人が犯罪に関わっていることが予定されている犯罪で、贈収賄事件における収賄罪（第197条1項）のように、贈賄者という向かい合った他の者の行為又は存在が必要な「対向犯」と凶器準備集合罪（第208条の2）のように、同じ方向に向かった二人以上の行為が必要な「集団犯」があります。

他方、**任意的共犯**とは、刑法上は、単独犯が予定されている犯罪を二人以上の者が共同して実現する場合です。

これからお話しするのは、**任意的共犯**についてです。刑法は総則第11章「共犯」の中で**共同正犯**（第60条）、**教唆犯**（第61条）、**従（幇助）犯**（第62条）をそれぞれ定めています。

共謀共同正犯を含めた共犯のパターンを大まかに示すと、次のようになります。

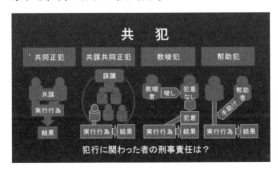

二人以上が共謀して犯罪を実行した**共同正犯**、共謀はしたものの実行行為に全くかかわっていない者がいる**共謀共同正犯**、犯罪の意思のない者をその気にさせ、犯罪を実行させた**教唆犯**、そして犯人の実行行為を容易ならしめた**従（幇助）犯**です。それぞれの場合、犯罪に加担した者の刑事責任をいかに求めるかという問題です。

1 共同正犯

共同正犯とは、二人以上の行為者が、共同して犯罪を行った場合をいい、刑法は第60条で「二人以上共同して犯罪を実行した者は、すべて正犯とする」と定めています。

共同正犯は、行為者の犯行分担部分のいかんにかかわらず、あたかも一人で全部の行為をしたと同様に評価され（「一部実行全部責任の原則」）、犯行が既遂に達していれば既遂犯の刑事責任を負うこととなります。例えば、いわゆるニセ電話詐欺で、犯人Aと犯人Bが共謀し、Aが電話で高齢者をだまし、だまされた高齢者からBが現金を受け取ったという場合、AとBは、詐欺という全体の犯罪行為のうち、一部の行為しか行っていませんが、AとBはそれぞれ詐欺既遂罪の刑事責任を負います。

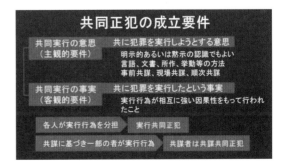

共同正犯が成立するためには、❶共同実行の意思と❷共同実行の事実が必要です。

❶共同実行の意思とは、共同して犯罪を実行しようとする意思です。意思の連絡は、明示的なものはもちろん、黙示でもよく、また、現場での共謀やAとBが共謀し、BとCが共謀するというような順次共謀が行われた場合でもAとBとCの3人の共謀が認められます。

❷共同実行の事実とは、共謀した行為者が、犯罪行為を分担した事実をいいます。しかし、共同正犯の全員が構成要件行為の一部を必ず行う必要はなく、実行行為が相互に強い因果性をもって行われたものと評価できれば足りると解されています。この考え方から、共謀共同正犯、犯罪を共謀した者の一部が犯罪を実行した場合に、直接には実行しなかった者も含め、全員が共同正犯の責任を負うとされています。

共謀共同正犯の存在と定義を明確化した最高裁判所の裁判例を紹介します。昭和33年5月28日の判断で、練馬事件判決とも呼ばれています。

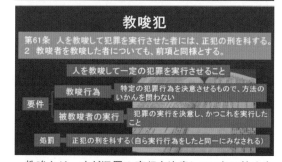

共謀共同正犯に関する裁判例
最高裁昭和33年5月28日 練馬事件判決
▶ 共謀共同正犯の成立要件
共謀共同正犯が成立するには、2人以上の者が特定の犯罪を行うため、共同の意思の下に一体となって、互いに他人の行為を利用し、各自の意思を実行に移すことを内容とする謀議をなし、犯罪を実行した事実が存しなければならない。
▶ 実行行為に関与しない共謀者の刑責
共謀共同正犯に必要な共謀に参加した事実が認められる以上、直接実行行為に関与しない者でも、他人の行為をいわば自己の手段として犯罪を行ったという意味において、共同正犯の刑責を負う

この判決で、共謀共同正犯の成立要件として、2人以上の者が特定の犯罪を行うため、共同の意思の下に一体となって、互いに他人の行為を利用し、各自の意思を実行に移すことを内容とする謀議を行い、犯罪を実行した事実が存在すること。そして、実行行為に関与しない共謀者の刑事責任について、共謀共同正犯に必要な共謀に参加した事実が認められる以上、直接実行行為に関与しない者でも、他人の行為をいわば自己の手段として犯罪を行ったという意味において、共同正犯の刑責を負うと判示しました。

もう一つ、裁判例の紹介です。

暴力団組長が、自己のボディーガードらの拳銃等の所持について、直接指示を下さなくても、これを確定的に認識しながら容認し、ボディーガードらと行動を共にしていたなどの事情の下で、拳銃等の所持の共謀共同正犯の成立を認めた、最高裁判所の平成15年5月1日の裁判例です。

共謀共同正犯に関する裁判例
最高裁平成15年5月1日　銃砲刀剣類所持等取締法違反被告事件

【事案の概要】暴力団組長である被告人が自己のボディーガードらの拳銃等の所持について直接指示を出さなくても、これを確定的に認識しながら容認し、ボディーガードらと行動を共にしていた

前記の事実関係によれば、被告人とAらとの間に拳銃等の所持につき黙示的に意思の連絡があったといえる。そして、Aらは被告人の警護のために本件拳銃等を所持しながら終始被告人の近辺にいて被告人と行動を共にしていたものであり、彼らを指揮命令する権限を有する被告人の地位と彼らによって警護を受けるという被告人の立場を併せ考えれば、実質的には、正に被告人がらに本件拳銃等を所持させていたと評し得るのである。したがって、被告人には本件拳銃等の所持について、B、C、D及びEら5名等との間に共謀共同正犯が成立するとした第1審判決を維持した原判決の判断は、正当である。

2　教唆犯

教唆犯
第61条　人を教唆して犯罪を実行させた者には、正犯の刑を科する。
2　教唆者を教唆した者についても、前項と同様とする。

人を教唆して一定の犯罪を実行させること

要件	教唆行為	特定の犯罪行為を決意させるもので、方法のいかんを問わない
	被教唆者の実行	犯罪の実行を決意し、かつこれを実行したこと
処罰	正犯の刑を科する（自ら実行行為をしたと同一にみなされる）	

教唆とは、まだ犯罪の実行を決意していない他人を唆して、犯罪実行の決意を生じさせることをいいます。

刑法は第61条で「人を教唆して犯罪を実行させた者には、正犯の刑を科する」と定めています。

教唆犯の成立要件として、❶人を唆すこと、❷唆された相手が犯罪の実行を決意し、かつ、❸犯罪を実行すること、が必要です。

教唆行為は、犯罪の決意がない者に一定の犯罪を決意させるもので、単に「悪いことをせよ」というだけでは教唆とは言えません。教唆の方法に特に制限はありません。また、いくら教唆しても、被教唆

者が決意をしないで、あるいは決意をしても実行しない場合は、教唆犯は成立しません。

ここで、教唆犯と同様、他人の行為を利用する形態の間接正犯について、簡単に説明します。

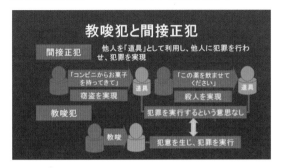

間接正犯とは、他人を「道具」として利用し、他人に犯罪を行わせ、犯罪を実現する場合をいいます。例えば、善悪の判断ができない子供に「あそこのコンビニからお菓子を持ってきて」と子供に万引きをさせるケース、事情を知らないAに、Bの治療に必要な薬だから服用させるようにと、致死量の毒入りカプセルを渡して、AをしてBに服用させ殺害したケースなどです。間接正犯で利用される「道具として使われる者」には、犯罪を実行するという意思がありません。万引きをさせた者が窃盗罪を実行した者、服用を依頼した者が殺人罪を実行した者として、それぞれ処罰されます。

教唆犯と間接正犯との違いは、間接正犯が犯罪を行うという認識のない他人の行為を利用するものであるのに対し、教唆犯は、他人をして犯意を生じさせて犯罪を実行させるものであるという点にあります。

教唆犯は、正犯の刑で処罰されます。

3 従（幇助）犯

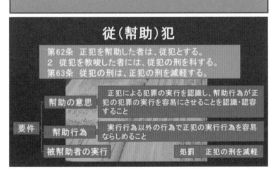

従（幇助）犯とは、実行行為以外の行為で正犯（犯罪の実行者）を手助けした者をいいます。刑法は第62条で「正犯を幇助した者は、従犯とする」と定めています。

従（幇助）犯の成立要件として、❶幇助の意思があること、❷人を幇助すること、❸幇助された者が犯罪を実行することが必要です。

❶幇助の意思があるといえるためには、犯罪実行者の犯罪の実行を認識すること、自分の幇助行為が犯罪実行者の犯罪の実行を容易にさせることを認識・認容すること、が必要です。❷幇助の方法は、凶器を貸し与えるような物質的でも、犯罪の実行に助言を与え又は奨励するような精神的なものであっても構いません。❸幇助された者が犯罪を実行することが必要なのは、教唆犯の場合と同様です。

従（幇助）犯は、正犯の刑を減軽した処罰を受けます。

共犯についてのポイントです。

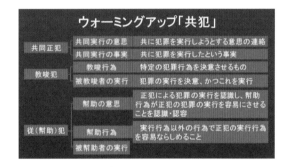

4 共犯に関する諸問題

（1） 共犯と身分

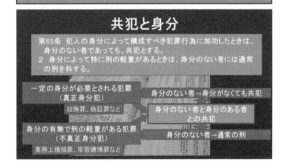

犯罪には、一定の身分がないと成立しないものと、身分の有り無しで刑の重さが異なるものがあります。前者を「**真正身分犯**」といい、収賄罪（刑法第197条）は、犯人に公務員という身分がなければ成立しません。また、後者を「**不真正身分犯**」といい、業務上横領罪（刑法第253条）や常習賭博罪（刑法第186条）は、その身分によって法定刑が（単純）横領罪、（単純）賭博罪よりも重くなっています。

このような身分のある者と身分のない者が、共謀して犯罪を行ったとき、例えば、公務員でない政治家秘書が、公務員である政治家と共謀して収賄罪を行った場合、公務員でない政治家秘書の**処罰はどうなるのかという問題**が、共犯と身分です。

刑法は、身分犯の共犯として第65条1項で「犯人の身分によって構成すべき犯罪行為に加功したときは、身分のない者であっても、共犯とする」、同2項で「身分によって特に刑の軽重があるときは、身分のない者には通常の刑を科する」と定めています。

したがって、一定の身分が必要とされる犯罪（**真正身分犯**）に身分のない者が加担した場合は、身分がなくても共犯とされる、また、身分の有無で刑の軽重がある犯罪（**不真正身分犯**）に身分のない者が加担した場合は、通常の刑が科せられるということになります。

（2）共犯からの離脱

共犯からの離脱（「共犯関係の解消」ともいう。）とは、例えば、3人が窃盗を共謀したが、うち1人が「犯行には参加したくない」「共謀の犯罪から手を引きたい」と思った場合、どのような事情があれば、共犯関係から離脱したと認められるのか、という問題です。

共犯からの離脱について、判例は、実行の着手の前後で区別して判断し、実行着手前は比較的緩やかに、実行着手後はより厳格に処理していると理解されています。

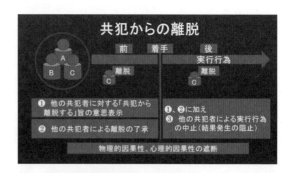

● 実行の着手前に離脱する場合

最高裁判所の裁判例はありませんが、下級審の裁判例の傾向として、**離脱者による離脱の意思の表明と他の共犯者による離脱の了承**により、共犯からの離脱を認めています（東京高判昭29.5.9.14ほか）。

● 実行行為に着手後に離脱する場合

平成元年6月26日、平成21年6月30日の最高裁判所の判断は、**他の共犯者が犯罪を実行しないように、犯行を防止する措置を講じること**を求めています。

したがって、実行行為に着手後は、離脱の表明と共犯者による離脱の了承に加え、他の共犯者の実行行為を中止（又は結果の発生を阻止）させ、当初の共謀による因果の流れを遮断することが必要です。

（3）共犯と錯誤

共犯関係にある者の中で、自分が思っていたことと、結果（罪）が食い違う、前にお話しした「錯誤」が起こることがあります。

二つの事例を使ってお話しします。

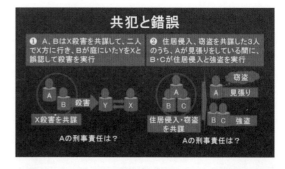

❶ A、BはX殺害を共謀して、二人でX方に行

き、Bが庭にいたYをXと誤認して殺害した、とい
うケースです。Aにしてみればx殺害の意思はある
もののYを殺害する意思はありません。錯誤が生じ
ています。

❷　住居侵入、窃盗を共謀した3人のうち、Aが
見張りをしている間に、BとCが住居侵入、強盗を
実行した、というケースです。見張りのAは、住居
侵入と窃盗を実行するという意思、結果（罪）につ
いて住居侵入は企図していたものの、強盗までの意
思はありません。錯誤が生じています。

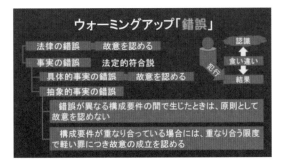

前にお話しした「錯誤」を思い出してください。
❶、❷とも事実の錯誤です。法定的符合説による
と具体的事実の錯誤の場合は、結果（罪）に対する
故意を認める、抽象的事実の錯誤の場合は、原則と
して結果（罪）に対する故意は認めないが、構成要
件が重なり合っている場合には、重なり合う限度で
軽い罪の故意を認める、というものでした。

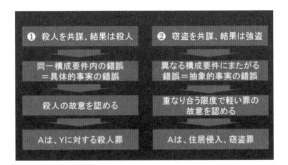

❶について、殺人を共謀し、結果（罪）は人違い
の殺人、同一構成要件内の錯誤、具体的事実の錯誤
に当たります。結果（罪）についての故意を認める
ことから、Aは、共同正犯としてYに対する殺人罪
の刑事責任を負うことになります。

❷について、窃盗を共謀し、結果（罪）は強盗、
異なる構成要件にまたがる錯誤、抽象的事実の錯誤
です。構成要件が重なり合う限度、強盗罪と窃盗罪
の違いは、その手段として暴行、脅迫を用いるか、
用いないかだけで、あとは同じです。

したがって、BとCは住居侵入、強盗罪、Aは、
共同正犯として住居侵入、窃盗罪の刑事責任を負う
ことになります。

次に、もう一つの事例で、結果的加重犯が関係す
るものです。

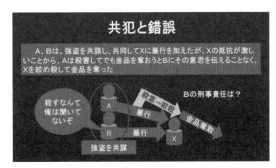

●　AとBは、強盗を共謀して、共同してXに
暴行を加えたが、Xの抵抗が激しいので、AはXを
殺害してでも金品を奪おうと、共犯者Bに何らその
意思を伝えることなく、Xを絞殺して金品を奪った
というケースです。

Aは、強盗殺人罪の刑事責任を負いますが、共犯
者Bとしては、殺人まで行うなんて思いもしなかっ
た、強盗殺人の故意はないということになります。

各論については、まだお話ししていませんので、
ここで、強盗殺人罪と強盗致死罪について簡単に
触れ、結論をお話ししたいと思います。

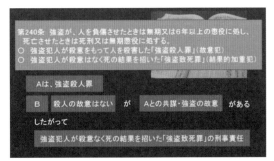

刑法第240条は「強盗が、・・・（人を）死亡させ

たときは」と定めています。

　この「（人を）死亡させた」には、●強盗犯人が、故意をもって人を殺害する「強盗殺人罪」と●強盗犯人が、結果的加重犯として死の結果を招いた「強盗致死罪」の二つのケース（最判昭 32.8.1 ほか）があります。

　事例に戻ると、A は、強盗犯人が故意をもって人を殺害した「強盗殺人罪」に当たります。そして、共犯者 B については、殺人の故意はないものの強盗を共謀しています。

　したがって、B については、共同正犯として強盗犯人が結果的加重犯として死の結果を招いた「強盗致死罪」の刑事責任を負うことになります。

　犯罪成立の 3 要件の有責性、「故意と過失」の中でお話しした「結果的加重犯」、重い結果についての認識は必要ではなかったですね。強盗致死罪の場合、強盗の故意があれば、死の結果についての認識は必要ありません。

　以上で、共犯に関する諸問題の話を終わります。

第5　罪数

　「12 回の終身刑と仮釈放なしの禁錮 3,318 年」、禁錮 3,318 年？　2012 年 7 月 20 日にアメリカ・コロラド州オーロラにある劇場で起こった銃乱射事件、12 人が死亡、52 人が負傷したという凶悪・凄惨な事件の犯人に対する刑の言い渡しです。我が国と法制度が違うとはいえ、驚きの刑罰ですね。

　我が国の刑事裁判では、犯人が行った行為が一罪と判断されれば、当該犯罪の法定刑の範囲内で判決が下されますが、数罪（併合罪）とされれば刑が加重されることになります。

　この犯罪の個数、すなわち罪数に関する問題は、複雑かつ多岐にわたり、一罪か数罪か、そのいずれかを判断することが困難な場合が少なくありません。

　ここでは、一罪とする考え方の概要を示すことにします。

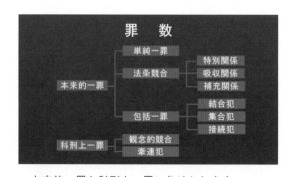

　本来的一罪と科刑上一罪に分けられます。

　本来的一罪は、単純一罪、法条競合そして包括一罪に分けられます。

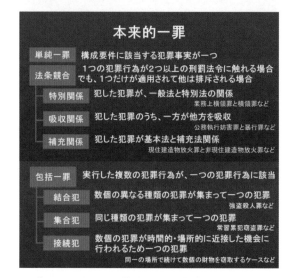

　「単純一罪」は、構成要件に該当する犯罪事実が一つのケースです。

　「法条競合」とは、一つの犯罪行為が二つ以上の刑罰法令に触れる場合でも、一つだけが適用されて他は排斥されるケースです。その中に「特別関係」、犯した犯罪が一般法と特別法の関係にあるもの、例えば、業務上横領罪と横領罪、「吸収関係」、犯した犯罪のうち、一方が他方を吸収するもの、例えば、公務執行妨害罪と暴行罪、そして「補充関係」、犯した犯罪が基本法と補充法の関係にあるもの、例えば、現住建造物等放火罪と非現住建造物等放火罪があります。

　「包括一罪」とは、実行した複数の犯罪行為が、一つの犯罪行為に該当するケースです。その中に、

「結合犯」、数個の異なる種類の犯罪が集まって一つの犯罪となるもの、例えば、強盗殺人罪、「集合犯」、同じ種類の数個の犯罪が集まって一つの犯罪となるもの、例えば、常習累犯窃盗罪（「盗犯等の防止及び処分に関する法律」に規定。）、そして「接続犯」、数個の犯罪が、時間的・場所的に近接した機会に行われたため一つの犯罪となるもの、例えば、同一の場所で続けて数個の財物を窃取するケースがあります。

次に、科刑上一罪について、お話しします。

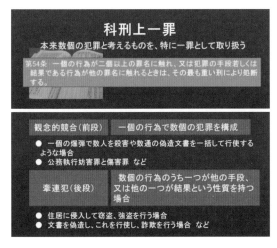

刑法第 54 条は「一個の行為が二個以上の罪名に触れ、又は犯罪の手段若しくは結果である行為が他の罪名に触れるときは、その最も重い刑により処断する」と定めています。これを「科刑上一罪」といいます。

同条前段「一個の行為が二個以上の罪名に触れる」場合を「観念的競合」といいます。観念的競合には、例えば、一個の爆弾で数人を殺害した場合や数通の偽造文書を一括して行使するような場合、あるいは公務執行妨害罪と傷害罪などのケースがあります。

同条後段「犯罪の手段若しくは結果である行為が他の罪名に触れる」場合を「牽連犯」といいます。例えば、住居に侵入して行う窃盗や強盗、文書を偽造し、これを行使して詐欺を行うなどのケースがあります。

観念的競合あるいは牽連犯の場合は、「その最も重い刑により、処断」されます。処断刑とは、法定刑に法律上又は裁判上の加重・減軽（再犯加重、法律上の減軽、併合罪加重、酌量減刑）をする必要のある場合に、加減例を適用して裁定される刑をいい、この範囲内で刑が言い渡され（「宣告刑」という。）ます。

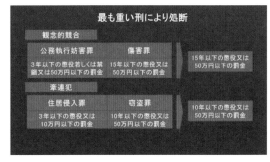

観念的競合である公務執行妨害罪と傷害罪の場合、刑がより重い傷害罪の法定刑「15 年以下の懲役又は 50 万円以下の罰金」を上限に、牽連犯である住居侵入罪と窃盗罪の場合は、刑がより重い窃盗罪の法定刑「10 年以下の懲役又は 50 万円以下の罰金」を上限に刑が下されることになります。

科刑上一罪に続き、併合罪について簡単にお話しします。

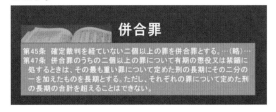

併合罪とは、確定判決を経ていない二個以上の罪をいいます（第45条）。刑事裁判で複数の罪について審理される場合、それらの罪をひっくるめて裁判官から刑が言い渡されます。

その際の刑の上限に関する決まりが第47条です。

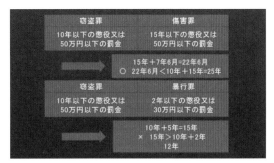

例えば、窃盗罪と傷害罪が併合罪として審理されている場合、刑の長期は「**最も重い罪について定めた刑の長期にその2分の1を加えたもの**」ですので、傷害罪の懲役15年に、その半分の7年6月を加えた22年6月、この22年6月は、両罪の「刑の長期の合計」である10年＋15年＝25年を超えませんので、22年6月を上限に刑罰が科されることになります。

他方、窃盗罪と暴行罪の場合、窃盗罪の10年にその半分の5年を加えた15年となりますが、両罪の刑の長期の合計である10年＋2年＝12年を超えますので、12年を上限に刑罰が科せられることになります。

以上で、罪数についての話を終わり、これまでにお話してきた内容のポイントを改めて示して、刑法総論に関するウォーミングアップを終わることにします。

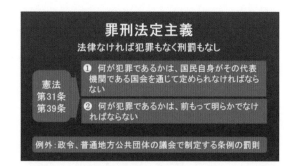

（8頁）

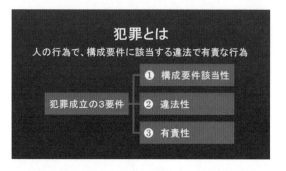

（10頁）

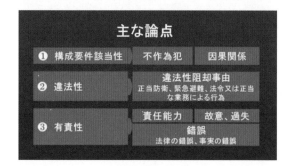

（10頁）

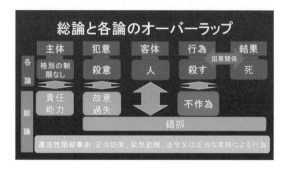

（10頁）

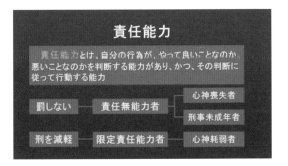

（12 頁）

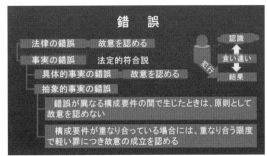

（19 頁）

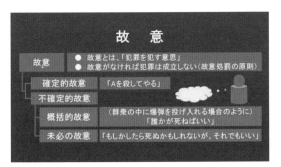

（16 頁）

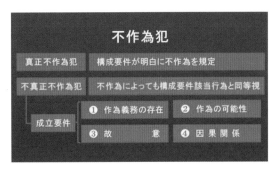

（21 頁）

（16 頁）

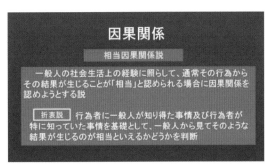

（22 頁）

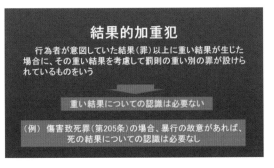

（16 頁）

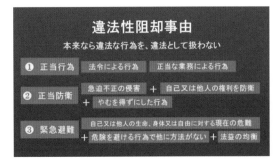

（25 頁）

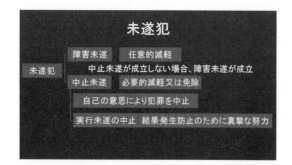

（26 頁）

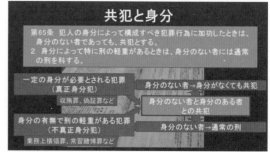

（29 頁）

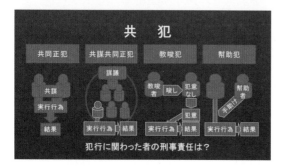

（27 頁）

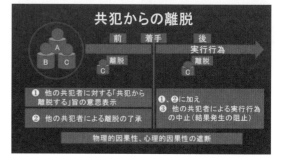

（30 頁）

共 犯

共同正犯	共同実行の意思	共に犯罪を実行しようとする意思の連絡
	共同実行の事実	共に犯罪を実行したという事実
教唆犯	教唆行為	特定の犯罪行為を決意させるもの
	被教唆者の実行	犯罪の実行を決意し、かつこれを実行
従（幇助）犯	幇助の意思	正犯による犯罪の実行を認識し、幇助行為が正犯の犯罪の実行を容易にさせることを認識・認容
	幇助行為	実行行為以外の行為で正犯の実行行為を容易ならしめること
	被幇助者の実行	

（29 頁）

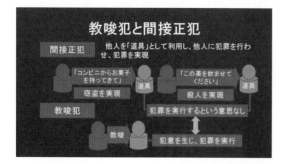

（29 頁）

36

各論

第1章

個人の法益を侵害する罪

財産

毀棄隠匿
窃盗
盗品等
強盗
背任
詐欺
横領
恐喝

私生活

住居侵入

生命・身体

殺人
傷害
遺棄
過失傷害
堕胎

自由

強制性交等
逮捕・監禁
強制わいせつ
脅迫
略取・誘拐

名誉信用業務

名誉毀損
業務妨害
侮辱

はじめに

「総論」に続いて、刑法「各論」です。

刑法第2編「罪」には、第77条から第264条までに多くの罪が規定されています。**保護される法益**により整理すると次のようになります。

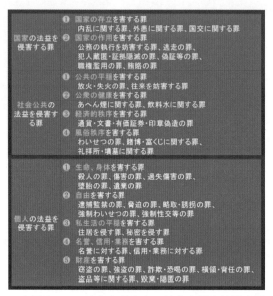

今回は、この中から私たちの社会生活や日常生活と関係が深いと考える「罪」についてお話します。

どのような「罪」が、社会生活や日常生活と関係が深いか、『犯罪白書』には「主な刑法犯」として14の罪が掲げられています。

『犯罪白書』は、犯罪の動向や犯罪者の処遇などについて、統計資料に基づき広く国民に知らせる資料、政府や省庁が治安対策を考案する一つの基となる資料です。したがって、この14の罪は、社会生活や日常生活と関係が深い「罪」であるとも言え、

刑法各論での位置付けは、次のとおりです。

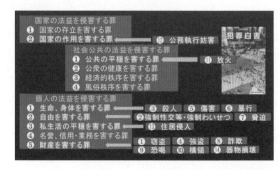

こうしたことから、今回は、個人の法益を侵害する罪を中心にお話をし、その他の部分については必要と思うものについて、簡単に触れたいと思います。

「ウォーミングアップ刑法総論」（以下、「アップ総論」という。）と同様、"はじめての刑法"、細かい学説の対立などには深入りせず、判例・通説の立場を基本に広く浅くお話ししていきます。その広さ、浅さの"物差し"は、警察官として実際に現場で事件・事故を取り扱ってきた私の経験則です。

第1章 個人の法益を侵害する罪

個人の法益を侵害する罪、保護する法益は次のとおりです。

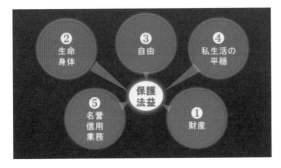

❶から順にお話しします。

第1節 財産を害する罪

第1 概説

警察が発生を認知した犯罪の中で、件数が最も多いのは、財産を害する罪（「財産犯」という。）の一つ、窃盗犯です。

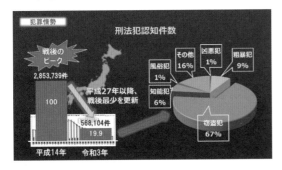

全国の刑法犯認知件数（注）は、昭和48年以降増加傾向となり、平成10年には200万件を超え、14年には昭和期の約2倍、戦後のピークとなる約285万件に達し、当時「治安は危険水域にある」とまでいわれました。しかし、15年からは一貫して減少を続け、平成27年以降は戦後最少を更新し、令和3年は約56万8千件、平成14年のピーク時の数を100とすると19.9となっています。

令和3年の刑法犯認知件数の内訳を見ると全体の

67%を窃盗犯が占めています。刑法犯認知件数に占める窃盗犯の割合については、平成14年は83%、平成17年は76%、平成22年は77%、平成27年は74%、令和2年は68%となっており、最近の刑法犯認知件数の概ね7割が窃盗犯といえます。平成15年からの刑法犯認知件数の減少は、この窃盗犯の認知件数が大幅に減少し続けたことが一因です。

（注）刑法及び暴力行為等処罰に関する法律を含む13の特別法に規定する罪で、警察が発生を認知した事件の数をいいます。

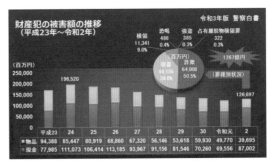

これは、**財産犯**（注）**の被害額の推移**と令和2年の被害額を罪種別に示したものです。平成24年が約1,965億円と平成23年以降では最も多く、令和2年は約1,267億円です。令和2年の罪種別を見ると、詐欺が640億800万円（50.5%）、次いで窃盗の501億5,500万円（39.6%）と、この2つの罪で被害額全体の約9割を占めています。

（注）ここでは、強盗、恐喝、窃盗、詐欺、横領、占有離脱物横領

本題に戻ります。財産犯です。6つのグループに分けています。

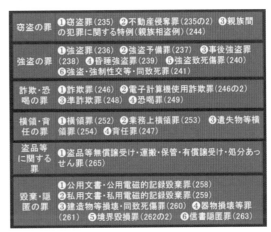

個々の罪についてお話する前に、財産犯全体について簡単に触れてみることにします。

1　財産犯の保護法益

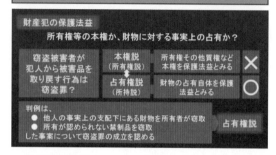

財産犯が保護するものは何か。所有権等の本権とみる**本権説（所有権説）**と、財物に対する事実上の占有とみる**占有権説（所持説）**とが対立していました。どちらの説を採るかにより、例えば、窃盗被害者が犯人から被害品を取り戻す行為は、本権説に立つと窃盗罪が不成立、占有権説に立つと窃盗罪が成立ということになります。

判例は、他人の事実上の支配下にある財物を所有者が窃取した場合(注1)や、所有が認められない禁制品についても窃盗罪が成立する(注2)としていることから、財物に対する事実上の占有が判例の立場といえます。

被害者が自分の物を取り戻して窃盗罪？「おかしい！」と思われるかもしれません。これは「**自救行為**」(注3)という概念にあたり、その方法が社会的相当性を認める範囲であれば、違法性を欠き窃盗罪は不成立というケースもあります(注4)。**緊急性や回復しようとする被害の内容、被害回復の方法**などから総合的に判断されます。

（注1）最決平元.7.7、（注2）最判昭24.2.15、（注3）権利を侵害された者が、公権力によらず自力でその権利を回復すること。（注4）最判昭30.10.14、正当防衛に該当する場合も違法性を欠く。

2　財物の概念

| 財物の概念 | ガスなどの無体物は？　価値の要否は？ |

- 人が管理・支配可能な無体物は財物
  例：熱気、人工冷気、水力
- 必ずしも、客観的交換価値を有する物という意味ではない
  例：消印済の収入印紙
- 財物性が否定された例
  はずれ馬券、広告用パンフレット2通在中の封筒など

財物は有体物に限られるか、管理可能な無体物（電気・ガス等）を含むかについて、およそ**私有財産の目的となることができる物であって、その管理が可能なものは「財物」**です（「**管理可能性説**」）(注1)。電気はこれを財物とみなす（第245条）というのは、当然のことを注意的に示した規定にすぎません。

また、財物といえるためには、処罰に値するだけの価値が必要ですが、必ずしも客観的交換価値を有する物という意味ではありません(注2)。

判例が財物性を認めたものとして、例えば、署名捺印のある白紙(注3)、印鑑証明用紙(注4)、消印済の収入印紙(注5)、駅の集札箱に保管されている使用済みの鉄道乗車券(注6)などがあり、これらは、他人の手に渡って悪用されないという消極的な価値が認められたものといえます。

他方、**判例が財物性を否定したもの**として、メモ用紙1枚(注7)、ちり紙13枚(注8)、外れ馬券1枚(注9)、封筒入り広告用パンフレット2通(注10)などがあり、主観的・客観的価値がない、あるいは刑法上の保護に値しないと判断されたものといえます。

（注1）大判明 36.5.21、（注2）最判昭 25.8.29、（注3）大判明 43.6.20、（注4）東京高判昭 28.9.18、（注5）最判昭 30.8.9、（注6）大阪高判昭 29.6.24、（注7）大阪高判昭 43.3.4、（注8）東京高判昭 45.4.6、（注9）札幌簡判昭 51.12.6、（注10）東京高判昭 54.3.29

3　占有の概念

刑法上の「**占有**」の概念は、**財産犯を区別するいわば分水嶺**となります。例えば、他人の現金を領得（自分又は第三者のものにする。）するというケースでは、その現金の占有が「**他人**」だと**窃盗罪**の成否を、

占有が「自分」だと横領罪の成否を検討することになります。また、落とし物のようにその金品に被害者の占有が及んでいない状況では、窃盗罪ではなく占有離脱物横領罪(注)の成否を、というように占有の概念は、財産犯の適用にあたって重要な指標となります。

（注）刑法の条文上は遺失物等横領罪。警察から検察庁に送致される際には占有離脱物横領罪という罪名が用いられる。

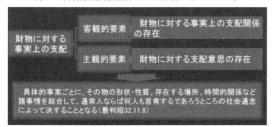

刑法上の「占有」とは、財物に対する事実上の支配(注)をいい、客観的要素としての財物に対する事実上の支配関係の存在と、主観的要素としての財物に対する支配意思の存在が必要です。

（注）横領罪においては、法律的支配を含む（65頁参照）。

判例は、財物に事実上の支配が及んでいるか否かについては、**具体的事案ごとに、その物の形状・性質、存在する場所、時間的関係など諸事情を総合して、通常人であるならば何人も認めるであろう社会通念によって決まる**（最判昭32.11.8）、としています。

占有の有無について、ケースごとに見てみます。

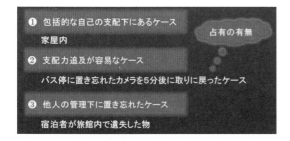

❶ 包括的な自己の支配下にあるケース

家の中にあるような物は、それぞれの物の存在が認識されていると否とを問わず、占有が認められます。

❷ 支配力追及が容易なケース

被害者が意識して特定の場所に置いた場合やいわ

ゆる置き忘れのケースです。意識して物を一定の場所に置き、そこからわずかしか離れていない場合や物を置き忘れても、それに気づくまでの時間が極めて短く、場所的にも近距離である場合には、被害者の占有が認められています。

占有が認められた事例です。

● バスを待つ行列の中でカメラを置き忘れた人が、約5分後に20メートルほど離れたところで置き忘れに気づいたケース(注1)

● 駅構内のカウンターに財布を置き忘れた人が、約1～2分後に15メートルほど離れた別のカウンターに行った際に置き忘れに気づいたケース(注2)

● 公園のベンチにポシェットを置き忘れた人が、27メートルほど離れたところまで歩いて行った時点で置き忘れに気づいたケース(注3)

占有が認められなかった事例として、

● 大規模スーパーマーケットの6階にあるベンチに財布を置き忘れた人が、約10分後にそのスーパーの地下1階に移動した時点で置き忘れに気づいたケース(注4)

などがあります。

（注1）最判昭32.11.8、（注2）東京高判昭54.4.12、（注3）最決平16.8.25、（注4）東京高判平3.4.1

❸ 他人の管理下に置き忘れたケース

財物の置き忘れや落とした場所が他人の管理する場所の場合には、その管理者の占有が認められます。判例では、例えば、旅館内のトイレやふろ場の場合は旅館の主人(注1)、ゴルフ場内の池の中のロストボールはゴルフ場管理者(注2)の占有が及ぶとされています。

（注1）大判大8.4.4、札幌高判昭28.5.7、（注2）最決昭62.4.10

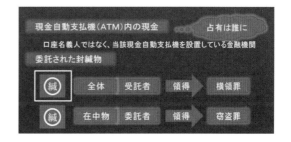

金融機関の**現金自動支払機（ATM）**内の現金については、口座名義人ではなく、当該現金自動支払機を設置している金融機関と解されています。

また、配送業者や保管業者に委託された封緘や施錠などによって簡単に開けることができない状態にされた梱包物・包装物について、判例は、その**全体**については受託者の占有、在中物については**委託者の占有**としています(注)。したがって、**全体を領得**すれば「自己が占有する他人の物」として**横領罪**、**在中物を抜き取る**などすれば「他人の財物」として**窃盗罪**の成否をそれぞれ検討することになります。

（注）大判明 44.12.15、最判昭 29.6.22

4 財産犯の相互関係

財産犯を体系的に理解する、言い換えれば、それぞれの罪との関係という意味で整理して見てみます。

財産犯により侵害される客体を❶財物、❷財産上の利益、❸被害者の財産追求権に分けてみます。

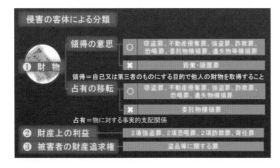

❶ 財物

財物をめぐっては、行為者が自己又は第三者のものとするために他人の財物を取得するという「**領得**」意思の有無によって、スライドのとおり窃盗罪などの財産的利益を得る**領得罪**と、財産的価値を消滅・毀損させる**毀棄・隠匿罪**とに区別されます。

また、財物の**占有が移転**したか否かにより、窃盗罪などと**委託物横領罪**（単純横領罪、業務上横領罪の総称）とに分かれます（前述の「梱包物」等の例）。

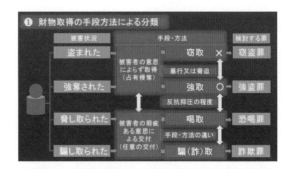

次に、占有の移転が、**被害者の意思によるか否か**により、窃盗罪・強盗罪と恐喝罪・詐欺罪とに分けられ、窃盗罪と強盗罪は、**暴行又は脅迫の有無**により、また、強盗罪と恐喝罪は暴行・脅迫が被害者の反抗を抑圧するに足りる程度であったか否かにより区別されます。さらに、恐喝罪と詐欺罪は暴行・脅迫によるか、欺罔によるかその**手段・方法**により区別されます。

❷ 財産上の利益

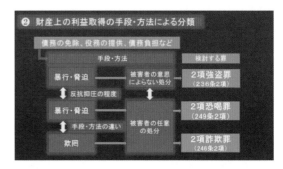

財産上の利益とは、財物以外の財産的な価値のある利益のことです。**債務の免除や役務の提供、債務負担**などがあります。身近な例としては、タクシーや飲食代金の支払いを免れる場合（無賃乗車、無銭飲食）などがあります。

財産上の利益は、全体財産(注1)の損害としての背任罪と、不法利得としての2項強盗罪、2項恐喝罪、2項詐欺罪(注2)とに分けられます。

（注1）財産総額、背任罪の項参照、（注2）各条第 2 項に規定されていることからこのように呼称。

不法利得に関する区別は、財物の場合と同じように、暴行・脅迫が被害者の反抗を抑圧するに足りる程度であれば2項強盗罪、反抗抑圧に至らない程度

の暴行・脅迫であれば2項恐喝罪、欺罔であれば 2
項詐欺罪ということになります。

❸ 被害者の財産追求権

犯罪によって奪われた財物の追求回復を困難にす
る行為を罰することを趣旨とするもので、盗品等に
関する罪（第256条、257条）が定められています。

5　不法領得の意思

毀棄罪を除く財産犯の成立には、行為者に**客観的
な犯罪事実の認識**に加えて「**不法領得の意思**」が必
要です。

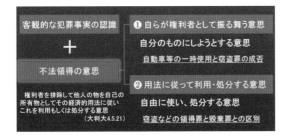

(1)　客観的な犯罪事実の認識

客観的な犯罪事実とは、構成要件行為、例えば、
窃盗罪であれば「他人の財物を盗む」、強盗罪であれ
ば「暴行・脅迫を加えて、他人の財物を強奪する」
という意思です。

(2)　不法領得の意思

不法領得の意思とは、判例で「**権利者を排除して
他人の物を自己の所有物と同様にその経済的用法に
従いこれを利用し又は処分する意思をいう**」（大判大
4.5.21）と定義されています(注)。❶「**権利者として振る
舞う意思**」と❷「**用法に従って利用・処分する意思**」、わ
かりやすくいえば、「**自分のものにしようとする意思**」
と「**自由に使い、処分する意思**」の二つの内容を
含んでいます。

（注）横領罪に関しては、「経済的用法に従い」という限定が
付されていない（66頁参照）。

❶　権利者として振る舞う意思

権利者として振る舞う意思について、窃盗罪を例
にすると、他人の自転車を無断で一時使用する行為、

この行為が窃盗罪にあたるか、その成否を決める
ことになります。

駅の駐輪場に無施錠の自転車を見つけ「あとで
返す」つもりで無断で乗っていく、このような行為は
一般的に「**使用窃盗**」と呼ばれています。

使用窃盗は、基本的には、不法領得の意思である
自分の物にしようという**権利者として振る舞う意思**を
欠くので窃盗罪は成立しません(注)。

しかし、元に戻す（返す）意思があったとしても
借りている時間が長かったり、借りた場所に戻さな
い、いわゆる乗り捨てなどの場合には、自分の物と
して**権利者を排除する意思**があったとして、窃盗罪が
成立する場合があります。

（注）使用窃盗そのものを処罰する規定もない。

一時使用に関し、**不法領得の意思ありとして窃盗
罪の成立**が認められた事例です。まず、乗り捨てた
場合です。

● 対岸に着いたら乗り捨てるつもりで他人の船を
漕ぎ出したケース(注1)

次に、元に戻す意思があった場合です。

● あらかじめ被害者の家から合鍵を持ち出し、
自動車を約18時間乗り回したケース(注2)

● 盗品の運搬に使用するため他人の自動車を無断
で使用し、朝までに元に戻すという行為を繰り返
していたケース(注3)

● 夜中に高級自動車を5時間乗り回すつもりで、
見つかるまで約4時間乗り回したケース(注4)

などがあります。

（注1）最判昭26.7.13、（注2）東京高判昭33.3.4、（注3）最決昭
43.9.17、（注4）最決昭55.10.30

❷　「用法に従って利用・処分する意思」

経済的用法に従い、利用又は処分する意思は、**領
得罪**と**毀棄罪**との区別に関わります。

単に壊したり隠したりするつもりで物を盗んだ場合
は、不法領得の意思である**用法に従って利用・処分す
る意思**を欠くことから、領得罪は成立しません(注)。

（注）最判昭33.4.17、最決平16.11.30

不法領得の意思を欠くとして窃盗罪の成立を否定

した事例です。

● 仕返しのためチェーンソーを持ち出し、数百メートル離れた海中に投棄した行為(注1)

● 酔っていたずら半分に逃がす目的でインコを籠ごと持ち出して追跡され100メートルほど離れた公園に投げ捨てた行為(注2)

● 新人の海女への嫌がらせのため、ジャージ、浮き袋等を持ち出し、田畑や海中に投げ捨てた行為(注3)

などがあります。

(注1)仙台高判昭46.6.21、(注2)東京高判昭50.11.28、(注3)東京高判平18.4.3

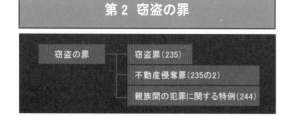

1　窃盗罪

　窃盗罪は、他人の財物をその人の意思に反して自己又は第三者の占有下に置くことにより成立する犯罪です。

空き巣	忍込み	居空き	ATM破り	金庫破り	旅館荒し	官公署荒し	学校荒し	病院荒し
給油所荒し	事務所荒し	出店荒し	工場荒し	更衣室荒し	倉庫荒し	自動車盗	オートバイ盗	自転車盗
職権盗	慶弔盗	追出し盗	買出盗	訪問盗	払出盗	ATMねらい	窓口ねらい	途中ねらい
室内ねらい	客室ねらい	病室ねらい	ひったくり	すり	置引き	仮睡者ねらい	車上ねらい	部品ねらい
脱衣場ねらい	自動販売機ねらい	色情ねらい	工事場ねらい	万引き	職場ねらい	同居ねらい	さい銭ねらい	など

　警察庁が公表している「犯罪統計資料」を見ると窃盗の手口別の数字が出ています。スライドのように侵入窃盗　　　、乗り物盗　　　、非侵入窃盗　　　に分けられ、さまざまな手口があります。また、警察では、「重要窃盗犯」として、侵入盗、自動車盗、ひったくり、すりの捜査に特に力を入れています。

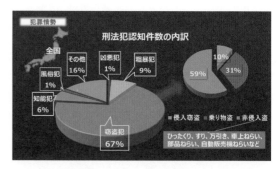

　窃盗が、刑法犯認知件数の約7割を占めていることは、前にお話ししました（39頁参照）。令和3年の窃盗犯の内訳は、侵入窃盗10％、乗り物盗31％、ひったくり、すり、万引き、車上ねらい、部品ねらい、自動販売機ねらいなどの非侵入窃盗が59％を占めています（「犯罪統計資料」警察庁）。

第235条　他人の財物を窃取した者は、窃盗の罪とし、10年以下の懲役又は50万円以下の罰金に処する。

(1)　成立要件

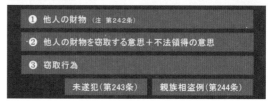

　窃盗罪の成立要件は、❶財物が他人の物であること、❷他人の財物を窃取するという意思（客観的な犯罪事実の認識）と不法領得の意思があること、そして❸窃取行為があることです。

❶　他人の財物

　この点については、財物の概念や占有の概念（40頁以下参照）のところでお話ししました。

　なお、他人の財物には、自己の所有物であっても他人が適法に占有している物又は公務所の命によって他人が看守している物も含みます（第242条）。すなわち、自分の物でも他人に貸したり、質入れしたり、修繕のために預けたりしている物を窃取すれば窃盗罪になります。

　❷についても、不法領得の意思（43頁以下参照）についてお話ししました。

❸ 窃取行為

「窃取」とは、占有者の意思によらず財物を自己又は第三者の占有下に移す行為(注)です。"こっそり"と行われる必要はなく、「ひったくり」のように公然と財物を奪う場合にも窃盗罪は成立します。

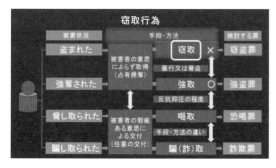

繰り返しになりますが、「窃取」は、暴行・脅迫という手段を伴わない点で強取と異なり、被害者の意思に反する点で、騙（詐）取・喝取とも区別されます。

近年社会問題なっている**特殊詐欺**の手口の一つ、**キャッシュカード詐欺盗**。警察官や銀行協会、大手百貨店などの職員を装い、「キャッシュカードが不正に利用されている」などといった名目で、被害者にキャッシュカードを準備させた上で、被害者の隙を見てキャッシュカードを盗み取るケースは、窃盗にあたります。被害者に犯人へキャッシュカードを交付する意思がなく、暴行・脅迫も伴っていないからです。

（注）大判大 4.3.16

なお、窃盗罪には、これからお話しする未遂犯、親族相盗例の適用があります。

(2) 着手時期

窃盗罪は、**未遂を処罰**します（第243条）。窃取行為に着手したものの財物の占有移転が完了していない、自分や第三者の占有に移っていない場合です。

未遂犯の要件が、①「犯罪の実行に着手したこと」と、②「犯罪を遂げなかったこと」であると「アップ総論」（25頁参照）でお話ししました。窃盗罪に限らず、未遂犯の成立を考える上で、着手時期の理解は重要です。

窃盗罪の着手時期は、窃取行為を開始したとき(注1)、他人の財物の占有を侵害する具体的危険が発生した時点です。どのような状況になれば着手行為と認められるかは、犯行手口や目的とされる財物などにより異なります。

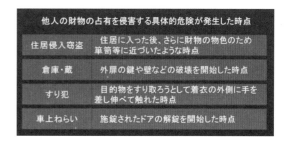

判例で示されたものとして、住居に侵入して窃盗を行う場合には、住居に入った後、さらに金品物色のため箪笥等に近寄ったようなとき(注2)、内部に財物を保管する目的の倉庫・蔵のような建造物については、外扉の鍵や壁などの破壊を開始したとき(注3)、すり犯については、目的物をすり取ろうとして着衣の外側に手を差し伸べて触れたとき(注4)、車上ねらいについては、施錠されたドアの解錠を開始したとき(注5)に、それぞれ着手を認めています。

（注1）大判大 9.10.19「他人の財物に対する事実上の支配を侵すにつき密接なる行為をなしたとき」、（注2）大判昭 9.10.19、（注3）名古屋高判昭 25.11.14、大阪高判昭 62.12.16、（注4）最決昭 29.5.6、（注5）東京高判昭 45.9.8、山口簡判平 2.10.1、東京地判平 2.11.15

また、盗んだ他人のキャッシュカードを使って現金自動支払機から現金を引き出すケースでは、キャッシュカードを挿入した時点(注)とされています。

（注）名古屋高判平 18.1.24

(3) 既遂時期

窃盗罪の**既遂時期**は、被害者が占有を失い、行為者又は第三者が占有を取得した時点です。

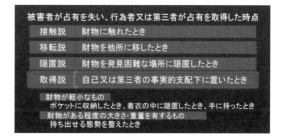

既遂時期に関しては、説が分かれ、財物に触れた時とする**接触説**、他所に移したときとする**移転説**、発見が困難な場所に隠匿したときとする**隠匿説**、自己又は第三者の事実的支配下に置いたときとする**取得説**があり、**判例・通説とも取得説の立場を採っています。**事実的支配下に置いたかどうかの判断は画一的ではなく、財物の大きさや財物の持ち出しやすさ、占有者の支配の程度など諸事情を合わせて判断されます。判例を概観すると、**財物が軽小なもの**については、ポケットに収納したとき、着衣の中に隠したとき、あるいは手に持ったとき、**財物がある程度の大きさ・重量を有するもの**については、持ち出せる態勢が整ったとき、財物が守衛等により**管理されている施設内にある場合**は、原則として施設外に持ち出したときなどという概ねの基準を見ることができます。

(4) 罪数

❶ 不可罰的事後行為

窃盗犯人が、例えば、盗んだ現金を遊興費に使う、盗んだ金庫を壊す、盗んだ品物を売却する、このように窃盗犯人が目的物を単純に消費、破壊、処分しても、これらの行為は「**不可罰的事後行為**」(注)として、新たな罪に問われることはありません。

(注)当該行為は窃盗罪の違法評価に既に含まれているため別罪を構成しない。

❷ 新たな法益侵害

他方、犯人が盗んだ通帳を使って銀行から払い戻しを受ければ、**新たな法益侵害**として、別個に詐欺罪が成立します(注1)。同じように盗んだキャッシュカードを使って現金自動支払機から現金を払い戻せば、新たに窃盗罪が成立します(注2)。

(注1)最判昭25.2.24、(注2)東京高判昭55.3.3

❸ 窃盗罪の罪数

窃盗罪の罪数(成立する個数)は、犯人が侵害した占有の個数が基準となります。

例えば、空き巣の犯人が、Ａ宅、Ｂ宅、Ｃ宅と犯行すれば、それぞれの占有を侵害した3個の窃盗罪が成立します。

次に、スライドのように、例えば、事務所荒しの犯人が、同一機会に事務室内のＡさん、Ｂさん、Ｃさんそれぞれの机の引き出しから金品を盗んだような場合、このように1回の窃取行為で1個の占有を侵害し、数人の所有物を盗んだ場合は、1個の窃盗罪が成立します(注1)。

同じ例で、犯人が1月にＡさんの、2月にＢさんの、3月にＣさんのそれぞれ金品を盗んだような場合、このように同一管理下ではあるものの、それぞれが個別の窃取行為と評価される場合には、窃取行為に応じた数、すなわち3個の窃盗罪が成立します(注2)。

(注1)「犯人が同一意思の下に、同一機会に、同一管理者の管理にかかる場所で、数人各別の所有に係る財物を窃取したときは、所有者でありかつ管理者である者の数個の財物を窃取した場合と同様一個の管理にかかる財物を窃取したものと解す」福岡高判昭29.3.31、(注2)福岡高判昭24.10.14

(5) 他罪との関係

観念的競合、牽連犯、併合罪などについて「アップ総論」(「罪数」32頁以下参照)でお話ししました。

窃盗が**住居侵入**を手段とする場合には、住居侵入との間に**牽連犯**が成立します(注1)が、**建造物損壊**を手段とする場合は、窃盗の定型的な手段とは言えないことから牽連犯ではなく、両罪は**併合罪**となります(注2)。

盗品等に関する罪との関係では、窃盗犯人が行う盗品等の運搬行為は**不可罰的事後行為**として別に盗品等に関する罪は成立しません。しかし、**窃盗教唆者・幇助者**が盗品等に関する罪を行った場合は、同罪と窃盗罪の**併合罪**となります(注3)。

(注1)最判昭28.2.20、(注2)最判昭24.2.24、(注3)最判昭25.11.10

2 不動産侵奪罪

不動産侵奪罪は、不動産に対する他人の占有を排除して自己又は他人の占有を設定することにより成立する犯罪です。

考えられるケースとしては、それぞれ無断で、他人の占有する土地の上に建物を建てて利用する、他人の管理している家屋に入り込み居住する、土地の境界線を越えて隣の他人の土地を取り込む場合などがあります。

> 第235条の2 他人の不動産を侵奪した者は、10年以下の懲役に処する。

(1) 成立要件

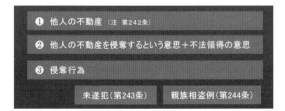

不動産侵奪罪の成立要件は、❶客体が、他人の不動産であること、❷他人の不動産を侵奪するという意思（客観的な犯罪事実の認識）と不法領得の意思があること、❸侵奪行為があることです。

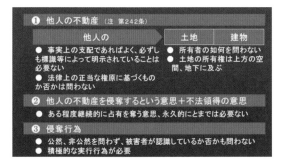

❶ 他人の不動産

本罪における「他人」とは、個人はもちろん法人も含みます。他人の占有は、事実上の支配で足り、必ずしも標識などによって明示されている必要はありません（注1）。また、法律上の正当な権原に基づくものであるかどうかも問いません（注2）。

なお、自己所有の不動産であっても、地上権、賃借権など民事上の権原に基づき他人が占有し、あるいは公務所の命によって他人が看守しているときは本罪の客体となります（第242条）。

(注1)東京高判昭40.9.15、(注2)最判昭34.8.28

本罪にいう「不動産」とは、土地・建物（注1）で、その所有者の如何、例えば、公有か私有かなどは問いません。また、土地の所有権は、その土地の上下に及ぶ（民法第207条）ので、他人の土地の上に張り出して二階部分を増築する行為も本罪の対象となります（注2）。

(注1)民法上は立木も不動産に含まれるが、窃盗罪を構成する（最判昭25.4.13）、(注2)大阪地判昭43.11.15

❷ 不法領得の意思

本罪における不法領得の意思は、いわゆる一時使用との関係で、ある程度継続的に占有する意思が必要です（注）が、永久的に占有を侵奪する意思までは必要ありません。

(注)大阪高判昭42.5.12

❸ 侵奪行為

「侵奪」とは、不法領得の意思をもって不動産に対する他人の占有を排除し、これを自己又は第三者の支配下に移すことです（注）。

侵奪行為は、公然、非公然を問わず、また、被害者が認識しているか否かを問いませんが、積極的な事実行為が必要です。この点から、借りていた土地を無断で転貸するような行為は含まれません。また、登記簿上の名義を変更しただけでは、文書偽造の罪が成立するのは格別、本罪は成立しません。

(注)最決昭42.11.2、最判平12.12.15

> **侵奪の成否の判断基準**
>
> ①不動産の種類 ②占有侵奪の方法、態様、程度 ③占有期間の長短 ④原状回復の難易度 ⑤占有排除・占有設定の意思の強弱 ⑥相手方に与えた損害の有無
>
> などを総合的に判断し、社会通念に従って判断

侵奪の成否については、具体的事案に応じて、①不動産の種類、②占有侵奪の方法、態様、程度、③占有期間の長短、④原状回復の難易度、⑤占有排

除・占有設定の意思の強弱、⑥相手方に与えた損害の有無などを総合的に考慮し、社会通念に従って判断されます(注1)。

不動産侵奪罪の成立が認められた例として、

● 土地所有者に使用中止を求められた後に倉庫を立てて使用したケース(注2)

● 土地の無断転借人が簡易施設を改造して本格的店舗を構築したケース(注3)

● 都の公園予定地の一部に、角材やビニールシート等で簡易な建物を無断で構築し、相当期間、撤去要求に従わなかったケース(注4)

などがあります。

(注1)大阪高判昭40.12.17、(注2)最判昭42.11.2、(注3)最決平12.12.15、(注4)最判平12.12.15

(2) 着手及び既遂時期

本罪の**着手時期**は、**不動産に対する他人の占有の排除を開始した時点**です。占有排除のための行為があれば足り、占有侵害の事実が生じたことは不要ですが、例えば、単に、造成のために測量するだけでは足りず、隣地を取り込むために杭を打ち始めるような具体的な不動産に対する侵害行為が必要です。

判例には、侵奪の故意をもって、マンションの一室に立入禁止の貼り紙をして、出入口ドアの施錠を交換した行為について、実行の着手にあたるとしたものがあります(注)。

(注)東京高判平11.8.27

本罪の**既遂時期**は、**不動産に対する他人の占有を排除して、自己又は第三者の占有を設定した時点**です。言い換えれば、不動産の占拠が事実上完成した時点です。

(3) 不可罰的事後行為

本罪が**既遂**に達した後の占有の継続、例えば、占有を確保する行為や当該不動産を利用する行為は、他の法益を侵害しない限り、**不可罰的事後行為**です。

(4) 未遂犯

本罪の**未遂は処罰されます**（第243条）。

3 親族間の犯罪に関する特例（親族相盗例）

親族間の犯罪に関する特例（親族相盗例）は、配偶者、直系血族又は同居の親族との間で、窃盗罪又は不動産侵奪罪（両罪の未遂を含む）を犯した者はその刑を免除し、その他の親族に関する場合は親告罪(注1)とするという規定です。

> **第244条** 配偶者、直系血族又は同居の親族との間で第235条の罪、第235条の2の罪又はこれらの罪の未遂罪を犯した者は、その刑を免除する。
> 2 前項に規定する親族以外の親族との間で犯した同項に規定する罪は、告訴がなければ公訴を提起することができない。
> 3 前二項の規定は、親族でない共犯については、適用しない。

配偶者、直系血族、同居の親族については、その特殊な身分関係からみて犯罪は成立するものの刑が免除され（人的処罰阻却事由(注2)）、また、その他の親族については、処罰するかどうかを被害者の意思に係らせる（親告罪）ことが適当であるとして、この特例が設けられています。したがって、**これらの関係がない共犯者**にはこの特例の適用がありません。

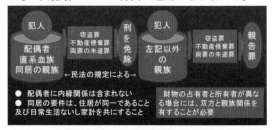

配偶者、直系血族又は同居の親族（6親等内の血族、3親等内の姻族）の意義は、いずれも**民法**の定めるところによります。

「**配偶者**」には**内縁関係を含みません**(注3)。また、「**同居**」とは、「**同一家計の下に居を定めて日常生活を共にしている場合**」(注4)、すなわち住居が同一であることと日常生活ないし家計を共にしていることが必要で、一時宿泊した者は含まれません。

本条の親族関係は、犯人と被害者との間に存在することが必要ですが、**財物の占有者と所有者が異なる場合は、その双方と親族関係を有すること**が必要です(注5)。

なお、この特例は**詐欺罪、恐喝罪、横領罪**などにも準用されます(第251条、255条)が、強盗罪と毀棄罪には準用されず、盗品等に関する罪も親族間の犯罪について個別に規定しています (第257条)。

(**注1**) **親告罪**とは、起訴するためには被害者の告訴が必要となる犯罪のことをいいます。一般に刑事事件は、警察が事件を検察庁に送った後、検察が起訴をしますが、親告罪に該当する犯罪は、被害者が告訴をしない限り、起訴されません。

「**告訴**」とは、被害者や法定代理人などの告訴権者が、捜査機関に対し、犯罪事実を申告し、加害者の処罰を求めることです。告訴状が受理されると、捜査機関は捜査を開始する義務があります。他方、「**被害届**」は、被害にあった事実を捜査機関に申告する書面です。告訴との違いは、必ずしも加害者の処罰を求める意思を含むものではないことと、被害届が受理されても捜査機関に捜査を開始する義務までは生じない点にあります。(**注2**)「犯人の処罰につき特例を設けたにすぎず、その犯罪の成立を否定したものではない」最決平 20.2.18、(**注3**)最決平 18.8.30、(**注4**)東京高判昭 34.3.7、(**注5**)最決平 6.7.19

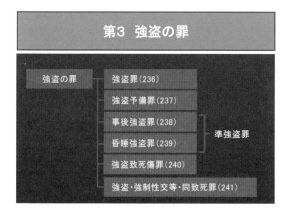

第3　強盗の罪

```
強盗の罪 ── 強盗罪 (236)
           ── 強盗予備 (237)
           ── 事後強盗罪 (238) ┐
           ── 昏睡強盗罪 (239) ┘ 準強盗罪
           ── 強盗致死傷罪 (240)
           ── 強盗・強制性交等・同致死罪 (241)
```

1　強盗罪

強盗罪は、暴行又は脅迫を用いて他人の財物を強取し、又は**財産上不法の利益**を得、又は**第三者**にこれを得させることにより成立する犯罪です。

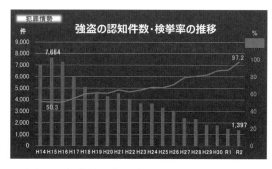

強盗の認知件数と検挙率の推移を示しています。

強盗の認知件数は、平成 15 年に昭和 26 年以降で最多の 7,664 件を記録した後、平成 16 年から減少傾向にあり、令和 2 年は 1,397 件(前年比 114 件(7.5%)減)と戦後最少を更新しました。検挙率は、平成 17 年から上昇傾向にあり、令和 2 年は 97.2%(同 9.5pt 上昇)です (令和 3 年版『犯罪白書』)。

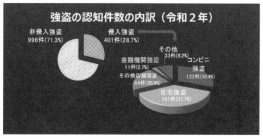

令和 2 年の強盗の認知件数の内訳は、侵入強盗が全体の約 3 割の 401 件(28.7%)、非侵入強盗が約 7 割の 996 件(71.3%)で、侵入強盗は、住宅強盗が 151 件(37.7%)と最も多く、次いでコンビニ強盗 122 件(30.4%)、その他店舗強盗 84 件(20.9%)、金融機関強盗 11 件(2.7%)の順となっています (令和 3 年版『警察白書』)。

強盗罪は、奪われるものが**財物**については第 236 条 1 項に、**財産上の利益**については同条 2 項にそれぞれ規定されていることから、以後「1 項強盗」、「2 項強盗」と呼び、分けてお話します。

1-1　1項強盗罪

第 236 条　暴行又は脅迫を用いて他人の財物を強取した者は、強盗の罪とし、5 年以上の有期懲役に処する。

(1) 成立要件

1項強盗罪の成立要件は、❶客体が他人の財物であること、❷他人の財物を強取するという意思（客観的な犯罪事実の認識）と不法領得の意思があること、そして❸強取行為があることです。

❶ 他人の財物

前述の財物の概念、占有の概念（40頁以下）を参照してください。他人の財物には、第242条により「自分が所有し他人が適法に占有している物及び自分が所有し公務所の命により他人の看守している物」も含みます。

❷ 他人の財物を強取するという意思（客観的な犯罪事実の認識）と不法領得の意思

不法領得の意思についても、すでにお話しました。客観的犯罪事実の認識については、財物の種類や数量などを個別的に認識する必要はありません（注）。

（注）大判大 15.2.27

❸ 強取行為

「強取」とは、暴行又は脅迫を加えて、相手方の反抗を抑圧して、その意思によらずに財物を自己又は第三者の占有に移すことをいいます。

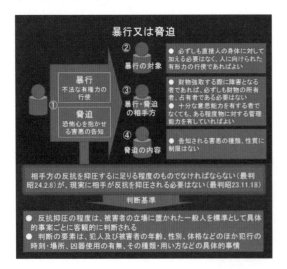

ア 暴行・脅迫

① 強盗罪における暴行・脅迫

暴行（不法な有形力の行使）、脅迫（恐怖心を抱かせる害悪の告知）は、いずれも相手方の反抗を抑圧するに足りる程度のものでなければなりません（注1）が、現に相手方が反抗を抑圧されたことは必要ありません（注2）。

反抗抑圧の程度は、被害者の立場に置かれた一般人を標準として具体的事案ごとに客観的に判断されます（注3）。

その判断の要素は、犯人や被害者の年齢、性別、体格などのほか、犯行の時刻・場所、凶器使用の有無、その種類・用い方などの具体的な事情です（注4）。

例えば、ひったくりは、その行為の性質上、若干の暴行が伴うに過ぎないときは窃盗罪が成立（状況により、他に暴行罪又は傷害罪が成立する場合もある。）しますが、自動車やオートバイ等を利用して走りながら奪う場合で、その態様が被害者の反抗を抑圧するに足りる程度のものと認められるとき（注5）は、強盗罪又は強盗致傷罪で問擬されることになります。

（注1）（注3）最判昭 24.2.8、（注2）最判昭 23.11.18、（注4）名古屋高判昭 35.9.21、（注5）被害者がハンドバックから手を離さなかったため、バックのベルトをつかんだまま自動車を走らせ、被害者を路上に転倒させたり、車体に接触させたり、あるいは道路脇の電柱に接触させたりしたケースについて「…手放さなければ生命・身体に重大な危険をもたらす恐れのある暴行を用いており強盗となり得る」（最決昭 45.12.22）

② 暴行の対象

暴行は、必ずしも直接人の身体に対して加える必要はありません。人に向けられた有形力の行使であれば、例えば、被害者が乗った自動車のタイヤめがけて拳銃を撃つように物に対する有形力の行使であっても、被害者の意思、行動の自由を抑制し、その反抗を抑圧し得るものであるときは、強盗罪の手段としての暴行にあたります。

③ 暴行・脅迫の相手方

暴行・脅迫の相手方は、財物強取の際に障害となる者であれば、必ずしも財物の所有者、占有者である

必要はありません(注1)。

また、十分な意思能力がなくても、例えば、ある程度、物に対する管理能力を有していれば留守番中の10歳の少年(注2)でも相手方となります。

(注1)、(注2)最判昭22.11.26

④ 脅迫の内容

告知される害悪の種類・性質に制限はなく、犯人が実際にその害悪を加える意思があるか、その害悪を加える能力があるかも問いません(注)。もっとも、例えば、おもちゃの拳銃であることが一目でわかるような場合などは反抗抑圧の手段とはいえません。

(注)大判明43.4.22

イ 因果関係

強取といえるためには、●暴行・脅迫により、●相手方の反抗を抑圧して、●その意思によらずに財物を自己又は第三者の占有に移すという一連の流れと、これらの間に順次、因果関係があることが必要です。

a 反抗抑圧と財物奪取との関係

反抗抑圧と財物奪取との関係
Ⓐ 被害者が差し出した物を受け取る場合
Ⓑ 被害者が気付かないうちに財物を持ち去る場合
Ⓒ 被害者が所持していた財物をその場に放置して逃げた後、これを取得する場合

強取は、犯人自身が反抗を抑圧された被害者から直接財物を奪取するケースが典型ですが、

Ⓐ 被害者が差し出した財物を受け取った場合(注1)

Ⓑ 被害者が気付かないうちに財物を持ち去った場合(注2)

Ⓒ 被害者が所持していた財物をその場に放置して逃げた後、これを取得した場合(注3)

についても、強取と認めた判例があります。

(注1)東京高判昭42.6.20、(注2)最判昭23.12.24、大阪高判昭47.8.4、(注3)名古屋高判昭32.3.4

b 反抗抑圧後に生じた奪取意思と強盗罪の成否

強盗罪は、当初から財物奪取の意思で暴行・脅迫を加えて強取することにより成立します。暴行・脅迫を加え被害者の反抗が抑圧された後に財物奪取の意思が新たに生じた場合は、奪取行為は強盗罪ではなく窃盗罪にあたります(注1)。

しかし、判例の中には、強制性交等や強制わいせつ事案に関して、犯人が強制性交等などの後、現場で女性の畏怖に基づいて提供された財物を取得した行為を強盗罪とする例も多くみられ、

● 犯人がその場にとどまっていること自体が強盗の積極的な脅迫行為(注2)

● すでに行った暴行・脅迫の結果利用で、強盗の手段である暴行・脅迫と同等(注3)

などとして、強盗罪の成立を認めています。

(注1)大判昭8.7.17、(注2)大判昭19.11.24、東京高判昭37.8.30、(注3)東京高判昭57.8.6

なお、新たな暴行・脅迫が必要として強盗罪の成立を否定したものとして、東京地判昭47.1.12、東京高判昭48.3.26などもあります。

(2) 着手及び既遂時期

着手時期は、手段としての暴行・脅迫が開始された時点です。強盗の意思で、まず財物を奪取し、次いで、その占有を確保するために被害者に暴行・脅迫を加えた場合は、当該暴行・脅迫を開始した時点です(注1)。

既遂時期は、被害者の財物の占有を得た、あるいは第三者に得させた時点です(注2)。

(注1)最判昭24.2.15、(注2)最判昭24.6.14

(3) 未遂犯

本罪の未遂は処罰されます(第243条)。

(4) 罪数

1個の暴行又は脅迫によって、数人から財物を強取したときは、被害者ごとに強盗罪が成立し観念的競

合となり（注）、また、例えば、タクシー運転手に暴行・脅迫を加えて売上金の強取とともに料金の支払いを免れたというような1個の行為によって**財物の強取（1項強盗）**とともに**財産上不法の利益を得た（2項強盗）**場合は、包括して強盗一罪が成立します。

（注）最判昭 22.11.29

（5）他罪との関係

ア　他人の住居に侵入して強盗を犯したときは、強盗罪と住居侵入罪は**牽連犯**(注1)

イ　窃盗の意思で財物を窃取した後、さらに**強盗の意思**で暴行又は**脅迫**を加えた場合で、財物を強取した場合は**包括して強盗罪一罪**(注2)、財物の強取に至らなかった場合は**包括して強盗未遂罪一罪**(注3)

ウ　暴行・脅迫の手段として**拳銃**などを用いた場合は、強盗罪と**銃刀法違反**(注4)の罪が成立し、両罪は**併合罪**(注5)

となります。

（注1）最判昭 25.9.21、（注2）大判明 43.1.25、（注3）東京高判昭 28.10.23、（注4）法律の正式名称は「銃砲刀剣類所持等取締法」、（注5）最判昭 25.5.2

1-2　2項強盗罪

第236条
2　前項の方法により、**財産上不法の利益**を得、又は他人にこれを得させた者も、同項と同様とする。

（1）成立要件

❶　財産上の利益
❷　不法に財産上の利益を得る意思
❸　強取行為

未遂犯（第243条）

2項強盗罪は、暴行又は**脅迫**を加えて不法に**財産上の利益を得**、又は第三者にこれを得させることによって成立します。ここでは、❶と❸についてお話します。

❶　財産上の利益

条文の「**財産上不法の利益を得**」とは、「**不法な利益**」を得るということではなく、不法に「**財産上の利益**」を得るということです。

財産上の利益は、1項にいう**財物以外の財産的利益**を意味し、大きく3つの態様が考えられます。

①　**債務の免除**(注1)、**債務の履行延期**(注2)のように相手方に**財産上の一定の処分行為**をさせるもの

②　相手方から財産的価値のある**役務**（いわゆるサービスなど）**の提供**を受けるもの

③　相手方に債務負担を口頭で**約束**させるもの(注3)等一定の**財産的意思表示**をさせるもの

という態様です。

（注1）大判昭 6.5.8、（注2）大判明 44.10.5、（注3）大判昭 8.12.1

なお、**不法な利益**、例えば、覚醒剤を騙し取った後、その返還請求や代価の支払いを免れるために暴行・脅迫を加える行為(注1)や不法ないわゆる白タクの運賃を免れた場合(注2)も2項強盗罪は成立します。

（注1）最判昭 35.8.30、最決昭 61.11.18、（注2）名古屋高判昭 35.12.26

❸　財産上の利益の取得

財産上の利益の取得に関し、被害者の明示的な意思表示は必ずしも必要ありません(注1)。例えば、タクシー代金の支払いを免れる強盗は、「暴行を加え代金請求を不能にすれば足り、**支払を免除・猶予する意思表示は不要**」(注2)で、運転手が料金支払いの請求を断念する旨明示的に意思表示をしなくても、逃走した時点で、財産上の利益を得たことになります。

（注1）明示的な処分行為を不要とした最判昭 32.9.13。身寄りのない債権者である老人を殺害した事案について、支払請求をしない旨を表示させて支払いを免れた場合、事実上支払の請求をすることができない状態に陥れて支払いを免れた場合、いずれも2項強盗罪を構成する旨判示。（注2）大判昭 6.5.8

（2）着手及び既遂時期

着手時期は、財産上不法の利益を得る目的で暴行又は**脅迫**を開始した時点で、**既遂時期**は、暴行又は脅迫を手段として**財産上不法の利益を得た時点**です。

（3）未遂犯

本罪の**未遂は処罰されます**（第243条）。

2 強盗予備罪

　強盗予備罪は、強盗の罪を犯す目的で、その準備行為をすることにより成立する犯罪です。

　「予備」は、実行の着手に至らない点で「未遂」と区別され、強盗の実行に着手した以上は、その既遂、未遂を問わず、**予備はそれに吸収されます**（注）。

（注）最判昭24.12.21

> 第237条　強盗の罪を犯す目的で、その予備をした者は、2年以下の懲役に処する。

強盗の目的（目的犯）	強盗の準備
● 強盗殺傷、強盗・強制性交等、事後強盗、昏睡強盗の目的をも含む ● 確定的なものであること	● 単なる計画や謀議だけでは足りず、強盗の決意を外部的に表現するような行為 ・凶器・薬品等の購入 ・凶器を携えて目的箇所付近を徘徊など

（1）目的犯

　強盗の目的には、強盗殺傷、強盗強制性交等、事後強盗、昏睡強盗の目的も含み、未必的なものでは足りず確定的なものであることが必要です（注）。

（注）大阪高判昭43.11.28

（2）強盗の準備

　強盗の決意を外部的に表すような行為が必要で、例えば、暴行・脅迫又は昏睡に使用する凶器や薬品等の購入、強盗に入る目的の家の付近を徘徊する行為などが考えられます。

3 事後強盗罪

　事後強盗罪は、窃盗犯人が次の3つの目的のいずれか、❶盗んだ財物を取り返されるのを防ぐため、❷逮捕を免れるため、❸罪跡を隠滅するために暴行又は脅迫を加えることにより成立する犯罪です。

　窃盗犯人が、時に、家人や警備員などに発見されたため行うこれらの行為、殺傷という重大事件にも発展します。

　窃盗犯人が、財物を奪うために暴行・脅迫を加えていないので典型的な強盗罪（第236条1項）には該当しませんが、刑法上強盗と同じ取り扱いをするというものです。

　次条の昏睡強盗（第239条）とともに「準強盗」と呼ばれています。

> 第238条　窃盗が、財物を得てこれを取り返されることを防ぎ、逮捕を免れ、又は罪跡を隠滅するために、暴行又は脅迫をしたときは、強盗として論ずる。

（1）成立要件

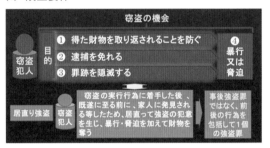

　条文の「窃盗」とは、窃盗犯人で窃盗の実行に着手した者です。いわゆる**居直り強盗**、窃盗犯人が、窃盗の実行行為に着手後、既遂に至る前に、家人に発見されるなどしたため居直って強盗の犯意を生じ、暴行・脅迫を加えて財物を奪う行為は、**本罪ではなく前後の行為を包括して1個の強盗罪**となります（注1）。

　本罪の行為は、暴行又は脅迫を加えることですが、**3つのいずれかの目的をもって行われることが必要です**（目的犯）。現に被害者その他の者から財物奪還・逮捕等の行為が行われている必要はありません（注2）。

（注1）大判明43.1.25。なお、窃盗犯人が財物を得た後に家人に発見され、新たに財物を強取する目的で暴行又は脅迫を加え、強取するに至らなかった場合は、事後強盗ではなく、窃盗既遂と強盗未遂罪となる（東京高判昭28.10.23）、（注2）最判昭22.11.29

❶ **財物を得てこれを取り返されることを防ぐため**

　窃盗行為が**既遂**に達している段階で、事実上の

支配下にある財物を被害者等から取り返されるのを阻止しようという意図です。

❷ 逮捕を免れるため

窃盗行為の**既遂、未遂**を問わず、犯人が被害者等に取り押さえられ身柄を拘束されるのを阻止しようという意図です。

自分だけではなく、**共犯者の逮捕を免れる**場合も含みます(注1)。

❸ 罪跡を隠滅するため

窃盗行為の**既遂、未遂**を問わず、犯人が窃盗行為の罪跡を無くそうとする意図です。

❹ 暴行又は脅迫

本罪の暴行・脅迫も強盗罪と同じく、**相手方の反抗を抑圧するに足りる程度のもの**であることを要します(注2)。

暴行・脅迫の相手方は、3つのいずれかの目的を果たすためにその障害となる者であれば、何人に対して暴行・脅迫がなされたかを問わず、これらの者が、現に財物を取り返そうとし、又は逮捕する意思を有している必要もありません(注3)。

(注1)東京高判昭31.5.10、(注2)大判昭19.2.8、(注3)最判昭22.11.29

(2) 窃盗の機会の継続中

本罪の暴行・脅迫は、「**窃盗の現場**」又は少なくとも「**窃盗の機会の継続中**」に加えられることが必要です(注1)。

例えば、犯行後、現場から200メートルしか離れていない場所で、たまたま犯行を知らない警察官から職務質問され、逮捕を免れようと暴行を加えて逃走したような場合は本罪には当たりません(注2)。

(注1)最決昭33.10.31、福岡高判昭29.5.29、(注2)東京高判昭27.6.26

この窃盗の機会の継続中か否かは、窃盗行為と暴行・脅迫との時間的・場所的距離や、被害者等から発見され財物を取り返され、あるいは逮捕され得る状況の存否などにより判断され、一般的には、次の要件を充たしている必要があります。

窃盗の機会に関する判断基準

① 暴行又は脅迫がなされた場所が、窃盗の犯行現場又はこれに接着した場所であること(場所的接着性)

② 暴行又は脅迫を加えた時点が、少なくとも窃盗行為に着手後であり、遅くとも窃盗の犯行終了後間もなくであること(時間的接着性)

③ 暴行又は脅迫を加えたことと当該窃盗の事実との間に関連性が認められること

窃盗の機会の継続中と認められたケースとして、

● 窃盗犯人が財物を取得して屋外に出たところ、被害者に見つかり、逮捕を免れるため同人に暴行を加えた場合(注1)

● 窃盗犯人が犯行から約30分後に、現場から約1キロ離れた場所で、連絡を受けて駆け付けた被害者から財物を取り返されることを防ぎ、逮捕を免れるため同人に暴行を加えた場合(注2)

● 窃盗犯人が犯行後、天井裏に潜んでいたところ、3時間後に帰宅した被害者から気付かれ、通報を受けて臨場した警察官に暴行を加えた場合(注3)

などがあります。

(注1)最判昭30.12.23、(注2)広島高判昭28.5.27、(注3)最決平14.2.14

(3) 着手時期

窃盗犯人が、**本条所定の目的をもって反抗を抑圧するに足りる暴行又は脅迫を開始した時点**です。

(4) 既遂時期

本罪の既遂、未遂は、**先行行為の窃盗で財物を得たか否か、窃盗の既遂、未遂に応じて区分されます**(注)。

したがって、窃盗犯人が**財物を得た(窃盗既遂)**後に前述の**❶～❸の目的で暴行又は脅迫を加えた時点で既遂**となります。

(注)最判昭24.7.9

(5) 未遂犯

本罪の**未遂は処罰されます**(第243条)。

本罪の未遂は、窃盗犯人が**窃盗未遂の段階**で、**❷又は❸の目的で、暴行・脅迫を加えた時点**で成立します。「**❶財物を得てこれを取り返されることを防ぐ**」

ケースでの未遂犯は成立し得ません。

(6) 他罪との関係

　本罪の暴行の結果、**人を死傷させた場合**は**強盗致死傷罪**（第240条）が成立し、本罪はこれに吸収されます(注1)。強盗致死傷罪の成立については、本罪の既遂・未遂を問いません(注2)。

　(注1)最決昭40.3.9、(注2)大判昭9.10.19

　また、本罪の暴行・脅迫が**逮捕を免れるために**警察官に対して行われた場合は、**公務執行妨害罪**（第95条1項）と本罪の**観念的競合**となります(注)。

　(注)最判昭23.5.22

4　昏睡強盗罪

　昏酔強盗罪は、**人を昏酔させてその反抗を抑圧し、財物を盗取すること**により成立する犯罪です。前条の事後強盗とともに準強盗と呼ばれています。

> **第239条　人を昏酔させてその財物を盗取した者は、強盗として論ずる。**

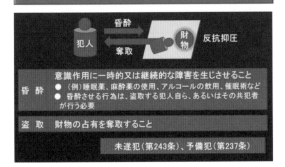

昏酔	意識作用に一時的又は継続的な障害を生じさせること ● (例)睡眠薬、麻酔薬の使用、アルコールの飲用、催眠術など ● 昏酔させる行為は、盗取する犯人自ら、あるいはその共犯者が行う必要
盗取	財物の占有を奪取すること

　　　　　　　　　　　　　未遂犯（第243条）、予備犯（第237条）

　「**昏酔**」とは、被害者の意識作用に一時的又は継続的な障害を生じさせることをいい、昏酔させる方法には制限がありません。例えば、睡眠薬、麻酔薬を用いる、アルコールを飲用させる、催眠術を施すことなどが考えられます。

　昏酔させる行為は、**盗取する犯人自ら又はその共犯者が行うことが必要**です。犯人と全く関係のない他人による被害者の昏酔に乗じたり、被害者自らが昏酔しているのを利用してその財物を奪取した場合には、本罪は成立せず、窃盗罪で問擬されます。

　「**盗取**」とは、財物の占有を奪取することです。

　本罪の着手時期は、昏酔させる行為を開始した時点で、既遂時期は、財物の事実上の支配を得た時点です。したがって、本罪の**未遂**（第243条）は、●財物を盗取する目的で被害者を昏酔させようとしたが昏酔しなかった場合、又は●被害者を昏睡させたが、財物を盗取できなかった場合です。

　本罪の**予備**も処罰されます（第237条）。

5　強盗致死傷罪

　強盗致死傷罪は、**強盗犯人が強盗の機会に人を負傷させ、又は死亡させること**により成立する犯罪です。

　例えば、通行人に襲いかかり、殴る蹴るの暴行を加え怪我をさせ金品を奪う、万引きを警備員に見つかり逃げるために警備員を押し倒して怪我をさせるなど、強盗の機会に被害者などを傷害若しくは殺害する行為を伴うことが少なくないことから、強盗罪の加重類型として規定されたものです。

　故意犯としての強盗殺人罪、強盗傷人罪と**結果的加重犯**(注)としての強盗致死罪、強盗致傷罪に分かれます。

　(注)行為者が意図していた結果（罪）以上に重い結果が生じた場合に、その重い結果を考慮して罰則の重い別の罪が設けられているもの。重い結果についての認識は不要。(「アップ総論」16頁参照)

> **第240条　強盗が、人を負傷させたときは無期又は6年以上の懲役に処し、死亡させたときは死刑又は無期懲役に処する。**

(1) 成立要件

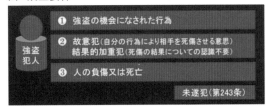

　本罪の主体は**強盗犯人**です。強盗の実行に着手した者をいい、強盗既遂の犯人のみならず、強盗未遂

の段階にある犯人も含みます(注1)。そして、強盗犯人には事後強盗(第238条)、昏酔強盗(第239条)及びこれらの未遂罪の犯人も含みます(注2)が、強盗予備罪(第237条)の犯人は含まれません。

(注1)最判昭 23.6.12、(注2)大判昭 6.7.8

❶ 強盗の機会になされた行為

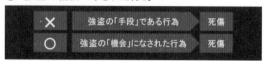

本罪の成立に関し、死傷という結果が、強盗の「手段」である行為から生じた場合に限るのか、強盗の「機会」になされた行為から生じれば足りるのかという点について、判例は「必ずしも致死傷の結果が強盗の手段である暴行又は脅迫から生じたことを要せず、単に強盗の機会になされた行為から致死傷の結果が発生すれば足りる」と後者の立場に立っています(注)。

なお、「強盗の機会」にあたるか否かの解釈については、基本的には事後強盗罪の「窃盗の機会」(54頁参照)の解釈と同様です。

(注)最判昭 25.12.14

❷ 故意

強盗犯人が故意をもって、人を殺害あるいは傷つけた場合は強盗殺人罪、強盗傷人罪となります。結果的加重犯としての本罪の成立には、死傷の結果についての認識は必要ありません。

❸ 死傷の結果

前述のとおり、傷害又は死亡の結果が、強盗の機会の行為により生じたことが必要です。

死の結果と財物強取の時間的前後は問題ではありません。財物強取の目的で人を殺害し、後にその財物を領得しても本罪にあたります(注)。しかし、その暴行が強盗の機会に行われなかったような場合、例えば、怨恨のため人を殺害した後、たまたま現場にあった財物を領得したような場合は、本罪ではなく殺人罪と窃盗罪とが成立します。

なお、債務を免れるために人を殺した場合、例えばタクシー料金の支払いを免れるため運転手を殺害

するのも強盗殺人罪です。

(注)銀行強盗に押し入る前に、実行の妨害となる隣接の交番の巡査を射殺したケース(大阪地判昭 31.10.22)、強取の意思で死亡させた後3日ないし8日を経過して被害者の財物を奪取したケース(東京高判昭 60.4.24)

(2) 未遂犯

強盗行為が未遂でも、死傷の結果が生じれば本罪は既遂です。強盗が傷害の故意をもっていたとしても、傷害の結果が発生しなければ単純な強盗罪の成立にとどまります。したがって、強盗致傷罪についての未遂罪は考えられず、本罪の未遂は、強盗殺人罪の未遂の場合にだけ成立します。

(3) 共犯と錯誤

AとBが強盗を共謀して、被害者に対して暴行を加えたものの、その抵抗が激しいのでAが被害者を殺してでも金品を奪おうと、Bに何らその意思を伝えることなく、被害者を殺して金品を奪った場合、Aは強盗殺人罪、Bは強盗致死罪の刑事責任を負います(共犯と錯誤、「アップ総論」30頁以下参照)。

(4) 罪数

ア 同一場所・同一機会に数人から金品を強取し、そのうちの一人に傷害を負わせた場合は、1個の強盗致傷罪が成立(注1)

イ 1個の強盗行為によって複数の者を殺傷した場合には、

● 致死傷の原因となった暴行行為が1個である場合は観念的競合(注2)

● 各被害者に対して別個に暴行を加えた場合は被害者の数だけの本罪が成立し、併合罪(注3)

となります。

(注1)大阪地判昭 57.10.20、(注2)大判明 42.6.8、(注3)最決昭 26.8.9

6 強盗・強制性交等・同致死罪

強盗・強制性交等罪は、同一機会に強盗犯が強制性交等罪(注)を、同じく強制性交等犯が強盗罪を実行した場合に成立する犯罪です。

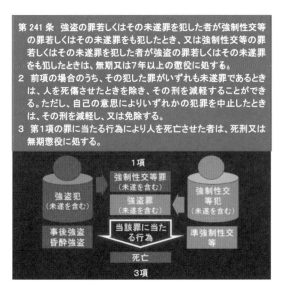

第241条　強盗の罪若しくはその未遂罪を犯した者が強制性交等の罪若しくはその未遂罪をも犯したとき、又は強制性交等の罪若しくはその未遂罪を犯した者が強盗の罪若しくはその未遂罪をも犯したときは、無期又は7年以上の懲役に処する。

2　前項の場合のうち、その犯した罪がいずれも未遂罪であるときは、人を死傷させたときを除き、その刑を減軽することができる。ただし、自己の意思によりいずれかの犯罪を中止したときは、その刑を減軽し、又は免除する。

3　第1項の罪に当たる行為により人を死亡させた者は、死刑又は無期懲役に処する。

　強盗犯には**未遂**を含み、強盗には**事後強盗**（第238条）、**昏睡強盗**（第239条）を含みます。

　強制性交等犯には**未遂**を含み、強制性交等には**準強制性交等**（第178条2項）も含みますが、監護者性交等（第179条2項）は含まれません。

　本条 3 項・致死罪による処罰の対象となるのは、**強盗又は強制性交等の罪に「当たる行為」により直接死亡の結果が生じた場合**に限られ、強盗又は強制性交等の「機会」に死亡の結果が生じた場合は含まれません。また、殺意がある場合、殺意がない場合も強盗・強制性交等殺人罪、強盗・強制性交等致死罪の 1 罪が成立します。

　(注)平成 29 年 6 月、刑法の一部を改正する法律が成立し、同年 7 月に施行されました。同法により、①従来の強姦が強制性交等に改められ、被害者の性別を問わなくなり、かつ、性交（姦淫）に加えて肛門性交及び口腔性交をも対象とし、法定刑の下限が引き上げられ、②監護者わいせつ・監護者性交等が新設され、18 歳未満の者を現に監護する者であることによる影響力があることに乗じたわいせつ行為や性交等が処罰されることとなりました。また、③強姦、強制わいせつ等（同法による改正前の刑法 176 条、177 条及び 178 条に規定する罪）の罪は親告罪でしたが、これらの罪は、改正時に、監護者性交等の罪とともに、**非親告罪**とされました。

第4　詐欺・恐喝の罪

1　詐欺罪

　特殊詐欺による被害額は、詐欺被害全体の 4 割弱を占めています（令和 2 年）。

　特殊詐欺の認知件数と被害額の推移です。

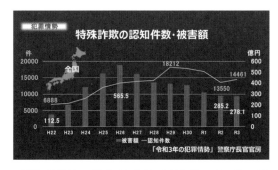

「令和3年の犯罪情勢」警察庁長官官房

　認知件数は、平成 22 年は 6,888 件、その後、23 年から 29 年（1 万 8,212 件）まで増加、30 年から令和 2 年までは減少、令和 3 年は前年より増加し 1 万 4,461 件（被害額 278 億 1 千万円）となっています。

　令和 2 年の詐欺による被害額が約 640 億 800 万円とお話しました（39 頁参照）。同じ年の特殊詐欺による被害額は約 285 億 2 千万円（1 日当たりの被害額約 7,790 万円）、うちキャッシュカード詐欺盗とその他の特殊詐欺を除いた被害額は約 242 億 5,000 万円、**詐欺による被害額全体の 37.9%、4 割弱が特殊詐欺によるもの**です（「令和 2 年における特殊詐欺の認知・検挙状況等について」警察庁ホームページ広報資料）。

　特殊詐欺とは、例えば、被害者に電話をかけるなどして対面することなく信頼させ、指定した預貯金

口座へ振り込ませるなどの方法により、不特定多数の者から現金等をだまし取る犯罪（恐喝及び窃盗を含む。）の総称をいいます。

特殊詐欺は、親族等を装って被害者に電話をかけて、困って現金が至急必要であるかのように信じ込ませる手口のオレオレ詐欺が平成 15 年夏頃から目立ち始め、社会情勢の変化等に応じて手口の巧妙化・多様化が進み、今日まで依然として深刻な情勢にあります。

特殊詐欺は、主犯・指示役を中心として、電話を繰り返しかけて被害者をだます「架け子」、自宅等に現金等を受け取りに行く「受け子」、被害者からだまし取った金銭を ATM（CD を含む。）から引き出す「出し子」、犯行に悪用されることを承知しながら、犯行拠点をあっせんしたり、架空・他人名義の携帯電話や預貯金口座等を調達したりする「犯行準備役」等からなる犯行グループによって、役割分担の上、組織的に敢行されています。

詐欺罪は、人を欺いて錯誤に陥れ、財物を交付させ、その占有を取得し、又は財産上の利益を得ることにより成立する犯罪です。

> 第 246 条　人を欺いて財物を交付させた者は、10 年以下の懲役に処する。
> 2　前項の方法により、財産上不法の利益を得、又は他人にこれを得させた者も、同項と同様とする。

(1) 成立要件

人を欺くことを「**欺罔**」といい、他人を欺いて財物又は財産上の利益を自己又は第三者に交付させることを「**騙取**」といいます。

❶ 他人の財物又は財産上の利益

本罪の客体は、**他人の財物**（1 項）又は**財産上の利益**（2 項）です。財物等の意義についてはお話してきました。**不動産**(注1)、**預金通帳**(注2)、健康保険証書(注3)、**住基カード**（住民基本台帳カード）(注4)なども本罪の客体です。財産上の利益の適例は、無賃乗車、無銭宿泊で、**電気料金の支払いを免れる場合**(注5)や**ゴルフ場でのプレー**(注6)なども本罪の客体です。

なお、本罪の場合にも他人の占有等に係る自己の財物（第 242 条）、親族相盗例（第 244 条）の準用があります。

（注1）大判明 36.6.1、（注2）最決平 14.10.21、（注3）最決平 18.8.21、（注4）東京高判平 27.1.29、（注5）大判昭 9.3.29、（注6）最決平 26.3.28、

❷ 犯意

騙取の意思と**不法領得の意思**が必要です。不法領得の意思については、窃盗罪の場合と同様に解されています。

❸ 騙取

本罪の成立には、①欺罔行為に基づいて被欺罔者が錯誤に陥ること、②被欺罔者が錯誤に基づいて財産的処分行為をすること、③財物又は財産上の利益を得ること、この 3 つの要件が充足されていることが必要であり、かつ、①〜③に順次因果関係がある必要があります。オレオレ詐欺に例えると、次のように表せます。

① 欺罔行為に基づく錯誤

ア 欺罔行為

欺罔行為とは、財産的処分行為の判断の基礎となるような重要な事項を偽ることをいいます(注1)。被害者が真実を知っていれば（嘘だと分かっていれば）、財物の交付や財産上の利益の処分を行わなかったで

あろう重要な事実を偽る行為です。例えば、電話口で「オレオレ」と息子を装い、お金が必要だなどと嘘をつく行為です。

欺罔行為は、一般人を錯誤に陥らせる可能性のある行為であれば、その手段・方法に制限はありません。言語によると動作によると、直接であると間接であると、作為、不作為も問いません(注2)。

(注1)最決平19.7.17、(注2)大判明36.3.26

a 事実の不告知

一定の告知義務が存在する場合に事実を告げないケースや財産的処分行為の判断の基礎となる重要な事項を偽る行為も欺罔行為にあたります。例えば、既往症を隠して生命保険契約を結ぶ行為(注1)や抵当権が設定されているのを隠して土地を売却する行為(注2)などです。その他、判例が認めた欺罔行為の例として

● 第三者に譲り渡す意図を隠して自分名義の**預金口座の開設、預金通帳等の交付**を申し込む行為(注3)

● 第三者への無断譲渡を隠して自分名義で**携帯電話機の購入等**を申し込む行為(注4)

● 第三者を搭乗させる意図を秘し、正規代金を支払って自己に対する**搭乗券の交付**を請求する行為(注5)

● 暴力団排除を明示しているゴルフ場で、同伴者が暴力団員であることを隠して**施設利用**を申し込む行為(注6)

などがあります。

(注1)大判大7.2.19、(注2)大判昭4.3.7、(注3)最決平19.7.17、(注4)東京高判平24.12.13、(注5)最決平22.7.29、(注6)最決平26.3.28

b 欺罔の相手方

欺罔の相手方(被欺罔者)は、必ずしも財産上の被害者と同一人である必要はありません(注1)。例えば、クレジットカード詐欺の場合、被欺罔者・処分者は商品を売ったクレジット加盟店で、被害者は信販会社です。

しかし、欺罔の相手方は、**財物又は財産上の利益についての処分を行い得る地位又は権限を有する者**でなければなりません(注2)。裁判所を欺いてその判決により他人の財物を取得した場合(いわゆる訴訟詐欺)に本罪が成立します(注3)が、登記官吏を欺いて不動産の所有権移転登記をさせても当該官吏には不動産を処分する権限はないので詐欺罪には当たりません。

また、欺罔行為は必ずしも特定人に向けられる必要はなく、いわゆる広告詐欺のように不特定人に向けられるものでも問題ありません(注4)。

(注1)最判昭24.2.22、(注2)大判大6.3.8、(注3)大判明44.5.5、(注4)大判明38.4.21

イ 錯誤

「錯誤」とは、事実と認識の不一致をいい、欺罔行為による錯誤は、**財産的処分行為の動機づけ**となるようなもので構いません。例えば、電話口の「オレオレ」が息子で、金が必要だと被害者が信じ込んでいるような状態です。

欺罔行為があっても、被害者がそれを見抜いて錯誤に陥らなかった場合は未遂にとどまります。

② 錯誤に基づく財産的処分行為

財産的処分行為とは、財物又は**財産上の利益**を相手方に引き渡すことなどで、例えば、現金を振り込む、契約書にサインをするなどといった行為です。

錯誤に基づく処分なので、財物の交付があった場合でも、相手方が錯誤に陥らずに**欺罔の内容とは**

関係のない別の動機、例えば、憐憫の情でなどというケースは、**因果関係を欠き未遂**にとどまります。

財産的処分行為	被欺罔者が処分意思を有していること（主観的要件）
	処分意思に支配された行為であること（客観的要件）

また、財産的処分行為は、**被欺罔者が処分意思を有していること（主観的要件）**と**処分意思に支配された行為であること（客観的要件）**、という2つの要件を充たす必要があります。

処分意思という点からは、処分意思を持ち得ない幼児や精神障害者等を欺罔して財物を交付させても本罪ではなく、窃盗罪で問擬されることになります。

また、**処分意思に支配された行為**という点からは、例えば、被害者の隙を見て金品を奪うといった行為（45頁のキャッシュカード詐欺盗の例）は、窃盗罪の成否の問題となります。

③ 財物又は財産上の利益の取得

欺罔行為があり、相手方が錯誤に陥り、相手方が自分の意思で処分行為をした上で、財物又は財産上の利益が移転してはじめて詐欺罪が成立します。

(2) 着手及び既遂時期

着手時期は、犯人が欺罔行為を開始した時点です。例えば、火災保険金を騙し取る目的で放火した場合、保険金の請求をするまでは詐欺の実行の着手があったとは言えません。なお、欺罔行為により相手方が錯誤に陥ったかどうかは問いません（注）。

既遂時期は、**財物の占有又は財産上の利益が犯人又は第三者に移転した時点**です。動産については、犯人又は第三者が財物の引き渡しを受けてこれに対する事実上の支配を得たとき、不動産ついては、その現実の占有の移転又は所有権の移転登記があったときです。

（注）大判大 3.11.26

(3) 未遂

本罪の**未遂は処罰されます**（第250条）。

(4) 罪数

ア 1個の欺罔行為によって相手方に財物を交付させるとともに財産上の利益を得た場合は包括して1個の詐欺罪が成立します（注1）。

イ 1個の欺罔行為によって数人を欺罔し、各人から財物を交付させた場合は、観念的競合となります（注2）。

ウ 数個の欺罔行為によって同一人から財物を騙取した場合は、単一の犯意で行われたものと認められる限り、包括して1個の詐欺罪が成立します（注3）。

（注1）大判大 12.12.8、（注2）大判大 6.12.5、（注3）福岡高判昭29.5.25

(5) 他罪との関係

ア 窃盗罪との関係

盗んだ預金通帳を利用して、欺いて払い戻しを受けるような場合は、窃盗罪の不可罰的事後行為ではなく、**新たな法益侵害として詐欺罪が成立**し、**両罪は併合罪**となります（注1）。

イ 偽（変）造通貨行使罪との関係

偽（変）造した通貨を使用して、相手方から財物等を騙取した場合には、**詐欺罪は偽（変）造通貨行使罪に吸収**されます（注2）。

ウ 文書偽（変）造罪との関係

文書偽（変）造、同行使、詐欺の間には順次手段・結果の関係があり**牽連犯**となります（注3）。

エ 放火罪との関係

保険金を騙し取る目的で放火し、保険金を騙取した場合は、**放火罪と詐欺罪の併合罪**となります（注4）。

（注1）最判昭 25.2.24、（注2）大判昭 7.6.6、（注3）大判明 42.1.22、（注4）大判昭 5.12.12

2 電子計算機使用詐欺罪

本罪は、**不実の電磁的記録を作出したり、虚偽の電磁的記録を供用することで、財産上の利益を得たり、他人に得させること**により成立する犯罪です。

コンピュータ等に対する詐欺的行為、人間ではなく機械をだます行為が詐欺罪（第246条）にはあたら

ないため、定められた補充規定です。

　銀行のシステムを悪用して銀行から金銭を騙し取る行為などが適例です。

第246条の2　前条に規定するもののほか、人の事務処理に使用する電子計算機に虚偽の情報若しくは不正な指令を与えて財産権の得喪若しくは変更に係る不実の電磁的記録を作り、又は財産権の得喪若しくは変更に係る虚偽の電磁的記録を人の事務処理の用に供して、財産上不法の利益を得、又は他人にこれを得させた者は、10年以下の懲役に処する。

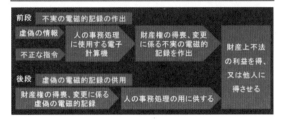

　前段の**不実の電磁的記録の作出**にあたる例として、
● 信用金庫の支店長が、入金事実がないのに預金係にオンラインの端末機を操作させ預金入金があったとする情報を与える行為(注1)
● ネット取引の決済に用いる電子マネーの購入手続として、窃取したクレジットカード名義人の番号等の情報を入力送信し、電子マネーの利用権を取得する行為(注2)
● 被害者にATMを操作すれば還付金が受けられると嘘をつき、事情をよく理解していない被害者自身にATMを操作させて、被害者口座から指定口座へ振込させる行為(注3)
などがあり、後段の**虚偽の電磁的記録の供用**にあたる例として、
● 初乗り分の切符だけを買って入場し、回数券で自動改札機を通って出場する行為(注4)
などがあります。

　(注1)東京高判平5.6.29、**(注2)**最決平18.2.14、**(注3)**大阪高判平28.7.13、**(注4)**東京高判平24.10.30。いわゆる**キセル乗車**で、
●往路としてA駅からその近隣駅までの乗車券甲を自動改札機に投入して列車に乗車し、遠方のB駅でその近隣を有効期間とする回数券（入場記録のないもの）を自動改札機に投入して出場した行為及び●復路としてB駅からその近隣駅までの乗車券乙を自動改札機に投入して列車に乗車し、A駅から遠くないC駅において、A駅からの入場記録のある乗車券甲を自動精算機に投入するとともに表示された不足運賃を投入して精算券を入手し、これ

を同駅の自動改札機に投入して出場した行為。自動改札機又は自動精算機に回数券又は精算券を投入する行為を「虚偽の電磁的記録を人の事務処理の用に供した」ものとした。

　「**虚偽の情報**」とは、電子計算機を使用する当該事務処理システムで予定されている事務処理の目的に照らし、その内容が真実に反する情報をいいます(注)。

　「**不正な指令**」とは、事務処理の目的に照らし、与えられるべきではない指令をいいます。

　虚偽の情報又は不正な指令を**与え（入力す）る**行為は、情を知らない第三者を利用する**間接正犯的**な態様も含まれます。

　財産権の得喪、変更に係る電磁的記録とは、その作出（更新）により、事実上財産権の得喪、変更が生じる電磁的記録をいいます。キャッシュカードやクレジットカードの磁気ストライプ部分のように一定の資格の証明のために用いられるにすぎないものはこれにはあたりません。

　「**不実の電磁的記録を作り**」とは、窃取したクレジットカードの番号や名義人の氏名等を冒用してインターネットショッピングの決済を行うなど、人の事務処理に利用されている電磁的記録に虚偽のデータを入力して、真実に反する内容の電磁的記録を作出する行為をいいます。

　虚偽の電磁的記録の供用とは、行為者が所持する虚偽の内容の電磁的記録を、他人の事務処理用の電子計算機に用いることをいい、プリペイドカード等の残額を改ざんして利用するなどの行為が考えられます。

　本罪の利得は、財産権を事実上処分できる状況が生じた時点で既遂となります。

　(注)東京高判平5.6.29

3　準詐欺罪

　本罪は、未成年者の知慮浅薄又は人の心神耗弱に乗じて、欺罔行為に当たらない誘惑的行為によって、その財物を交付させ、又は財産上の利益を得、若しくは

他人にこれを得させることにより成立する犯罪です。

刑法的に詐欺罪の欺罔手段を用いた場合と同等に評価できることから詐欺罪を補充する規定として設けられたものです。例えば、認知症の高齢者に高額な契約を結ばせる、多額の現金を引き出させるなどといったケースでの適用が考えられます。

> **第248条** 未成年者の知慮浅薄又は人の心神耗弱に乗じて、その財物を交付させ、又は財産上不法の利益を得、若しくは他人にこれを得させた者は、10年以下の懲役に処する。

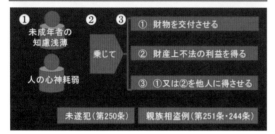

❶ 未成年者の知慮浅薄、人の心神耗弱

「未成年者の知慮浅薄」とは、未成年（満18歳未満の者（民法第3条））のため、具体的事項について知識が乏しく、思慮の足りないことをいいます。

「人の心神耗弱」とは、精神の健全を欠き、事物の判断をするのに十分な普通人の知識を備えていない状態をいいます(注)。

(注) 大判明45.7.16

❷ 乗じて

「乗じて」とは、相手方の**誘惑にかかりやすい状態を利用して**という意味です。誘惑すれば足り、欺いて錯誤に陥らせる必要はありません。欺く手段を用いれば、未成年者や心神耗弱者に対するものでも詐欺罪で問擬されます(注)。

(注) 大判大4.6.15

❸ 交付

詐欺罪と同様、相手方の**財産的処分行為に基づく交付行為**が必要です。したがって、被害者が全く意思能力を欠く場合や幼児の場合には、処分能力を欠くことから本罪は成立せず、そのような者から財物を取得した場合は、窃盗罪の成否が問擬されることとなります（60頁、詐欺罪・錯誤に基づく財産的処分行為）。

4　恐喝罪

恐喝罪は、暴行又は脅迫を加えて人を脅かし、畏怖させて財物や財産上の利益を得ることにより成立する犯罪です。

本罪は、暴行・脅迫の程度が**反抗を抑圧するに足りる程度であるか否か（占有侵奪か否か）**により強盗罪と区別され、**相手方の意思に基づいて財物又は財産上の利益を得る点**は詐欺罪と共通で、詐欺罪が欺くことを手段とするのに対し、本罪が**恐喝を手段とする点に違いがあります。

また、暴行・脅迫を手段とする強要罪（第223条）とは、財物又は財産上の利益の交付を受ける目的の有無で区別され、**脅迫罪**（第222条）は脅迫行為を行うだけで成立する点で恐喝罪とは区別されます。

(1) 成立要件

> **第249条** 人を恐喝して財物を交付させた者は、10年以下の懲役に処する。
> 2 前項の方法により、財産上不法の利益を得、又は他人にこれを得させた者も、同項と同様とする。

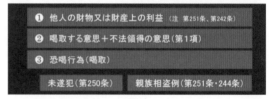

本罪の成立要件は、❶客体が他人の財物又は財産上の利益であること、❷他人の財物又は財産上の利益を喝取するという意思（客観的な犯罪事実の認識）と第1項については不法領得の意思(注)があること、❸恐喝行為（喝取）があることです。

(注) 東京高判昭29.9.13

❶ 他人の財物又は財産上の利益

財物には、**不動産**も含まれます。また、自己の所有する財物でも、他人の占有に属し、又は公務所の

命により他人が看守する場合には他人の財物とみなされます（第251条、242条）。

❷の不法領得の意思については、お話してきました。

❸ 恐喝行為（「喝取」）

本罪の行為は、**他人を恐喝して、畏怖させ、財物又は財産上不法の利益を自己又は第三者に交付させること**で「**喝取**」ともいいます。

詐欺罪と同じように恐喝行為により被害者が畏怖し、その財産的処分行為により財物又は財産上の利益が移転するという**因果関係を必要**とします。例えば、脅して、相手方の注意をそらし、その隙に財物の占有を奪ったような場合は、恐喝罪にはあたりません。

① 暴行・脅迫による畏怖

財産的処分行為をさせる手段として、**他人を畏怖させるような暴行又は脅迫を加えること**です。相手方の反抗を抑圧しない程度のものであることが必要で、その判断は、行為者及び被害者の年齢、性別、風体、行為の時刻・場所などの具体的諸事情を考慮した上で、社会通念に照らし客観的に判断されます（注1）。

ア 暴行

本罪の暴行は、相手方の反抗を抑圧しない程度の不法な有形力の行使をいいます。

イ 脅迫

本罪の**脅迫**は、**人を畏怖させるような害悪の告知**をいいます。脅迫罪（第222条）の「脅迫」とは異なり、相手又はその親族の生命、身体、自由、名誉、財産に関する害悪の告知に限定されません（注2）。

（注1）最判昭24.2.8、（注2）大判大5.6.16、「脅迫」87頁参照。

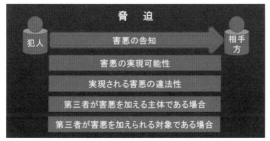

a 害悪の実現可能性

恐喝者が害悪の実現について真意を有していたか、実現可能かは本罪の成否に影響しません（注）。

（注）大判大8.7.9

b 実現される害悪の違法性

相手方に告知される害悪は、必ずしもそれ自体違法であることを要しません。例えば、他人の犯罪事実を知る者が、捜査機関にその事実を申告する旨告げて口止め料を得た場合は本罪にあたります（注）。

（注）最判昭29.4.6。告訴権を有する者について大判大8.7.9

c 第三者が害悪を加える主体である場合

恐喝者が第三者の害悪行為の決定に対し影響を与え得る立場にあることを相手方に知らせるか、又は相手方がこれを推測できる場合であることが必要です（注）。

（注）大判昭5.7.10

d 第三者が害悪を加えられる対象である場合

友人その他の第三者に対する害悪の告知でも、それが相手方を畏怖させるに足るものであれば問題ありません（注）。

（注）大判大11.11.22

② 畏怖に基づく財産的処分行為

恐喝罪においては、被害者が自ら交付する場合のみならず、反抗抑圧に至らない程度に畏怖して**黙認しているのに乗じて、犯人自ら財物を奪取する場合も、黙示の交付行為**として恐喝罪の処分行為にあたります（注1）。また、2項恐喝においても、飲食店主を畏怖させて飲食代金の支払いを免れた事案（注2）やタクシー運転手を畏怖させて運賃の支払請求を断念させた事案（注3）について、**黙示的な処分行為**が認められています。

（注1）最判昭24.1.11、（注2）最判昭43.12.11、（注3）東京高判昭31.4.3

③ 財物又は財産上の利益の取得

前述のとおり、恐喝によって畏怖心を生じた被害者の財産的処分行為に基づいて財物、財産上の利益を取得し、又は第三者に取得させることです。

(2) 着手時期

財物又は財産上の利益を交付させる意思で恐喝行為が開始された時点です。例えば、恐喝文書を郵送した場合は、発送した時点ではなく、相手方に到達した時点となります(注)。

(注)大判大 5.8.28

(3) 既遂時期

1項恐喝は、動産については、相手方の占有を排除し、占有が犯人又は第三者に移転した時点、不動産については、登記又は引渡しの手続きが完了し、犯人又は第三者が不動産に対する支配を設定した時点です。

2項恐喝は、財産的処分行為としての意思表示がなされた時点です（黙示の処分行為については前述）。

(4) 未遂犯

本罪の**未遂は処罰されます**（第250条）。

本罪の未遂は、恐喝行為が行われたものの、財物又は財産上の利益の取得が未完成な場合をはじめ、相手方が恐喝行為によって畏怖せず、又は畏怖の結果ではなく同情、憐憫その他の理由によって財物を交付したような場合に成立します。

(5) 親族相盗例

本罪には、親族相盗例の準用があります（第251条、244条）。

(6) 権利行使と恐喝罪の成否

恐喝罪について、**行為の違法性**が問題となる場合があります。法律上財物又は財産上の利益を受ける権利をもっている者、例えば、債権者と債務者との間で、債権者が真実その権利を実行するために恐喝手段を用いた場合、その**方法が社会通念上一般に許容される範囲程度を超えない限り、恐喝罪とはならない**とされています(注)。

(注)最判昭 30.10.14「他人に対して権利を有する者が、その権利を実行することは、その権利の範囲内であり、かつ、その方法が社会通念上一般に認容すべきものと認められる程度を超えない限り、何等違法の問題を生じないけれども、**右の範囲程度を逸脱するときは違法となり、恐喝罪の成立することがあるものと解する**のを相当とする。」

(7) 罪数

ア　1個の恐喝行為で同一人から財物及び財産上の利益を取得した場合は、包括して1個の恐喝罪が成立します(注1)。

イ　1個の恐喝行為で同一人から数回にわたって財物を取得した場合は、1個の恐喝罪が成立し(注2)、単一の犯意に基づく複数回の脅迫行為により財物を交付させた場合も1個の恐喝罪が成立します(注3)。

ウ　1個の恐喝行為により数人から財物を取得した場合は、数個の恐喝罪が成立し、**観念的競合**となります(注4)。

(注1)大判明 45.4.15、(注2)大判昭 6.3.18、(注3)東京高昭 33.5.17、(注4)大判昭 2.12.8

(8) 他罪との関係

ア　暴行罪との関係

恐喝罪が成立する場合、手段である暴行は恐喝罪に**吸収**されます。

イ　脅迫罪との関係

恐喝罪が成立する場合、手段である脅迫も恐喝罪に**吸収**されます。

ウ　傷害罪との関係

恐喝の手段として用いられた暴行により傷害の結果が生じた場合は、恐喝罪と傷害罪との**観念的競合**となります(注1)。

エ　逮捕監禁罪との関係

恐喝の目的で人を監禁した場合は、監禁罪と恐喝罪との**併合罪**となります(注2)。

オ　銃刀法違反(不法所持)との関係

恐喝罪と銃刀法違反との**併合罪**となります(注3)。

(注1)最判昭 23.7.29、(注2)最判平 17.4.14・判例変更。「恐喝の手段として監禁が行われた場合であっても、両罪は、犯罪の通常の形態として手段又は結果の関係にあるものとは認められず、牽連犯の関係にはない」として併合罪とした。86頁参照、(注3)東京高判昭 30.5.6

第5 横領・背任の罪

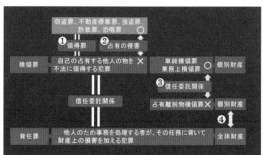

横領罪（第 252 条、以下「単純横領罪」という。）、業務上横領罪（第 253 条）と背任罪（第 247 条）は、信任委託関係に反して敢行されるという共通した性格を持っています。

次に、❶単純横領罪と業務上横領罪（総称して「委託物横領罪」という。）は、自己が占有する他人の物を不法に領得する犯罪すなわち領得罪である点で、窃盗などの罪と類似しますが、❷占有の侵害を伴わない（非奪取罪）という点で、これらの罪と区別されます。❸委託物横領罪と遺失物等横領罪（第 254 条、以下「占有離脱物横領罪」という。）は、信任委託関係や占有の存否で区別されます。

さらに、❹全体財産に対する犯罪である背任罪は、個別財産に対する罪である 3 類型で構成される横領の罪と区別されます。

1 単純横領罪

単純横領罪は、自己が占有する他人の財物を不法に領得することにより成立する犯罪です。例えば、人から預かった現金を使い込んだ、レンタル DVD を返却せずに売却処分したなどといった他人から任されて自分が管理している他人の物を無断で自分の物にする、勝手に処分するなどという行為を処罰するものです。

> 第 252 条 自己の占有する他人の物を横領した者は、5年以下の懲役に処する。
> 2 自己の物であっても、公務所から保管を命ぜられた場合において、これを横領した者も、前項と同様とする。

(1) 成立要件

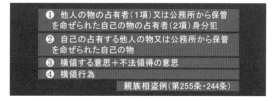

❶ 主体（身分犯）

本罪の主体は、他人の物の占有者（第 1 項）、又は公務所から保管を命ぜられた自己の物の占有者（第 2 項）です。したがって、本罪は身分犯です(注)。

(注)最判昭 27.9.19

❷ 客体

本罪の客体は、自己の占有する他人の物、又は公務所から保管を命ぜられた自己の物です。

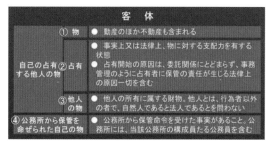

ア 自己の占有する他人の物

①「物」は財物を意味し、動産のほか不動産も含まれます。財産上の利益は含まれません。

②「占有」、窃盗罪における占有は事実的支配（41 頁参照）ですが、横領罪における占有は法律的支配も含みます(注1)。したがって、例えば、

● 受託者が、委託された現金を保管方法として銀行に預金している場合、銀行に預けてはいても受託者はその金銭に対する占有を失わないので、この受託者がほしいままに預金を引き出せば本罪が成立します(注2)。

● 不動産については、事実上の占有者のほか
に登記簿上の名義人にも占有が認められるの
で、不動産の所有権が売買によって買主に移転
したものの、未だ登記簿上の所有名義がなお売
主にある場合、名義人である売主がほしいまま
に当該不動産を他に売却すれば、いわゆる不動
産の二重売買となり、本罪が成立します(注3)。

また、**占有開始の原因**は、委託関係にとどまらず、
事務管理のように占有に保管の責任を生じる法律上
の原因一切(注4)を含みます。

(注1)大判大 4.4.9、(注2)大判大 1.10.8、(注3)最判昭 30.12.26、
(注4)法令の規定、使用貸借・賃貸借・委任・寄託などの契約、
事務管理などに限らず、取引上一般に容認されている慣習・条
理・信義則に基づくものであってもよい。

③「他人の物」とは、**他人の所有に属する財物**をい
い、「他人」とは、行為者以外の者で、自然人である
と法人であるとを問いません。

共有物の場合は、その所有権は各共有者に属する
(民法第249条以下)ことから、行為者と他の者との**共
有物**も「**他人の物**」に当たり、共有物を管理している
共有者の一人がこれを勝手に処分した場合には本罪
が成立します(注)。

(注)大判明 44.4.17

イ ④公務所から保管を命ぜられた自己の物

公務所からの保管命令は、単に物について公務所
から保管命令を受けた事実があれば足り(注1)、公務
所には当該公務所の構成員たる公務員を含みます
(注2)。

(注1)東京高判昭 27.9.13、(注2)大判明 43.6.28

❸ 横領する意思と不法領得の意思(犯意)

本罪の成立にも、**横領する意思**(客観的な犯罪事
実の認識)に加え、**不法領得の意思**が必要です。

本罪における**不法領得の意思**は「**他人の物の占有
者が、委任の任務に背いて、その物について権限が
ないのに所有者でなければできないような処分をする
意思をいう**」(注)とされ、窃盗罪における不法領得の
意思 (43頁参照)とは異なり「経済的用法に従い」と
いう限定が付されていません。

(注)最判昭 24.3.8

❹ 横領行為

横領行為とは、**自己の占有物を不法領得の意思を
もって領得すること**です。その態様としては、**費消、
売却、入質、貸与、着服、拐帯(持ち逃げ)、預金の引
出、返還拒絶**などが考えられます。領得の意思なく
占有物を毀棄する場合には本罪にはなりません。

なお、隠匿について横領罪の成立が認められた
ケースとして、市の助役自身が保管する公文書を
市役所外に持ち出して隠匿した行為(注)などがあり
ます。

(注)大判大 2.12.16

(2) 既遂時期

横領罪には**未遂犯の処罰規定がなく**、不法領得の
意思の発現と認められる外部的行為が行われた時点
で**既遂**に達します(注)。

(注)最判昭 27.10.17

(3) 親族相盗例

本罪には、親族相盗例の準用があります(第255条、
244条)。

(4) 罪数

ア 包括一罪

被害法益が1個、同一である場合、又は継続した
意思の下に、比較的近接した日時に同一(同種)の
横領行為を繰り返した場合は、包括一罪となります
(注1)。

イ 併合罪

各個の着服行為が必ずしも近接せず、行為の
態様も一様でなく、当初から一括して着服しようとす
る包括的犯意があったことが認められない場合は、
各個の着服行為ごとに1罪が成立し、併合罪とな
ります(注2)。

(注1)東京高判昭 27.1.31、(注2)最判昭 30.10.14

(5) 他罪との関係

ア 不可罰的事後行為

本罪の既遂後に行われた**横領物**の処分行為は、
新たな法益侵害を伴わない限り、不可罰的事後行
為として別罪を構成しません。

イ 偽(変)造文書行使罪との関係

偽（変）造文書を行使して領得したときは、偽（変）造文書行使罪と本罪は牽連犯となります（注1）。

ウ　電磁的公正証書原本不実記録罪との関係

　他人の建物の占有者が、同建物の登記記録（電磁的記録）に不実の抵当権設定仮登記を了した場合、電磁的公正証書原本不実記録罪・同供用罪の成立に加え、横領罪が成立し観念的競合となります（注2）。

（注1）大判明42.8.31、（注2）最決平21.3.26

(6)　共犯と身分

　他人の物の占有者という身分を有しない者が、他人の物の占有者の犯行に加担して、財物を横領した場合は、第65条1項により、身分を有しない者も共犯として処罰されます（注）。

（注）最判昭27.9.19、アップ総論29頁参照

2　業務上横領罪

　業務上横領罪は、業務上他人の物を占有している者が、これを不法に領得することにより成立する犯罪です。代表的なケースとして、会社の経理担当者が自社の売上金を着服した、運送業者が顧客の荷物を自分のものにしたなどの行為があります。

　前条の単純横領罪との相違点は、他人の財物の占有の根拠・原因が、業務上の地位に基づき、業務の遂行としてのものである点です。

　一般の占有者の場合より違法性が大きいので単純横領罪の法定刑が5年以下の懲役であるのに対し、本罪の法定刑は10年以下の懲役と加重されています。

> **第253条　業務上自己の占有する他人の物を横領した者は、10年以下の懲役に処する。**

(1)　成立要件

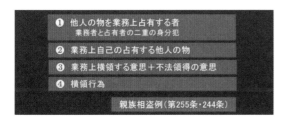

❶　他人の物を業務上占有する者
　　業務者と占有者の二重の身分犯
❷　業務上自己の占有する他人の物
❸　業務上横領する意思＋不法領得の意思
❹　横領行為

親族相盗例（第255条・244条）

❶　主体

　本罪の主体は、他人の物を業務上占有する者です。業務者と占有者という二重の身分犯です。

　本罪にいう「業務」とは、社会生活上の地位に基づいて反復継続して行われる事務で、他人の物を占有保管することをその内容とするものです。

　「業務」は、いわゆる「仕事」とイコールではありません。業務は、報酬・利益を目的とする事務である必要はなく（注1）、その内容が私的なものでも、公的なものでも問題ありません。そして、業務は、法令や内規等に根拠がなくても、慣例上又は当事者の協議によって従事する場合であっても差し支えありません（注2）。例えば、自治会やいわゆるPTA、同窓会、サークルなどの会計責任者が現金を預かるケースなども本罪の対象となります。

（注1）大判昭13.3.9、（注2）大判昭15.4.2

❷　客体

　本罪の客体は、業務上占有する他人の物です。

　業務上の占有とは、業務を有する者が、当該業務の遂行として他人の物を占有することをいいます。

❸　犯意

　犯意は、業務上横領する意思（客観的犯罪事実の認識）と不法領得の意思（前条参照）が必要です。

❹　横領行為

　本罪の行為は横領することで、その意義は、単純横領罪の場合と同じです。不法領得の意思が外部から認識され得る状態に達することが必要です。

(2)　既遂時期

　不法領得の意思の発現と認められる外部的行為が行われた時点で既遂に達します。

(3)　親族相盗例

　本罪には、親族相盗例が準用されます（第255条、244条）。

(4)　共犯と身分

　業務者でない者が共犯となった場合には、第65条1項により業務上横領罪の共同正犯となりますが、同条2項に基づき単純横領罪で処断されることとなります（注）。

（注）最判昭32.11.19、アップ総論29頁参照

3 占有離脱物横領罪

占有離脱物横領罪は、落とし物などその意思に反して他人の占有を離れた物を不法に領得することにより成立する犯罪です。

令和2年の占有離脱物横領罪の検挙件数は、横領の罪全体の9割を占めています。横領の罪の検挙件数は全体で12,778件、そのうち占有離脱物横領罪は11,558件(90.4%)となっています(令和3年版『犯罪白書』)。

> **第254条** 遺失物、漂流物その他占有を離れた他人の物を横領した者は、1年以下の懲役又は10万円以下の罰金若しくは科料に処する。

(1) 成立要件

> ❶ 占有を離れた他人の物(遺失物、漂流物、その他)
> ❷ 横領する意思＋不法領得の意思
> ❸ 横領行為

本罪の成立要件は、❶客体が占有を離れた物(遺失物、漂流物、その他)であること、❷横領の意思と不法領得の意思があること、❸横領行為があることです。

❶ 占有を離れた物(遺失物、漂流物、その他)

本罪の客体は占有を離れた物で、遺失物、漂流物は例示です。無主物(注1)は本罪の客体とはなり得ませんが、占有を離れた物は、他人の所有に属していればよく、誰が所有しているのか所有権の帰属が明らかである必要はありません(注2)。

「遺失物」とは、占有者の意思によらないで、その占有を離れ、未だ誰の占有にも属していない物をいい、「漂流物」とは、遺失物のうち水中に存在する物をいいます。

「その他占有を離れた他人の物」としては、誤って授受された物(過払いの釣り銭、誤配された郵便物など)、他人が置き去りにした物件、逃げ出した家畜(注3)、窃盗犯人が遺棄した自転車やオートバイなどの盗品(被害品)などがあります。

旅館内のトイレやふろ場に置き忘れるなどした物件の占有は旅館主等にあり、その物件を領得すれば本罪ではなく窃盗罪で問擬されます(41頁参照)が、多くの人が雑踏するデパート、劇場、電車等の中にある落とし物は、これらの場所の管理者又は車掌の占有に属すると考えられる場合が少ないことから、これを領得する行為は本罪に当たる場合が多いと思われます(注4)。

なお、鉄道などの遺失物係がその占有中の遺失物を領得すれば、業務上横領罪となります。

(注1)無主物とは、現在所有者がいない物で、①未だかつて何人の所有にも属したことがない物と、②過去においては人の所有に属していたが、所有権放棄の意思表示がなされるか、その他の事情からそれと同視されて無主となる物とがある。民法第239条(無主物の帰属)「所有者のない動産は、所有の意思をもって占有することによって、その所有権を取得する。」、(注2)最判昭25.6.27、(注3)いけすで飼育していた錦鯉60匹が逃げ出したのを外の水路で捕獲する行為。鯉はなお所有権の対象となっているとして本罪に当たる(最判昭56.2.20)、(注4)占有の判断基準を示した判例、最判昭32.11.8。41頁参照

❷、❸については、横領罪の項を参照してください。

(2) 錯誤

他人の占有する物を占有離脱物と誤認して領得した場合は、第38条2項(注)が適用されます。

(注)大判大9.3.29。第38条2項「重い罪に当たるべき行為をしたのに、行為の時にその重い罪に当たることとなる事実を知らなかった者は、その重い罪によって処断することはできない。」

(3) 既遂時期

本罪の未遂を処罰する規定はありません。したがって、初めから領得する意思で拾得すればその時点で既遂となります。また、当初は領得する意思を持たず拾得、占有している物については、入質など不法領得の意思を実現する行為があったときに既遂となります。

4　背任罪

　背任罪は、例えば、会社から仕事を任せられている社員が、自分や他人の利益を図るため、あるいは会社に損害を与える目的で背信的な行為をし、その結果、会社に損害を与える行為を処罰するものです。

　背任行為として、銀行員が十分な担保を取らずに融資を行う、社員が取引先に架空発注を繰り返す、企業秘密をライバル企業に漏らすなど、これらの行為により会社に損害を与えるようなケースが考えられます。

> **第247条**　他人のためにその事務を処理する者が、自己若しくは第三者の利益を図り又は本人に損害を加える目的で、その任務に背く行為をし、本人に財産上の損害を加えたときは、5年以下の懲役又は50万円以下の罰金に処する。

(1) 成立要件

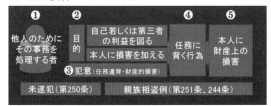

　本罪の成立要件は、❶主体が、他人のためにその事務を処理する者であること（身分犯）、❷自己若しくは第三者の利益を図る、又は本人に損害を加えるという目的を持っていること（目的犯）、❸犯意として「任務違背」と「財産的損害」の認識を有していること、❹任務に背く行為を行うこと、そして❺本人に財産上の損害を加えることです。

❶　他人のためにその事務を処理する者（身分犯）

　本罪の主体は、信任委託関係に基づいて他人の事務をその他人のために処理する者です。その身分は、行為時にあれば足り、財産上の損害の発生が身分消滅後であっても問題ありません(注1)。

　「事務」とは、財産上の利害に関する仕事一般で、継続的なものに限らず、一時的な仕事でも問題ありません。

　事務処理者には、その事務を誠実に処理すべき信任関係が必要で、その原因は、法令の規定（例えば、後見人、破産管財人、法人代表者等）、契約（例えば、委任、雇用、請負等）はもちろん慣習に基づく場合も含まれます(注2)。

　そして、事務に裁量がなければ権限の濫用の問題は生じないので、本罪にいう事務はある程度包括的なものであることが必要です。特定された単純作業、ことに機械的な作業は含まれません。

　（注1）大判昭8.12.18、（注2）大判大3.4.10

❷　図利加害(とりかがい)の目的

　本罪は目的犯であり、「自己若しくは第三者の利益を図る目的」（図利目的）又は「本人に損害を加える目的」（加害目的）を有していることが必要です。

　「自己」とは本罪の主体である他人の事務を処理する者、「第三者」とは「自己」と「本人（当該事務処理をさせる者。例えば、会社。）」を除いた者です。

　本罪にいう「利益」には、財産上のものはもちろん、例えば、自己の信用・面目を保つこと、不良貸付の発覚を防ぐこと、会社役員の地位を得ることなども含まれます(注1)。

　また「損害」には、既存の財産が減少するという「積極的損害」と得られるはずの利益が得られなかったという「消極的損害」(注2)の両方が含まれます。

　（注1）大判大3.10.16、（注2）最決昭58.5.24

❸　犯意

　本罪の成立には、図利加害目的のほかに、①自己の行為が任務に背くものであることの認識（任務違背の認識）と②その結果、本人に財産上の損害を発生させることの認識（財産的損害の認識)が必要です。

　任務違背の認識を欠く場合、例えば、自分の行為が会社の利益になると純粋に信じていた場合など**自己の行為がその任務の本旨に適合したものと信じて行為したときは、本罪の犯意を欠くことになります**(注1)。

　財産的損害の認識は、**未必的**で足ります(注2)。

　（注1）大判大3.2.4、（注2）大判大13.11.11

❹　任務に背く行為（任務違背行為）

　「任務に背く行為」とは、委託の趣旨に反する行為で、当然行うべきだと法的に期待される行為に反する

ことを行うことです。例えば、銀行の融資担当者が、会社のルールでは審査が通らない人に、個人的な理由から貸付をする（不正貸付）場合や不動産鑑定士が、本来の価値を大幅に上回る価格で不動産を評価する場合などです。

❺ 本人の財産上の損害

本罪が成立するためには、任務違背行為があっただけでは足りず、その結果、**本人に財産上の損害**(注)**を加えること**が必要です。

（注）仮に財産が減少しても別の機会で財産を得るような事情があるケースでは、全体の財産は減少していないので損害は生じていない。国庫に納めるべき利益金を営団の役員が任務に背いて職員の生活資金として交付した事案に関して、いずれなすべき支出であり営団の損害はないとして背任罪の成立を否定した事例（最判昭 28.2.13）

(2) 既遂時期

任務違背行為によって本人に**財産上の実害発生の危険を生じさせた時点**です(注)。例えば、不正貸付の場合は、貸付を実行したときに既遂に達します。

（注）最判昭 38.3.28

(3) 未遂犯

本罪の**未遂は処罰されます**（第250条）。

本罪の未遂は、任務に背いた行為に着手したが中途で中止したため本人に損害が生じなかった場合や任務に背いた行為をしたが何らかの事情で本人に損害が生じなかった場合などです。

(4) 親族相盗例

本罪には、親族相盗例の準用があります（第251条、244条）。

(5) 共犯と身分

身分のない者が、身分のある者と本罪に共謀加担したときには共犯者となります（第65条1項）。

(6) 本罪の特別罪

組織運営において重要な役割を担う者が背任を行った場合に、その責任の重さから、背任罪より重く処罰するために定められたものとして**会社法第960条・取締役等の特別背任罪**があります。

第6　盗品等に関する罪		
盗品等に関する罪	盗品等無償譲受け・運搬・保管・有償譲受け・処分あっせん罪（256）	
盗品等	財産犯（「本犯」という。）によって取得された財物で、被害者が法律上その返還を請求し得るもの	
要件	❶ 財産犯によって得られたものであること	
	❷ 本犯の行為が構成要件該当性及び違法性を具備すること	
	❸ 被害者が法律上の返還請求権を有すること	
	❹ 財産犯によって取得された財物そのものであること	

盗品等に関する罪の罪質については、本犯である財産犯の被害者が盗品等に対して有する追求権すなわち返還請求権の行使を困難にする罪であるとする「**追求権説**」が通説・判例(注)です。

（注）最判昭 23.11.9

● 盗品等の意義

「盗品等」とは、盗品その他財産に対する罪（財産犯）に当たる行為によって不法に領得された財物で、被害者が法律上その返還を請求できるものをいいます。

● 盗品等の要件

❶ 財産犯によって得られたものであること

盗品等は、財産犯（以下、「本犯」という。）によって得られたものでなければなりません。財産犯以外の犯罪、例えば、賄賂罪や賭博罪により得た金品などは盗品等とはいえません。

❷ 本犯の行為が構成要件該当性及び違法性を具備すること

本犯の行為は、構成要件に該当する違法なものであればよく、**有責なものである必要はありません**。

したがって、**責任無能力者**による本犯の財物も盗品等に当たり、処罰条件を具備する必要もないことから、親族から盗取した者が、**親族相盗例**（第244条）により刑を免除されても、その財物は盗品等になります(注1)。さらに、**本犯に対する公訴時効の完成**は、盗品等の罪の成立に影響ありません(注2)。

（注1）最判昭 25.12.12、（注2）大判明 42.4.15

❸ 被害者が法律上の返還請求権を有すること

被害者が法律上その返還を請求できない場合、

例えば、第三者がその財物を**善意取得**（民法第192条）（注）したときは、その財物について盗品等の罪は成立しません。

（注）善意取得の要件が具備されていても、**盗品又は遺失物**については、盗難又は遺失の時から2年間は所有者の回復請求権があり（民法第193条）、その間は盗品等たる性質を失わない。他に返還請求権の消滅事由として付合（民法第242〜244条）、混和（同法第245条）、加工（同法第246条）など。

❹ 財産犯によって取得された財物そのものであること

盗品等の代替物、例えば、財物を売却して得た現金、盗品等である現金で購入した物品などは、本罪の客体とはなりません。しかし、現金を両替し、小切手を現金に代える（注）などしても、それは盗品等の原型が変わったにとどまり、その同一性を失わないことから本罪の客体となり得ます。

（注）大判大2.3.25、大判大11.2.28

1　盗品等譲受け等罪

(1) 行為態様別の成立要件

いずれも、盗品等であることの認識をもって、所定の行為を行うことの認識が必要です。なお、盗品等の知情性は未必的なもので足ります。

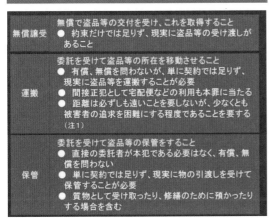

第256条　盗品その他財産に対する罪に当たる行為によって領得された物を無償で譲り受けた者は、3年以下の懲役に処する。
2　前項に規定する物を運搬し、保管し、若しくは有償で譲り受け、又はその有償の処分のあっせんをした者は、10年以下の懲役及び50万円以下の罰金に処する。

無償譲受	無償で盗品等の交付を受け、これを取得すること ● 約束だけでは足りず、現実に盗品等の受け渡しがあること
運搬	委託を受けて盗品等の所在を移動させること ● 有償、無償を問わないが、単に契約では足りず、現実に盗品等を運搬することが必要 ● 間接正犯として宅配便などの利用も本罪に当たる ● 距離は必ずしも遠いことを要しないが、少なくとも被害者の追求を困難にする程度であることを要する（注1）
保管	委託を受けて盗品等の保管をすること ● 直接の委託者が本犯である必要はなく、有償、無償を問わない ● 単に契約では足りず、現実に物の引渡しを受けて保管することが必要 ● 質物として受け取ったり、修繕のために預かったりする場合を含む

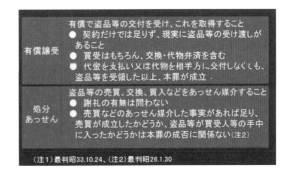

有償譲受	有償で盗品等の交付を受け、これを取得すること ● 契約だけでは足りず、現実に盗品等の受け渡しがあること ● 買受はもちろん、交換・代物弁済を含む ● 代金を支払い又は代物を相手方に交付しなくとも、盗品等を受領した以上、本罪が成立
処分あっせん	盗品等の売買、交換、質入などをあっせん媒介すること ● 謝礼の有無は問わない ● 売買などのあっせん媒介した事実があれば足り、売買が成立したかどうか、盗品等が買受人等の手中に入ったかどうかは本罪の成否に関係ない（注2）

（注1）最判昭33.10.24、（注2）最判昭26.1.30

(2) 他罪との関係

ア　証拠隠滅罪との関係

他人の罪証を隠滅するために盗品等を隠匿した場合は、**盗品等保管罪**と**証拠隠滅罪**との**観念的競合**となります（注1）。

イ　古物営業法との関係

盗品等の罪と**古物営業法の不記帳罪・相手方不確認罪**との関係は、別個の法益侵害として**併合罪**となります（注2）。また、無免許で古物商を営む者の盗品等有償譲受けとの関係は、**盗品等有償譲受けと古物営業法の無免許営業罪の観念的競合**となります（注3）。

（注1）大判明44.5.30、（注2）大判大5.11.7、（注3）大判14.5.26

2　親族間の犯罪に関する特例（親族相盗例）

第257条　配偶者との間又は直系血族、同居の親族若しくはこれらの者の配偶者との間で前条の罪を犯した者は、その刑を免除する。
2　前項の規定は、親族でない共犯については、適用しない。

身分関係の存在	本犯と盗品等の罪の犯人との間に存在すること（注1）
本条2項の趣旨	盗品等の罪の犯人が二人以上の共犯である場合、親族以外の共犯については1項の規定を適用しないというもの（注2）

（注1）最決昭38.11.8、（注2）大阪高判昭26.1.17

「配偶者」等の用語の意義については、親族相盗例48頁を参照

第7　毀棄・隠匿の罪

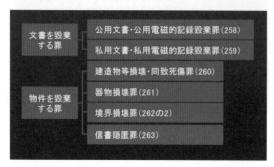

毀棄及び隠匿の罪は、領得の方法によらないで物の効用を喪失又は減少させることによって他人の財産権を侵害する点で他の財産犯と異なります。

1　公用文書等毀棄罪

第258条　公務所の用に供する文書又は電磁的記録を毀棄した者は、3月以上7年以下の懲役に処する。

(1)　成立要件

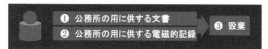

❶　公務所の用に供する文書

「公務所の用に供する文書」（「公用文書」）とは、公務所において現に使用され、又は使用の目的で保管されている文書を総称します（注1）。現に公務所が使用し又はそのために保管している文書であれば、所有者、作成者及び文書の真偽のいかんを問いません（注2）。保存期間を経過したものも含まれ（注3）、また、文書としては、未完成であっても、それが文書としての意味、内容を備えている限り、本罪の客体となります（注4）。

（注1）大判明44.8.15、（注2）判例上、村役場が保管する住民登録届、警察官が証拠物として押収した日誌帳、学生の懲戒処分の内容を記載した青焼きコピーによる国立大学の告示書など。（注3）大判明42.7.8、（注4）署名のない弁解録取書（最判昭52.7.14）など。

なお、公文書偽造罪（第155条）にいう「公文書」

とは、公務所又は公務員が、その名義をもって、その権限内で所定の様式に従って作成すべき文書をいいます。

❷　公務所の用に供する電磁的記録

「公務所の用に供する電磁的記録」とは、公務所において現に使用され、又は使用の目的で保管されている電磁的記録を総称します。公用文書と同様、現に公務所が使用し又はそのために保管している電磁的記録であれば、所有者、作成者を問いません。

❸　毀棄すること

「毀棄」とは、物の効用を滅失又は減少させることをいいます。文書を破棄する場合はもちろん、文字を抹消し、文書を隠匿し、又は文書に貼付した印紙を剥離する場合のほか、電磁的記録については、記録媒体の物理的破壊、データの消去等も毀棄にあたります。

(2)　既遂時期

文書等の効用が毀損された時点で既遂となります。

2　私用文書等毀棄罪

第259条　権利又は義務に関する他人の文書又は電磁的記録を毀棄した者は、5年以下の懲役に処する。

(1)　成立要件

❶　権利又は義務に関する他人の文書

「権利又は義務に関する他人の文書」（「私用文書」）とは、権利、義務の存否、得喪、変更、消滅等を証明する文書をいい（注1）、有価証券も含まれます。

「他人の文書」とは、作成名義を問わず、他人所有の文書をいいます。私文書であると公文書であるとを問いませんが、「他人」には公務所が含まれないのは言うまでもありません。したがって、自己名義の文書でも他人が所有するものは本罪の客体となり、逆に他人名義の文書でも、自己が所有するものは本罪の客体とはなり得ません（注2）。

なお、私文書偽造罪（第159条）にいう「私文書」

とは、公文書以外の他人の「権利、義務」又は「事実証明」に関する文書をいいます。

(注1)大判昭 11.7.23。判例が認めたものとして、約束手形、自動車運転免許証など、(注2)大判大 10.9.24

❷ 権利又は義務に関する他人の電磁的記録

「他人の電磁的記録」とは、行為者以外の私人が所有する電磁的記録をいいます。公電磁的記録であると私電磁的記録であるとを問いません。

❸ 毀棄すること

前条と同様です。

(2) 自己の物

自己所有の文書又は電磁的記録であっても、差押えを受け、物権を負担し、又は賃貸したものは、他人所有のそれと同様に取り扱われます（第262条）。

(3) 親告罪

本罪は親告罪です（第264条）。

3 建造物等損壊・同致死傷罪

第 260 条 他人の建造物又は艦船を損壊した者は、5年以下の懲役に処する。よって人を死傷させた者は、傷害の罪と比較して、重い刑により処断する。

(1) 成立要件

他人の建造物又は艦船を損壊する罪が建造物等損壊罪で、その結果、人を死傷させた場合に建造物等損壊致死傷罪が成立します。

❶ 他人の建造物

「他人」とは、他人の所有に属するという意味です。自分の物でも差押えを受け、物権を負担し、又は賃貸したものは本罪の客体に当たります（第262条）。

「建造物」とは、家屋その他これに類似する建築物をいい、屋根を有し壁又は柱によって支えられたもので、土地に定着し人の出入りに適する建物をいいます（注1）。

建造物に取り付けられた物（玄関ドアなど）が本罪の客体に当たるか否かについては、当該物を毀損せずには取り外せない場合は、建造物の一部にあたると解されており（注2）、実質的には、当該物と建造物との接合の程度のほか、当該物の建造物における機能上の重要性などを総合して判断されます（注3）。

(注1)大判大 3.6.20、(注2)大判大 8.5.13、(注3)外壁と接続し外界との遮断等の重要な役割を果たす住居の玄関ドアは、工具を使用すれば損壊せずに取り外しが可能でも、本罪の客体に当たる（最決平 19.3.20）。他に機能上の重要性からシャッターを客体と認めた広島高判平 19.9.11 など

❷ 他人の艦船

「他人の艦船」とは、他人の所有権に属する、現に自力ないし他力による航行能力のある船舶をいいます（注）。

(注)広島高判昭 28.9.9

❸ 犯意

他人の建造物又は艦船であること及び損壊の結果を生じることについての認識が必要です。したがって、過失による場合は、処罰の対象とはなりません。

❹ 損壊すること

「損壊」とは、物の効用を害する一切の行為をいい、客体の一部の損壊も本罪に当たります。例えば、公衆トイレの外壁にラッカースプレーで「戦争反対」等と大書きする行為（注1）、外壁、シャッター等に合成塗料を吹き付けて落書きする行為（注2）や、ビラ貼りもビラの枚数、貼り方等により損壊に該当する場合があります（注3）。

(注1)最決平 18.1.17、(注2)広島高判平 19.9.11、(注3)最決昭 41.6.10

❺ 致死傷罪

建造物、艦船の損壊により死傷の結果が生じた場合の結果的加重犯の規定です。したがって、死傷の結果について認識のない場合に限られます。

(2) 非親告罪

本罪は親告罪ではありません。

4　器物損壊等罪

> 第 261 条　前3条に規定するもののほか、他人の物を損壊し、又は傷害した者は、3年以下の懲役又は 30 万円以下の罰金若しくは科料に処する。

(1) 成立要件

❶ 前3条規定以外の他人の物

❷ 犯意

❸ 損壊又は傷害

❶ 前3条規定以外の他人の物

本罪の**客体**は、公用・私用文書、建造物、艦船以外の他人の財物で**不動産**(注)も含みます。動植物も財産権の対象となる限り客体となります。これらの物が自己の物であっても、差押えを受け、物権を負担し又は賃貸したものである場合には本罪にあたります（第 262 条）。

(注)住宅建築用に整地してある土地を掘り起こして畑として耕作物を植え付ける行為は器物損壊罪に該当する（大判昭 4.10.14）

❷ 犯意

客体が他人の物であること及び客体の効用を害することの認識が必要です。

❸ 損壊又は傷害すること

「**損壊**」とは、広く物本来の効用を失わせる行為をいい、「**傷害**」とは、動物を毀棄する行為をいいます。例えば、**食器に放尿する行為**(注1)、**養魚池の水門を開けて鯉を放流させてしまう行為**(注2)、**選挙用ポスターに「殺人者」等と印刷したシールを貼る行為**(注3)なども本罪に当たるとされています。

(注1)大判明 42.4.16、(注2)大判明 44.2.27。漁港内の仕切網を開放してイルカを逃走させた行為について静岡地沼津支判昭 56.3.12、(注3)最判昭 55.2.29

(2) 親告罪

本罪は**親告罪**です（第 264 条）。

5　境界損壊罪

本罪は、**土地の境界を認識できなくする罪**です。**土地の境界**とは、権利者を異にする土地の境界線で、権利は、所有権に限らず地上権や抵当権、賃借権も含みます。境界は、**当事者間で争いがある場合**でも、現に事実上存在するものであれば足りるとされています(注)。

(注)東京高判昭 61.3.31

> 第 262 条の 2　境界標を損壊し、移動し、若しくは除去し、又はその他の方法により、土地の境界を認識することができないようにした者は、5年以下の懲役又は 50 万円以下の罰金に処する。

(1) 成立要件

❶ 境界標を損壊、移動、除去、その他の方法

❷ 犯意

❸ 土地の境界の認識不能

❶ 境界標を損壊、移動、除去、その他の方法

「**境界標**」は、柱、杭、塀、柵などの工作物のほか立木等の自然物も含みます。

「**その他の方法**」とは、損壊、移動、除去以外の一切の方法をいいます。

❷ 犯意

行為自体の認識と土地の境界を認識できないようにするという認識が必要です。

❸ 境界の認識不能

行為の結果として、他の方法によらなければ土地の境界が認識できなくなったことが必要です。境界標を損壊しても、まだ境界が認識できるという場合は、器物損壊罪の成立は格別、本罪は成立しません(注)。

(注)最判昭 43.6.28

(2) 他罪との関係

境界標を毀棄して本罪を犯した場合は、器物損壊罪と**本罪の観念的競合**(注)となります。また、**不動産を侵奪する手段として本罪を犯したとき**は、両罪はその保護法益を異にすることから、事案の事実関係に応じて、**観念的競合又は牽連犯**になると解されています。

(注)東京高判昭 41.7.19

(3) 非親告罪

本罪は**親告罪ではありません**。

6 信書隠匿罪

第263条 他人の信書を隠匿した者は、6月以下の懲役若しくは禁錮又は10万円以下の罰金若しくは科料に処する。

本罪は、他人の信書を隠匿する罪です。

「他人の信書」とは、他人の所有する信書のことで、発信者が他人である必要はありません。「信書」とは、特定人から特定人に宛てた文書で、封緘したものでなくてもよく(注)、葉書も含みます。

「隠匿」とは、発見を妨げる行為です。

(注)秘密を犯す罪である信書開封罪（第133条）の客体は「封をしてある信書」

犯意として、不法領得の意思は不要ですが、他人の信書であることの認識と隠匿することについての認識が必要です。

本罪は、親告罪(第264条)です。

第2節　生命又は身体を害する罪

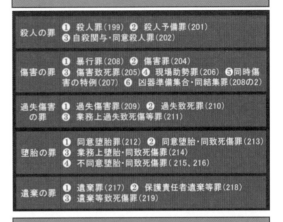

第1　殺人の罪

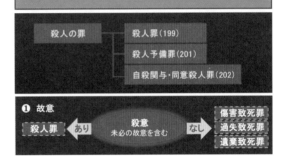

❶ 故意

殺人とは、故意をもって人の生命を害する行為をいいます。故意のない場合は、傷害致死、過失致死等の成否を検討します。

❷ 客体

胎児は、まだ「人」ではありません。胎児を殺すことは堕胎罪の問題となります。

❸ 他人の自殺

自殺行為は刑法上罰せられませんが、他人の自殺を教唆・幇助する行為や本人の嘱託、承諾の下に殺す行為は、処罰されます。

さらに、「人を殺す」行為は、作為に限らず、不作為も殺人行為の一態様です。

1 殺人罪

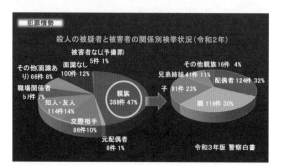

犯罪情勢

殺人の認知・検挙状況の推移（平成23年〜令和2年）

年次 区分	平成 23	24	25	26	27	28	29	30	令和 元	2
認知件数	1,052	1,032	938	1,054	933	895	920	915	950	929
検挙件数	1,029	963	950	1,010	938	901	930	886	945	913
検挙人員	971	899	906	967	913	816	874	836	924	878
検挙率%	97.8	93.3	101.3	95.8	100.5	100.7	101.1	96.8	99.5	98.3

令和3年版 警察白書

殺人の認知件数は、年間概ね900件から1,000件台で推移し、検挙率は10年平均98.5%です。

犯罪情勢

殺人の被疑者と被害者の関係別検挙状況（令和2年）

令和3年版 警察白書

殺人の被疑者と被害者との関係別検挙状況（令和2年）を見てみると、親族が47%（388件）と最も多く、知人・友人14%（114件）、面識なし12%（100件）、交際相手10%（86件）の順となっています（注1）。その親族の内訳をみると配偶者32%（124件）、親30%（116件）、子23%（91件）の順となっています（注2）。

（注1）刑法犯として認知され、既に統計に事件として計上されている事件であって、これを捜査した結果、刑事責任無能力者の行為であることなどの理由により犯罪が成立しないこと又は訴訟条件・処罰条件を欠くことが確認された事件を除いた数、（注2）続柄は、被害者から見た被疑者との続柄。

人口10万人当たりの発生件数を他の国と比較すると次のようになります（平成30年）。

各国における殺人の発生率（人口10万人当たりの発生件数）
平成30年

日本	0.3
フランス	1.2
ドイツ	0.9
アメリカ	5.0

令和3年版 犯罪白書 第3章 第1節 諸外国における犯罪

第199条 人を殺した者は、死刑又は無期若しくは5年以上の懲役に処する。

（1）成立要件

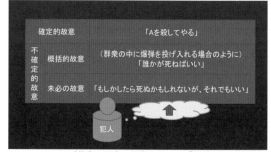

❶ 人 ❷ 犯意 ❸ 殺害行為 ❹ 人の死
未遂犯（第203条）

❶ 本罪の客体である「人」とは、自分以外の他人です。人の始期は、胎児の身体の一部が母体外に露出された時点です（「一部露出説」）。

❷ 殺人の犯意は、いわゆる殺意をもって実行行為を行う意思です。殺意は、確定的なものはもちろん、概括的、未必的なものも含みます。

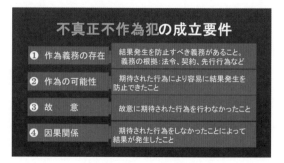

	確定的故意	「Aを殺してやる」
不確定的故意	概括的故意	（群衆の中に爆弾を投げ入れる場合のように） 「誰かが死ねばいい」
	未必の故意	「もしかしたら死ぬかもしれないが、それでもいい」

犯人

（殺意の認定、故意・アップ「総論」13頁参照）

❸ 殺害行為は、手段・方法を問いません。

❹ 本罪は、いわゆる結果犯であり、殺人の実行行為と死という結果との間に因果関係があることを必要とします。

（2）不作為による殺人

不作為による殺人として、母親が自分の子供に授乳をしないで餓死させる例がよく使われます。不作為の殺人罪を認めるには、積極的に殺害したと同視し得る作為義務と作為の可能性・容易性が必要です（注）。

不真正不作為犯の成立要件

❶	作為義務の存在	結果発生を防止すべき義務があること。 義務の根拠：法令、契約、先行行為など
❷	作為の可能性	期待された行為により容易に結果発生を防止できたこと
❸	故意	故意に期待された行為を行わなかったこと
❹	因果関係	期待された行為をしなかったことによって結果が発生したこと

（不真正不作為犯・アップ「総論」19、20頁参照）

（注）最決平成17.7.4

(3) 未遂犯

　本罪の**未遂は処罰されます**（第 203 条）。

(4)　他罪との関係

　ア　放火罪との関係

　　放火を殺人の手段としたときは**観念的競合**となります（注1）。

　イ　死体遺棄罪、死体損壊罪との関係

　　両罪とも殺人の行為から当然生じる結果ではないことから**併合罪**となります（注2）。

　ウ　銃砲刀剣類の不法所持との関係

　　不法所持とそれを用いた本罪とは**併合罪**となります（注3）。

（注1）仙台高秋田支判昭 32.5.21、（注2）大判明 43.11.1、大判昭 11.1.29、（注3）最判昭 26.2.27

2　殺人予備罪

　殺人予備罪は、殺人を犯す目的で、その準備行為を行うことにより成立する犯罪です。

　「予備」は、実行の着手に至らない点で「未遂」と区別され、殺人の実行行為に着手した以上は、その既遂、未遂を問わず、**予備はそれに吸収**されます。

第 201 条　第 199 条の罪を犯す目的で、その予備をした者は、2 年以下の懲役に処する。ただし、情状により、その刑を免除することができる。

(1)　成立要件

❶　目的犯

　殺人の罪を犯す**目的**があったときに成立します。その意思は確定的でなくてもよく、相手の応答いかんによって殺そうという決意の下に予備をしても本罪にあたります。

❷　予備（準備）行為

　予備行為には、凶器を入手する行為や殺人のために被害者方に赴く行為などその種類を問いません。ただし、**殺人の決意を外部に表すような行為が必要**で、例えば、殺害計画の実行を決意する、日記帳に記載

するといった段階は、単なる内心的事実でしかないので、本罪にはあたりません。

(2)　他人予備

　自分には殺人を行う気など全くないが、他人が行う殺人行為に関して、他人のために準備をする行為が本罪に該当するかという問題があります。

　この点、殺害目的のサリン準備に関与したケースで、行為者自身に大量殺人の意図がなくても、**自分の行為が他者の企図する殺人の準備行為であることの認識がある以上、殺人予備罪が成立すると本罪の成立を認めた判例**（注）があります。

（注）東京高判平 10.6.4、ほかに最決昭 37.11.8。他人の殺人行為のための準備は、殺人罪の幇助犯となるが、実行者がその殺人の実行行為に着手する前に検挙された場合、幇助犯は成立しない（幇助犯・アップ「総論」29 頁参照）。

3　自殺関与・同意殺人罪

第 202 条　人を教唆し若しくは幇助して自殺させ、又は人をその嘱託を受け若しくはその承諾を得て殺した者は、6 月以上 7 年以下の懲役又は禁錮に処する。

● 　自殺関与罪（前段）

　自殺は犯罪ではありませんが、これを**教唆**又は**幇助する行為**を処罰の対象とするものです。

(1)　成立要件

❶　相手方は、少なくとも**自殺の意味を理解し得る能力**とともに**自由に意思決定できる者**であることが必要です。**心神喪失者や幼児**などは客体となりません。

❷　犯意として、相手方に自殺を決意させ、又は相手方の自殺を容易にさせるものであることの認識を必要とします。

❸　教唆して自殺させるとは、自殺の意思のない者に

自殺を決意させる一切の行為であり、その方法は問いません。

❹　幇助して自殺させるとは、既に自殺の決意をしている者に対し、自殺の実現を容易にさせることです。自殺の方法のアドバイスや器具の提供などが考えられますが、有形的・物理的なものであると無形的・精神的なものであるとを問いません。

　本罪は、教唆又は幇助された者が、自殺を遂げたことにより既遂となります。

　本罪の未遂は処罰されます（第203条）。

● 同意殺人罪（後段）

　本罪は、相手方の嘱託又は承諾の下にこれを殺害する行為を処罰の対象とするものです。

(1) 成立要件

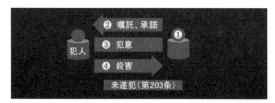

❶　本罪においても、相手方は、少なくとも自殺の意味を理解し得る能力とともに自由に意思決定できる者であることが必要です。心神喪失者や幼児などは客体となりません。例え、幼児が死ぬことを承諾したとしても、そのことの意味を理解していないのですから、これを殺せば殺人に当たります。

❷　「嘱託」とは、相手方が積極的に殺害を依頼すること、「承諾」とは、殺害の申し出に相手方が同意することです。嘱託又は承諾は、相手方の真意に基づくものでなければなりません（注1）。行為者に追死の意思がないのに、相手方に追死すると誤信させて自殺させるような場合のように、著しい欺罔を用いた場合は殺人罪にあたります（注2）。

　（注1）東京高判昭33.1.23、（注2）最判昭33.11.21「被害者を欺罔し、被告人の追死を誤信させて自殺をさせた被告人の所為は通常の殺人罪に該当する」

❸　本罪の犯意は、行為者が相手方からの殺害の嘱託又は承諾を認識しながら、殺意をもって殺害する意思です。

❹　殺害行為は、相手方から殺害を依頼されて殺害する、相手方から殺害されることについての同意を得て、これを殺害することです。

　本罪の未遂も処罰されます（第203条）。

(1) 暴行の意義

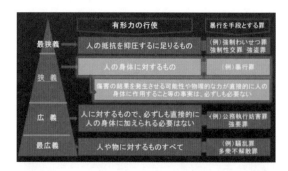

　本罪にいう「暴行」とは、人の身体に対する不法な有形力の行使をいいます。刑法上、様々な暴行の概念が用いられ、スライドのように有形力の向けられる対象とその強弱により区別されています。

(2) 暴行に当たるとされた主な事例

　本罪の「暴行」の具体例として、殴打等の典型例のほかに次のようなものがあります。

ア　身体の接触による場合

● 人の毛髪を切ったり、顎鬚を剃る行為（注1）

● 電車に乗ろうとする人の衣服をつかんで引っ張る行為（注2）

- ● 女性に抱きつき帽子で口を塞ぐ行為(注3)
- ● 塩を振りかける行為(注4)

イ 身体に接触しない場合

- ● 他人が手に持っている空き缶を蹴る行為(注5)
- ● 狭い室内で抜き身の日本刀を振り回す行為(注6)
- ● 被害車両に極めて接近させるいわゆる幅寄せ行為(注7)
- ● 拡声器を使って耳元で大声を発する行為(注8)

(注1)大判明 45.6.20、(注2)大判昭 8.4.15、(注3)名古屋高金沢支判昭 30.3.8、(注4)福岡高判昭 46.10.11、(注5)名古屋高判昭 26.7.17、(注6)最決昭 39.1.28、(注7)東京高判平 16.12.1、(注8)大阪高判昭 45.7.3、大太鼓、鉦等の連打・最判昭 29.8.20

2 傷害罪

第 204 条　人の身体を傷害した者は、15 年以下の懲役又は 50 万円以下の罰金に処する。

(1) 傷害の意義

「傷害」とは、健康状態を不良に変更し、その生活機能の障害を惹起することをいいます(注)。

本罪における犯意は、暴行（物理的な有形力の行使）による傷害の場合には単純な暴行の犯意で足り、有形力の行使以外の方法（無形的な手段）による傷害の場合には、傷害の犯意が必要です。

(注)最決平 24.1.30。なお、大判明 45.6.20、最判昭 27.6.6 等は生理機能の障害という表現を用いてきた。

ア 軽微な傷害と暴行との限界

この点については、「傷害と未だそれに至らない暴行との区別は、それによって生じた生理的機能障害の程度の差異に過ぎないと言える。両者の境界線をどこに引くかは抽象的には困難な問題ではあるが、①日常生活に支障を来さないこと、②傷害として意識されないか、日常生活上看過される程度であること、③医療行為を特別に必要としないこと等を一応の標準として生理的機能障害が、この程度に軽微なものが刑法上の傷害ではなくて暴行であると考えることができよ

う」という判例(注)が参考となります。

(注)名古屋高金沢支判昭 40.10.14

イ 有形力の行使を伴わない手段による傷害

無形的手段として認められたものとして

- ● 半年余にわたりほぼ連日、深夜から早朝にかけて**無言電話**をかけた行為(注1)
- ● 被害者を**欺罔**して赤痢菌やチフス菌を投与した行為(注2)
- ● 被害者の反抗を抑圧した上、ミニバイクに乗車していた被害者に対し「倒れろ」と**脅迫**し、転倒させた行為(注3)
- ● 飼い犬のドーベルマンを通行中の女性にけしかけた行為(注4)

などがあり、**脅迫**によりトラウマ（心的外傷）や恐怖心などが継続する**心的外傷後ストレス障害（PTSD）**を生じさせる場合も傷害となり得ます(注5)。

(注1)東京地判昭 54.8.10、(注2)最判昭 51.4.30、(注3)大阪高判昭 60.2.6、(注4)横浜地判昭 57.8.6、(注5)最決平 24.7.24

(2) 因果関係

傷害罪は、いわゆる**結果犯**ですので、手段（暴行又は暴行以外の手段）と結果（傷害）との間に**因果関係**が認められることが必要です。

3 傷害致死罪

第 205 条　身体を傷害し、よって人を死亡させた者は、3 年以上の有期懲役に処する。

傷害致死罪は、代表的な**結果的加重犯**です（55 頁・強盗致死傷罪、アップ「総論」16 頁参照）。例えば、行為者が「暴行は加えたが、殺そうとまでは思っていなかった」「痛めつける（傷害を与える）つもりだったが、まさか死ぬとは思わなかった」などと抗弁するような殺意を欠くケースです。

結果的加重犯が成立するための要件は、①軽い基本的事実についての故意と②軽い基本的行為（暴行又は傷害）と重い結果との因果関係です(注)。

(注)最判昭 26.9.20

本罪の成立要件は、次のとおりです。

❶ 犯意～暴行又は傷害の犯意 殺意がないこと		
❷ 行為～暴行による傷害又は 暴行によらない傷害		因果関係
❸ 結果～相手方の死		

4　現場助勢罪

> 第206条　前二条の犯罪が行われるに当たり、現場において勢いを助けた者は、自ら人を傷害しなくても、1年以下の懲役又は10万円以下の罰金若しくは科料に処する。

● 本罪は、傷害の現場であおった者を処罰する規定

● 「勢いを助ける」とは、単に「やれ、やれ」というようにはやし立てるに過ぎない行為をいう。言語によると拍手をしたり、拳を振り回したり、足を踏みならす行為など動作によるとを問わない。

● 喧嘩などの現場で一方の側の応援をする行為は、本罪ではなく、傷害罪の幇助となる（大判昭2.3.28）。

5　同時傷害の特例

> 第207条　二人以上で暴行を加えて人を傷害した場合において、それぞれの暴行による傷害の軽重を知ることができず、又はその傷害を生じさせた者を知ることができないときは、共同して実行した者でなくても、共犯の例による。

2人以上の者が意思の連絡なしに、時を同じくして、それぞれ独立して同一の客体に対して、同一の犯罪を実行する場合を「同時犯」といいます。同時犯に当たる場合は、発生したすべての結果について共同正犯として処罰されます。

（1）成立要件

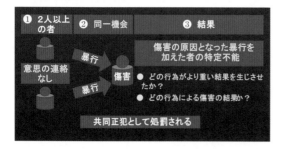

❶ 2人以上の者	❷ 同一機会	❸ 結果
意思の連絡なし	暴行　傷害　暴行	傷害の原因となった暴行を加えた者の特定不能 ● どの行為がより重い結果を生じさせたか？ ● どの行為による傷害の結果か？
		共同正犯として処罰される

❶　2人以上の者による暴行

本罪においては、2人以上の者が、共同実行意思の連絡なく（注1）、それぞれが暴行又は傷害の故意に基づいて、同一人に対して暴行を加えた場合でなければ

なりません。同一人に対する暴行であれば、態様を同じくする必要はありません（注2）。

（注1）最判昭24.1.27、（注2）東京高判昭47.12.22

❷　同一機会

本罪においては、それぞれの暴行行為が、同一機会に行われることを必要とします（注1）。要は、客観的に「共同実行がなされたと同視し得る事情」が認められるかということです（注2）。

（注1）大判昭12.9.10、（注2）札幌高判昭45.7.14

❸　傷害の原因となった暴行を加えた者の不特定

本罪においては、①数人の暴行によって傷害が生じたが、当該傷害を生じさせた者を特定できないこと、②数人の暴行がそれぞれどの程度の傷害を生じさせたのか証明できないことが要件となります。

（2）処罰

共同正犯として処罰されます。

6　凶器準備集合・同結集罪

> 第208条の2　二人以上の者が他人の生命、身体又は財産に対し共同して害を加える目的で集合した場合において、凶器を準備して又はその準備があることを知って集合した者は、2年以下の懲役又は30万円以下の罰金に処する。
> 2　前項の場合において、凶器を準備して又はその準備があることを知って人を集合させた者は、3年以下の懲役に処する。

本罪は、昭和33年の刑法の一部改正で新設された規定です。当時は、暴力団抗争における集団でのいわゆる殴り込みなどの暴力行為が取締りの対象となっていました。その後、時代の変遷とともに学生運動や暴走族、近年ではいわゆる半グレ集団（注）に対する取締りにも適用されています。

（注）警察は「準暴力団」と位置付け。平成24年9月、複数の犯人が一人の男性客を金属バット等で殴り殺害した「関東連合による六本木クラブ殺人事件」に適用。

● 凶器準備集合罪（第1項）

（1）成立要件

ア　構成要件的状況

　本罪の成立要件は、まず、❶2人以上の者が、❷他人の生命、身体、財産に対して共同して害を加える（共同加害）目的で❸集合することです。

❷　共同加害目的

　共同加害の目的とは、加害行為を他の者と共同して実行しようという目的です。加害行為をもった集団であることを認識して参加しただけでは足りず、集合した二人以上の者がこの目的をもっていることが必要です(注1)。

　また、共同加害の目的は、受動的なものでもよく、相手が攻めてきたら反撃するという目的でも問題ありません(注2)。

❸　集合

　「集合」とは、二人以上の者が時間・場所を同じくすることをいい(注3)、自発的でも、他人からの誘いに応じて集まる場合でも問題ありません。

　また、新たに集まる場合のほか、既に集まっているところに共同加害目的が生じた場合も含みます(注4)。

　(注1)最判昭52.5.6、(注2)最決昭37.3.27、(注3)東京高判昭39.1.27、(注4)最決昭45.12.3

イ　行為

　凶器を準備し、又は凶器の準備があることを知って集合することです。

　「凶器」は、拳銃、日本刀などの性質上の凶器に限らず、バット、角材(注1)など用法上の凶器も含みます。

❹　凶器を準備して集合した者

　凶器の準備とは、凶器を必要に応じていつでも当該加害目的のために使うことができるような状態に置くことをいい(注2)、近くの別の場所に隠しておくなど必ずしも集合場所にある必要はありません(注3)。また、集合後に凶器が準備された場合にも本罪は成立します(注4)。

❺　凶器の準備があることを知って集合した者

　「準備があることを知って」とは、凶器が準備されていることを認識していることをいい、未必的なものでもよく、また、集合してから凶器の準備があることを知ってそのまま居残ったときにも、本罪は成立します(注5)。

　(注1)東京高判昭44.9.29、(注2)名古屋高金沢支判昭36.4.18、(注3)(注4)東京高判昭39.1.27、(注5)広島高松江支判昭39.1.20

（2）他罪との関係

ア　目的たる加害の罪との関係

　凶器準備集合罪が、目的とした加害行為に発展した場合には併合罪となります(注1)。

イ　銃刀法違反との関係

　準備された凶器が各取締法（爆発物取締罰則、火薬類取締法、銃砲刀剣類所持等取締法など）に触れる場合には併合罪となります(注2)。

　(注1)最決昭48.2.8、(注2)最判昭26.2.27

● 凶器準備結集罪（第2項）

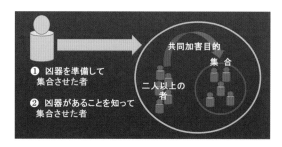

　本罪は、例えば暴力団組長や幹部、暴走族のリーダーなどといった主導的な立場の者によるケースが多いと考えられます。

　「集合させた」とは、他人に働きかけて凶器準備集合罪における集合の状態を積極的に作り出すことをいいます。結集者自ら集合場所に赴く必要はなく、

❶自ら凶器を準備した上で人を集合させる場合と、❷凶器の準備があることを知って人を集合させる場合があります。

第3　過失傷害の罪

過失傷害の罪 ─ 過失致死傷罪（209、210）
　　　　　　　　業務上過失致死傷等罪（211）

1　過失致死傷罪

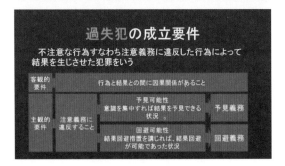

過失犯の成立要件等については、アップ「総論」14頁以下を参照してください。

第209条　過失により人を傷害した者は、30万円以下の罰金又は科料に処する。
2　前項の罪は、告訴がなければ公訴を提起することができない。
第210条　過失により人を死亡させた者は、50万円以下の罰金に処する。

本罪は、過失により人を傷害する、過失により人を死亡させる行為を処罰の対象とするものです。行為者の過失行為と傷害の結果、死亡の結果との間にそれぞれ因果関係があることが必要です。

2　業務上過失致死傷等罪

第211条　業務上必要な注意を怠り、よって人を死傷させた者は、5年以下の懲役若しくは禁錮又は100万円以下の罰金に処する。重大な過失により人を死傷させた者も、同様とする。

本罪は、過失傷害罪、過失致死罪の身分による加重類型です。

● 業務上過失致死傷罪（前段）

業務上過失致死傷罪の成立要件は、業務上必要な注意を怠り、人を死傷させたことです。

❶ 業務上の過失

本罪の「業務」とは、人が社会生活上の地位に基づき反復継続して行う仕事で、かつ、一般に人の生命・身体に危害を加えるおそれがあるものをいいます（注1）。公務であると私用であるとを問わず、必ずしも収入や利益を得るものである必要もなく（注2）、主たる事務であると従たる事務であると（注3）、本務であると兼務であると（注4）を問いません。

さらに、業務には反復継続性を有する限り違法なもの、例えば無免許による自動車運転（注5）や無免許医師による医療行為（注6）なども含まれます。

（注1）最判昭33.4.18、（注2）大判大8.11.13、最判昭33.4.18、（注3）大判昭10.11.6、（注4）最判昭26.6.7、（注5）最決昭32.4.11、（注6）福岡高判昭25.12.21

❷ 行為

業務上必要な注意を怠り、よって人を死傷させることです。

❸ 因果関係

行為者の過失と死傷の結果との間に因果関係があることが必要です。

● 重過失致死傷罪（後段）

重過失致死傷罪の成立要件は、重大な過失により、人を死傷させることです。

❶ 重大な過失

「重大な過失」は重過失ともいい、行為者の注意義務違反の程度が著しい場合をいいます。行為者としてわずかな注意をはらえば結果を予見でき、かつ結果の発生を回避することができた場合です（注1）。

重大な過失が認められた事例として

● 飼い犬の管理が不十分で幼児がかみ殺されたケース（注2）

● 路上で後方からの通行人への注意を欠きゴルフクラブの素振りをして通りかかった主婦の胸を強打し死亡させたケース（注3）

● 泥酔状態の内妻を着衣のまま水風呂に放置し

て死亡させたケース(注4)
などがあります。

(注1)東京高判昭 39.3.18、(注2)札幌高判昭 58.9.13、(注3)
大阪地判昭 61.10.13、(注4)東京高判昭 60.12.10

❷ 業務上過失致死傷罪との関係

　業務上過失致死傷罪が成立する場合は、その前提となる行為が「重大な過失」によるときであっても、本罪ではなく業務上過失致死傷罪が適用されます(注)。

(注)仙台高判昭 30.11.16

第4　堕胎の罪

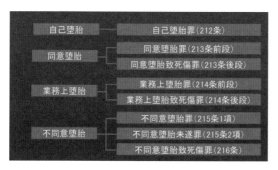

　「堕胎」とは、自然の分娩期に先立って人為的に生命ある胎児を母体から分離、排出すること及び母体内で殺害することをいいます(注)。

(注)大判大 13.4.28

　「胎児」は、堕胎行為の時点で生命があることが必要で、堕胎のための手段・方法は問いません。

　堕胎罪は、胎児を母体外に排出した時点、胎児を母体内で殺害した時点で既遂となります。

　母体保護法の要件を充たす人工妊娠中絶は、法令による正当行為(第35条)として違法性が阻却されます。

　堕胎の罪の類型は、次のとおりです。

1　自己堕胎罪

第212条　妊娠中の女子が薬物を用い、又はその他の方法により、堕胎したときは、1年以下の懲役に処する。

　❶自己堕胎は、妊娠している女子(妊婦)が薬物を用い、又はその他の方法によって堕胎する行為です。

　妊婦が、他人に嘱託し又は承諾を与えて、自己に対する堕胎行為を行わせた場合は、当該妊婦の行為は本罪、他人の行為は❷同意堕胎罪(第213条)又は❸業務上堕胎罪(第214条)にあたります(注)。

(注)大判大 8.2.27

2　同意堕胎・同致死傷罪

第 213 条　女子の嘱託を受け、又はその承諾を得て堕胎させた者は、2年以下の懲役に処する。よって女子を死傷させた者は、3月以上5年以下の懲役に処する。

　❷同意堕胎罪にいう「嘱託」とは妊婦側からの積極的な依頼をいい、「承諾」とは行為者側からの求めに妊婦側が同意することをいいます。いずれも妊婦の任意かつ真意に基づくものでなければなりません。例えば、欺罔による承諾の場合は❹不同意堕胎罪(第215条)にあたります(注)。

(注)仙台高判昭 36.10.24

　「堕胎させた」とは、行為者自身が妊婦に対して堕胎行為を行い、妊婦に堕胎の結果を生じさせることです。

　本罪の「死傷」は、堕胎行為に基づくものに限られ(因果関係)、堕胎行為が既遂とならなくても死傷の結果が生じれば、致死傷罪が成立します(注)。

(注)大判大 13.4.28

3　業務上堕胎・同致死傷罪

第 214 条　医師、助産師、薬剤師又は医薬品販売業者が女子の嘱託を受け、又はその承諾を得て堕胎させたときは、3月以上5年以下の懲役に処する。よって女子を死傷させたときは、6月以上7年以下の懲役に処する。

❸業務上堕胎罪の主体は、医師、助産師、薬剤師、医薬品販売業者で、同意堕胎罪の身分による加重規定です。

業務上堕胎致死傷罪は、業務上堕胎罪の結果的加重犯で、堕胎自体の既遂、未遂を問いません。

4　不同意堕胎・同致死傷罪

> 第215条　女子の嘱託を受けないで、又はその承諾を得ないで堕胎させた者は、6月以上7年以下の懲役に処する。
> 2　前項の罪の未遂は、罰する。
> 第216条　前条の罪を犯し、よって女子を死傷させた者は、傷害の罪と比較して、重い刑により処断する。

❹「不同意堕胎」とは、妊婦の嘱託も同意もなしに堕胎させることです。本罪の未遂は処罰されます。

致死傷罪の罰則は、致傷罪は6月以上15年以下の懲役、致死罪は3年以上の有期懲役です。

第5　遺棄の罪

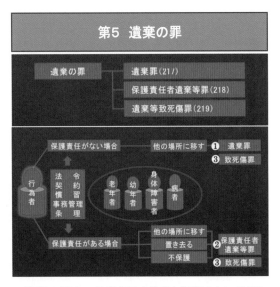

遺棄の罪は、保護を要する者を保護のない状態に置くことによって、生命、身体を危険にさらす犯罪です。客体に対する保護責任の有無により遺棄罪（第217条）と保護責任者遺棄等罪（第218条）に分かれます。

遺棄の罪の客体は、遺棄罪では「老年、幼年、身体障害又は疾病のために扶助を必要とする者」、保護責任者遺棄等罪においても扶助を必要とする「老年者、幼年者、身体障害者又は病者」です。

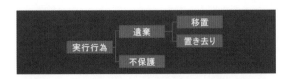

遺棄の罪の実行行為には、大きく「遺棄」と「不保護」があり、遺棄には、現在の場所から他の場所に移す「移置」とそのまま放置する「置き去り」があります。

1　遺棄罪

> 第217条　老年、幼年、身体障害又は疾病のために扶助を必要とする者を遺棄した者は、1年以下の懲役に処する。

❶　遺棄罪

客体である「老年」、「幼年」は年齢による要件が設けられていないため要扶助性を加味して実質的に判断されます。「老年、幼年、身体障害、疾病」のため助力を得なければ生命、身体の危険から身を守ることができない者が客体です。

本罪の行為である「遺棄」は、場所的移転を伴う「移置」です。例えば、自宅の玄関先に生後間もない乳児が置き去りにされているのを見つけ、関わりになるのを恐れて、離れた公園まで運んで放置するような積極的な行為で、進んで生存に必要な保護をしないこと（不作為）は罪とはなりません。ただし、自己の占有する場所内に扶助を要する者がいることを知ったときは、速やかに公務員に申し出ることを要し、これを怠ると処罰の対象となります（軽犯罪法第1条18号）。

本罪における犯意は、扶助すべき者を遺棄する犯意で足り、被遺棄者の生命、身体に危害を加える認識は必要ないと解されています(注)。

(注)ただし、生命・身体に危険が及ぶとの認識を欠くとして、保護責任者遺棄等致死ではなく重過失致死とした東京高判昭60.12.10（82頁、重過失致傷罪の例）、生存に必要な保護をしていないとの認識がなく、遺棄の故意は認められないとした名古屋地平19.7.9がある。

2 保護責任者遺棄等罪

> 第218条 老年者、幼年者、身体障害者又は病者を保護する責任のある者がこれらの者を遺棄し、又はその生存に必要な保護をしなかったときは、3月以上5年以下の懲役に処する。

❷ 保護責任者遺棄等罪

本罪は、①高齢者や子ども、身体に障害がある者、病気の者を保護する責任がある者が、②これらの者を③「遺棄する」又は「生存に必要な保護をしない」ことにより成立する犯罪です。遺棄罪よりも重く処罰されます。

具体例としては、

- ● 親が炎天下の車の中に幼児を放置した
- ● 寝たきりで介護が必要な配偶者を自宅に放置した
- ● 一緒に薬物を使用した相手が意識不明となったにもかかわらず、適切な措置を講じなかった

などというケースが考えられます。

(1) 成立要件

① 保護責任者（身分犯）

本罪は保護責任を要素とする身分犯で、老年者、幼年者、身体障害者又は病者（意義は前条と同様、以下「要扶助者」という。）を保護する責任のある者です。

保護責任の根拠は、法令、契約、慣習、事務管理、条理（特に、**先行行為**）のいずれでも問題ないとされ(注)、例えば、子どもを育てる親、高齢者の介護を委託された介護士、病気の人を自宅に引き取った人などがあたります。

（注）大判大 8.8.30、大判大 15.9.28

② 要扶助者

前条同様、扶助を要する状態にある老年者等です。

③ 遺棄又は生存に必要な保護をしないこと

「遺棄」は「移置」と「置き去り」です。「生存に必要な保護をしないこと」とは、例えば、同居の重病の老人の面倒を見ないような、場所的隔離を伴わずに生存に必要な保護をしないことです。

(2) 他罪との関係

ア 殺人罪との関係

保護責任ある者が、殺意をもって要扶助者を遺棄し、又は生存に必要な保護をせずに死亡させた場合には殺人罪が成立し、本罪は同罪に吸収されます。

イ 業務上過失致傷罪との関係

業務上の過失により人を負傷させ、保護責任が生じたにもかかわらず同人を遺棄した場合には、業務上過失致傷罪と本罪との併合罪となります。

3 遺棄等致死傷罪

> 第219条 前二条の罪を犯し、よって人を死傷させた者は、傷害の罪と比較して、重い刑により処断する。

❸ 遺棄等致死傷罪

本罪は、❶遺棄罪、❷保護責任者遺棄等罪を犯し、その結果として要扶助者を死亡又は負傷させる犯罪で、結果的加重犯です。

遺棄行為又は生存に必要な保護をしなかったことと結果である致死傷との間に因果関係があることが必要です。

本罪の成立が認められた事例として

- ● 覚醒剤を注射されて錯乱状態に陥った少女に救急車を呼ぶなどの措置をとらずに立ち去り、同女を死亡させたケース(注1)
- ● 母親が4歳3カ月の男児を厳寒時に薄着のままベランダに放置して凍死させたケース(注2)
- ● 親が炎天下の自動車内に子供を放置して熱中症で死亡させたケース(注3)

などがあります。

（注1）最判平 1.12.15、（注2）大阪高判昭 53.3.14、（注3）静岡地浜松支判平 30.2.16、大阪地判平 30.7.18

本罪の罰則は、遺棄等致傷は 15 年以下の懲役、遺棄等致死は 3 年以上の有期懲役、保護責任者遺棄等致傷は 3 月以上 15 年以下の懲役、保護責任者遺棄等致死は 3 年以上の有期懲役です。

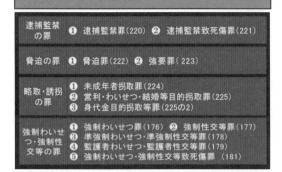

第3節　自由を害する罪

逮捕監禁の罪	❶ 逮捕監禁罪(220) ❷ 逮捕監禁致死傷罪(221)
脅迫の罪	❶ 脅迫罪(222) ❷ 強要罪(223)
略取・誘拐の罪	❶ 未成年者拐取罪(224) ❷ 営利・わいせつ・結婚等目的拐取罪(225) ❸ 身代金目的拐取等罪(225の2)
強制わいせつ・強制性交等の罪	❶ 強制わいせつ罪(176) ❷ 強制性交等罪(177) ❸ 準強制わいせつ・準強制性交等罪(178) ❹ 監護者わいせつ・監護者性交等罪(179) ❺ 強制わいせつ・強制性交等致死傷罪(181)

第1　逮捕・監禁の罪

| 逮捕・監禁の罪 | ── | 逮捕監禁罪(220) |
| | | 逮捕監禁致死傷罪(221) |

1　逮捕監禁罪

第220条 不法に人を逮捕し、又は監禁した者は、3月以上7年以下の懲役に処する。

(1) 成立要件

本罪の成立要件は、❶不法に、❷人を逮捕すること又は❸人を監禁することです。

❶「不法に」とは、正当な理由がなくという意味です。

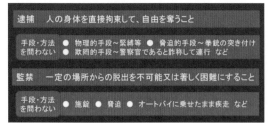

❷「逮捕」とは、人の身体を直接拘束して、その自由を奪うことをいいます。手段・方法を問わず、例えば、緊縛等の物理的手段、拳銃を突き付けて自由を拘束する等の脅迫的手段、警察官であると詐称して連行する等の欺罔的手段などが考えられます。

❸「監禁」とは、人を一定の場所から脱出することを不可能又は著しく困難にすることをいいます。必ずしも、絶対に脱出不可能という状態である必要はなく、一般にその場所から脱出することが困難な状態にすることで足ります(注1)。手段・方法を問わず、施錠した場所内に入れておくことはもちろん、脅迫を加えてその場から逃げることができなくすること、オートバイの荷台に乗せて疾走させ降車することを不可能にするようなこと(注2)も監禁の一態様です。

(注1)最判昭24.12.20、(注2)最決昭38.4.18

(2) 既遂時期

本罪には、未遂犯を処罰する規定がありません。既遂時期は、身体拘束又は行動の自由の拘束からの脱却が著しく困難になった時点です。

(3) 罪数

逮捕後、引き続き監禁した場合は、逮捕監禁罪一罪が成立します(注1)。

また、本罪は各個人の行動の自由を侵害するものですので、被害者1人ごとに一罪が成立し、1個の行為で同時に同一場所で複数の者を逮捕監禁した場合は、被害者の数に応じた数個の本罪が成立し、観念的競合となります(注2)。

(注1)、(注2)最判昭28.6.17

(4) 他罪との関係

ア　暴行罪・脅迫罪との関係

逮捕監禁の手段として行われた暴行・脅迫は、本罪に吸収され、別罪を構成しません(注1)。しかし、監禁とは全く別の動機・目的からなされた場合には、監禁罪のほかに暴行罪又は脅迫罪が成立し、両罪は併合罪となります(注2)。

イ　傷害罪との関係

初めから傷害を加える目的で監禁し、傷害を与えた場合は監禁罪と傷害罪が成立し併合罪となります(注3)。

ウ　恐喝罪との関係

恐喝の手段として逮捕監禁した場合は、恐喝罪と逮捕監禁罪との併合罪となります(注4)。

エ　殺人罪との関係

殺意をもって人を逮捕監禁して殺害した場合は、その**全体が殺人罪**を構成し、逮捕監禁致死罪は適用されません(注5)。他方、**逮捕監禁行為とは別個の行為により殺害した場合**は、逮捕監禁罪と殺人罪の併合罪となります(注6)。

(注1)大判昭 11.5.30、(注2)最判昭 28.11.27、(注3)最決昭 43.9.17、(注4)判例変更。牽連犯の関係に立つとされてきた(大判大 15.10.14)が、最判平 17.4.14 が「恐喝の手段として監禁が行われた場合であっても、両罪は、犯罪の通常の形態として手段又は結果の関係にあるものとは認められず、牽連犯の関係にはない」として併合罪とした。(注5)大判大 9.2.16、(注6)最判昭 63.1.29

2　逮捕監禁致死傷罪

第 221 条 前条の罪を犯し、よって人を死傷させた者は、傷害の罪と比較して、重い刑により処断する。

本罪は、逮捕監禁罪の**結果的加重犯**です。

(1) 成立要件

本罪が成立するためには、**人の死傷という結果**が、**逮捕監禁そのもの、逮捕監禁の手段としての行為から生じたことが必要**です(注)。

(注)名古屋高判昭 31.5.31

本罪の**成立が認められた事例**として

● 監禁場所から脱出しようとして、被害者が高さ 8.4 メートルの窓から飛び降り死亡したケース(注1)

● 自動車内に監禁された被害者が高速道路を走行中に飛び降り死亡したケース(注2)

● 自動車の後部トランクに監禁された被害者が、同車両が路上停車中、前方不注視の後続車両から追突され死亡したケース(注3)

などがあります。

(注1)東京高判昭 55.10.7、(注2)大阪高判平 14.11.26、(注3)最決平 18.3.27

(2) 罰則

逮捕監禁致傷罪は 3 月以上 15 年以下の懲役、逮捕監禁致死罪は 3 年以上の有期懲役です。

第2　脅迫の罪

脅迫の罪 ── 脅迫罪(222)
　　　　　└─ 強要罪(223)

1　概説

一般に「**脅迫**」というときは、他人に対して害悪を加えることを告知して、畏怖心を生じさせることです。しかし、条文上同じ「脅迫」であっても構成要件によって、その内容を若干異にしており、次のように整理することができます。

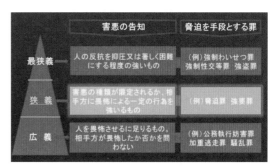

人を畏怖させるに足りる害悪の告知すべてを含み、その内容、性質、通知の方法、相手方が畏怖したか否かも問わないという**広義の脅迫**、内容的には広義の脅迫と同じではあるが、相手方に告げる害悪の種類が限定されるか、畏怖心により一定の行為を強いる**狭義の脅迫**、そして相手方の反抗を抑圧し又は著しく困難にする程度に畏怖させる**最狭義の脅迫**とに分けることができます。

2　脅迫罪

第 222 条 生命、身体、自由、名誉又は財産に対し害を加える旨を告知して人を脅迫した者は、2 年以下の懲役又は 30 万円以下の罰金に処する。
2　親族の生命、身体、自由、名誉又は財産に対し害を加える旨を告知して人を脅迫した者も、前項と同様とする。

(1) 成立要件

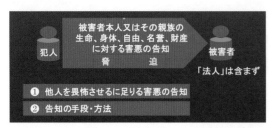

本罪の成立要件は、**被害者本人又はその親族の生命、身体、自由、名誉、財産に対して害を加えることを告知して人を脅迫すること**です。

害悪は、被害者本人かその親族の法益(注1)に関するものに限られ、これ以外の者、例えば恋人や内縁の配偶者などの法益は本罪の対象にはなりません。

「**脅迫**」は、❶他人を畏怖させるに足りる害悪の告知であることが必要で、その判断は、害悪の内容と被害者の性別、年齢、性格、社会的地位等の諸事情に照らして行われます。

❷告知の手段・方法には、特に制限はなく、**現実に相手方が畏怖したことも必要ありません**。畏怖させるに足りる害悪が相手方に知らされれば、その時点で**既遂**となります。未遂は処罰されませんので、害悪の告知が相手方に伝わらなかった場合は不可罰となります。

なお、「**法人**」は本罪の「人」には含まれません。法人への害悪の告知があっても、それが害悪の告知を受けた個人(例えば代表者、代理人等)の生命、身体、自由、名誉、財産に対する害悪の告知になる場合であれば、その**個人に対する脅迫罪**として問擬されます(注2)。

(注1) それぞれの法益への加害告知の例としては、生命に関しては「殺すぞ」「子どもをあの世に送ってやる」、身体に関しては「痛い目に合わせるぞ」、自由に関しては「子どもを拉致するぞ」「ここから帰れると思うな」、名誉に関しては「マスコミにリークしてやる」「写真をネット上にばらまくぞ」、財産に関しては、「車を使えなくしてやる」「火の元に注意しておけ」などが考えられる。(注2) 大阪高判昭 61.12.16、高松高判平 8.1.25

(2) 他罪との関係

ア 脅迫を構成要件の一部とする罪との関係

強制わいせつ、強制性交等、強要、強盗、事後強盗、恐喝、職務強要、加重逃走、公務執行妨害などの罪について、脅迫罪が別個に成立することはありません。

イ 暴行罪との関係

相手に暴行を加える旨告知して脅迫し、その通り暴行を加えた場合は、暴行罪のみが成立し脅迫罪は吸収されます(注1)。また、相手に暴行を加えた後、引き続いて同内容の危害を加える旨の脅迫行為をした場合もその脅迫行為は暴行罪によって包括的に評価され別罪を構成しません(注2)。

ウ 傷害罪との関係

手拳で殴打する傷害を加えた後、更に「叩き切ってやるぞ」と別個の害悪を告知し脅迫行為を行った場合には、例え脅迫行為が傷害行為の直後同一場所で行われた場合でも、傷害罪のほかに本罪が成立し併合罪となります(注3)。

エ 証人威迫罪との関係

脅迫を手段として、証人威迫を行った場合、証人威迫罪に加え、脅迫罪が成立し観念的競合となります(注4)。

(注1)大判大 15.6.15、(注2)東京高判平 7.9.26、(注3)東京高判昭 28.11.10、(注4)鹿児島地判昭 38.7.18

---

3 強要罪

第 223 条 生命、身体、自由、名誉若しくは財産に対し害を加える旨を告知して脅迫し、又は暴行を用いて、人に義務のないことを行わせ、又は権利の行使を妨害した者は、3年以下の懲役に処する。
2 親族の生命、身体、自由、名誉又は財産に対し害を加える旨を告知して脅迫し、人に義務のないことを行わせ、又は権利の行使を妨害した者も、前項と同様とする。
3 前二項の罪の未遂は、罰する。

本罪は、**暴行・脅迫の手段により人に一定の行為を強制すること**により成立する犯罪です。

(1) 成立要件

本罪の成立要件は、被害者本人（第1項）又はその親族（第2項）の❶生命、身体、自由、名誉、財産に対して害を加える旨を告知して脅迫し、又は❷暴行を用いて（第1項）、被害者に❸義務のないことを行わせ、又は❹権利の行使を妨害することです。

結果犯であり、❸又は❹が必要で、これが欠ければ、❺未遂となります。

❶ 脅迫

前条と同義で、客観的に見て相手方に畏怖心を生じさせて義務のないことを行わせ、又は権利の行使を妨害する程度のものであることを必要とします。

❷ 暴行

暴行は人に向けられた有形力の行使であれば、必ずしも人の身体に直接加えられることを要しません（78頁「広義の暴行」参照）。人の意思決定の自由を害し得る程度のものである必要はありますが、被害者の反抗を抑圧するほどの強度は必要ありません。

❸ 義務なきことを行わせる

犯人に何の権利もなく、被害者にも何ら義務もないのに、被害者に作為、不作為又は認容を余儀なくさせることです（注）。例えば、客が従業員の接客態度に言いがかりをつけ、土下座をさせるようなケースです。

（注）大判大 8.6.30

❹ 権利の行使を妨害する

被害者が法律上許されている作為、不作為に出ることを妨害することです。例えば、選挙権の行使、告訴権者の告訴、契約の解除などに関するものなどが考えられます。

❺ 強要未遂罪

強要未遂罪は、強要の手段としての脅迫又は暴行がなされたものの相手方に義務のないことを行わせ、又は権利の行使を妨害するに至らなかった場合に成立します（脅迫又は暴行と相手方の作為、不作為との間に因果関係が認められない場合を含む。）。なお、強要罪の手段として脅迫を行ったもののその目的を遂げなかった場合も、脅迫罪ではなく本罪にあたります（注）。

（注）大判昭 7.3.17

(2) 他罪との関係

強要罪が成立すれば、手段としての脅迫や暴行は別罪を構成しません。また、職務強要、強制わいせつ、強制性交等、逮捕監禁、威力業務妨害、強盗、恐喝の構成要件に当たる事実が本罪にも該当する場合であっても、これらの罪のみが成立し、本罪は別個に成立しません。

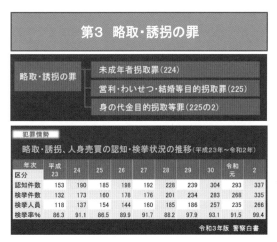

令和2年までの 10 年間の略取・誘拐、人身売買の認知・検挙状況の推移です。令和2年の認知件数は、10 年間で最多の 337 件、平成 23 年の 2.2 倍となっています（令和3年版『警察白書』）。

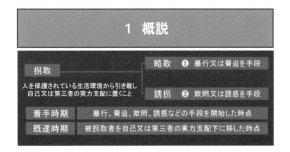

略取・誘拐の罪でいう「略取」と「誘拐」を合わせて「拐取」といい、人を保護されている生活環境から引き離して自己又は第三者の実力支配の下に置くこと（注）をいいます。「略取」は暴行又は脅迫を、「誘拐」は欺罔又は誘惑をそれぞれ手段とするものです。

拐取罪の着手時期は、暴行又は脅迫や欺罔又は誘惑などの手段を開始した時点、既遂時期は、被拐取者

を自己又は第三者の実力支配下に移した時点です。

（注）場所的移動の有無やその程度、自由拘束の程度やその時間の長短、被拐取者の年齢、犯行場所の情況、犯行の手段・方法等の諸事情が判断要素となる。

2 未成年者拐取罪

第224条 未成年者を略取し、又は誘拐した者は、3月以上7年以下の懲役に処する。

(1) 成立要件

本罪の成立要件は、❶未成年者を❷略取又は誘拐することです。

❶ 本罪の客体である「未成年者」とは、18歳未満の者をいい（民法第3条）、未成年者であれば、乳児であると成人に近い者であるとを問いません（注）

❷ 本罪の行為は「略取」又は「誘拐」することです。明確な暴行・脅迫がなくても、幼児をただ連れ去る行為も略取にあたり、例えば、SNSで知り合った家出願望の未成年者をその親に無断で自宅で生活させるような行為も誘拐にあたります。拐取の目的のいかんは問いません。

（注）大判明44.3.31

(2) 親権者による拐取と違法性

親権者自身が、実の子どもである未成年者を連れ出す場合に、拐取罪が成立するかが問題となります。

本罪の保護法益は「被拐取者の自由」と「保護監督者の監護権」であり（注1）、通説は、一方の親権者が他の親権者の権利を害することは可能である等の理由から親権者でも本罪の主体足り得ると解しています。

判例も、妻と離婚調停中の被告人が、保育園から祖母と帰宅しようとしていた長男（2歳）を抱きかかえて用意していた自動車に同乗させて連れ去ったという事案について、未成年者拐取罪の構成要件に該当するとした上で、違法性について

● 長男の監護養育上現に必要とされるような特段の事情は認められないから正当なものとはいえないこと

● 行為態様が粗暴で強引なものであること

● 長男が判断力を有しない幼児であること

● 略取後、監護養育について確たる見通しがあったとは認めがたいこと

等を踏まえ、家族内における行為として社会通念上許容され得る枠内にとどまるものと評することはできない、として違法性は阻却されず、未成年者拐取罪が成立するとしています（注2）。

（注1）大判明43.9.30、（注2）最決平17.12.6。また、別居中の妻（日本人）が監護養育していた幼女を母国オランダに連れ去る目的で入院中の病院から連れ出した父親の行為は、国外移送略取罪に当たることは明らかで、違法性が阻却されるような例外的な場合には当たらないとした最決平15.3.18。

(3) 被拐取者の同意と違法性阻却

行為の一例として挙げたSNSなどで知り合った家出願望の未成年者を自宅に泊めたりするようなケースでは、未成年者本人の同意が前提となりますが、たとえ未成年者の同意があっても、保護監督者の同意が得られていない場合には、本罪が成立します（注）。

（注）福岡高判昭31.4.14

(4) 未遂犯

本罪の未遂は処罰されます（第228条）。

(5) 親告罪

本罪は親告罪です（第229条）。

3 営利・わいせつ・結婚等目的拐取罪

第225条 営利、わいせつ、結婚又は生命若しくは身体に対する加害の目的で、人を略取し、又は誘拐した者は、1年以上10年以下の懲役に処する。

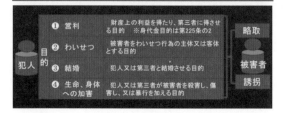

本罪は、営利、わいせつ、結婚又は生命、身体に対する加害のいずれかの目的（「目的犯」）で「人」を拐取した場合に成立する犯罪で、❹生命、身体への

加害目的は、暴力団関係者等が暴行を加える目的で略取・誘拐に及ぶケースに対処するため、平成17年の刑法改正時、追加されたものです。

「人」は、成年者であると未成年者であると、あるいは性別も問いません(注1)。

本罪の未遂は処罰されますが（第228条）、被害者が被拐取者又は第三者の事実的支配下に入れば既遂となり、目的達成の有無は問いません。

本罪は、非親告罪です(注2)。

(注1)大判明44.3.31、(注2)平成29年改正で非親告罪に。

4 身の代金目的拐取等罪

第225条の2 近親者その他略取され又は誘拐された者の安否を憂慮する者の憂慮に乗じてその財物を交付させる目的で、人を略取し、又は誘拐した者は、無期又は3年以上の懲役に処する。
2 人を略取し又は誘拐した者が近親者その他略取され又は誘拐された者の安否を憂慮する者の憂慮に乗じて、その財物を交付させ、又はこれを要求する行為をしたときも、前項と同様とする。

本条第1項「身の代金目的拐取罪」は、財物を交付させる目的で「略取又は誘拐する行為」を、同2項「拐取者身の代金要求罪」は、拐取した犯人が「財物を交付させる行為」又は「財物を要求する行為」をそれぞれ処罰の対象とするものです。

● 身の代金目的拐取罪（第1項）

(1) 成立要件

本罪の成立要件は、❶身代金取得の目的で、❷人を略取又は誘拐することです。

❶ 身の代金取得の目的

「近親者その他略取され又は誘拐された者の安否を憂慮する者の『憂慮に乗じて』その財物を交付させる目的」が必要です。

ア 近親者その他略取され又は誘拐された者の安否を憂慮する者

判例は、「同情から被拐取者の安否を気づかうにす

ぎないとみられる第三者は含まれないが、被拐取者の近親でなくとも、被拐取者の安否を親身になって憂慮するのが社会通念上当然とみられる特別な関係にある者はこれに含まれる」(注)としています。

イ 憂慮に乗じて

「憂慮に乗じて」とは、憂慮してい状態を利用すること、心配につけ込むことをいいます。

ウ その財物

「その財物」とは、被拐取者の安否を憂慮する者に属する財物をいいます。財物以外の財産上の利益を目的とする場合は、本罪ではなく前条の営利拐取罪にあたります。

(注)相互銀行の代表取締役が拐取され、同銀行幹部らに財物の要求をした事案に関する最決昭62.3.24

❷ 行為

略取又は誘拐することです。

(2) 未遂犯、予備

本罪は未遂（第228条）とともに、予備（第228条の3）も処罰されます。

(3) 他罪との関係

本罪の目的で未成年者を拐取した場合は、本罪のみが成立します。

● 拐取者身の代金要求罪（第2項）

(1) 成立要件

本罪の成立要件は、❶人を略取し又は誘拐した者（拐取者）が、❷近親者その他略取され又は誘拐された者の安否を憂慮する者の憂慮に乗じて、❸財物を交付させ又は財物を要求することです。

❶ 人を略取又は誘拐した者

本罪の主体である「人を略取又は誘拐した者」は、第1項の罪の主体のほか、未成年者拐取罪（第224条）、営利拐取罪（第225条）、所在国外移送目的拐取罪（第226条）の主体をも含みます。

❷については、前項を参照してください。

❸ 行為

財物を交付させ、又は財物を要求することです。

（2）既遂時期

財物を交付させた時点又は要求の意思表示をした時点で既遂となります。本罪には未遂犯の処罰規定はありません。

（3）他罪との関係

前項の身代金目的拐取罪の犯人が、本罪を犯した場合は牽連犯となります（注）。

（注）最決昭58.9.27

第4　強制わいせつ・強制性交等の罪

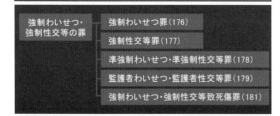

「強姦罪」を「強制性交等罪」に改め厳罰化　改正刑法が施行

平成29年6月、刑法の一部を改正する法律が成立し、同年7月13日施行されました。同法により、①従来の強姦が、強制性交等に改められ、被害者の性別を問わなくなり、かつ、性交（姦淫）に加え肛門性交及び口腔性交をも対象とし、法定刑の下限が引き上げられるとともに、②監護者わいせつ・監護者性交等が新設され、18歳未満の者を現に監護する立場による影響力に乗じたわいせつ行為や性交等が処罰されることとなり、③強姦、強制わいせつ等の罪は親告罪でしたが、これらの罪は、改正時に、監護者性交等の罪とともに非親告罪とされました。

1　強制わいせつ罪

第176条　13歳以上の者に対し、暴行又は脅迫を用いてわいせつな行為をした者は、6月以上10年以下の懲役に処する。13歳未満の者に対し、わいせつな行為をした者も、同様とする。

（1）成立要件

強制わいせつ罪は、13歳以上の者に対して、暴行又は脅迫を用いてわいせつな行為をした者と13歳未満の者に対してわいせつな行為をした者を処罰の対象とするものです。

ア　暴行又は脅迫

本罪にいう暴行又は脅迫は、必ずしも相手方の反抗を抑圧する程度のものである必要はなく（注1）、相手方の反抗を著しく困難にする程度のもので足ります。例えば、手足を押さえつけるような行為が典型です。

女性の意思に反して、陰部に指を挿入する場合など、暴行それ自体がわいせつ行為である場合を含みます（注2）。

（注1）大判大13.10.22、（注2）大判大14.12.10

イ　わいせつ行為

刑法上のわいせつの意義は「徒に性欲を興奮又は刺激せしめ、かつ普通人の正常な性的羞恥心を害し、善良な性的道義観念に反すること」とされています（注1）。わいせつ行為に当たるか否か、行為自体から客観的に判断できる場合もありますが、行為時の具体的状況（行為者と被害者との関係、各属性、周囲の状況や行為者の目的等の主観的な事情など）を考慮し、判断しなければならない場合もあります（注2）。

わいせつ行為に当たるとされた例として、判例上、キスする行為（注3）、着衣の上から女性の臀部を手のひらで撫でまわす行為（注4）、裸にして写真を撮る行為（注5）、少年の肛門に異物を挿入する行為（注6）などがあります。

（注1）最判昭26.5.10、（注2）最大判平29.11.29、（注3）東京高判昭32.1.22、（注4）名古屋高判平15.6.2、（注5）最判昭45.1.29、（注6）東京高判昭59.6.13

ウ　犯意

13歳未満の者に対するわいせつ行為には、13歳未満であることの認識が必要です（注1）。したがって、13

歳未満の相手方を「13歳以上」と認識して、同意を得てわいせつ行為をした場合には、本罪は成立しません（児童福祉法違反、いわゆる青少年健全育成条例違反の成立は格別。）。

また、13歳以上の相手方を「13歳未満」と認識して同意を得てわいせつ行為をした場合にも、本罪は成立しません（児童福祉法違反、いわゆる青少年健全育成条例違反の成立は格別。）。故意は存在しますが、「暴行・脅迫を用いて」という構成要件が欠落しています。

なお、13歳未満の者でも同意があればよいと思っていた場合は、法律の錯誤（注2）で故意は阻却されません。

（注1）最決昭44.7.25、（注2）アップ「総論」17頁参照

（2）着手時期

ア　13歳以上の者に対する場合

犯意をもって、その手段である**暴行又は脅迫を開始した時点**です。わいせつ行為を開始しなくても実行の着手が認められます（注）。

イ　13歳未満の者に対する場合

犯意をもって、**わいせつ行為を開始した時点**です。

（注）最判昭28.3.13

（3）未遂犯

本罪の**未遂は処罰されます**（第180条）。

（4）非親告罪

本罪は親告罪ではありません。

（5）他罪との関係

ア　本条前段と後段との関係

13歳以上と誤信して13歳未満の者に対して暴行又は脅迫を加えてわいせつ行為を行った場合は、本条一罪が成立します（注1）。

イ　住居侵入罪との関係

住居侵入を手段として本罪を犯した場合は、牽連犯となります（注2）。

（注1）最決昭44.7.25、（注2）東京高判昭45.12.3

2　強制性交等罪

第177条　13歳以上の者に対し、暴行又は脅迫を用いて性交、肛門性交又は口腔性交（以下「性交等」という。）をした者は、強制性交等の罪とし、5年以上の有期懲役に処する。13歳未満の者に対し、性交等をした者も、同様とする。

本罪は、13歳以上の者と13歳未満の者とで手段に差がある点、主体に制限はなく、客体も男女を問わない点で、強制わいせつ罪と同様です。

（1）成立要件

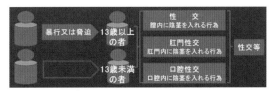

ア　暴行又は脅迫

本罪にいう**暴行又は脅迫**は、被害者を抗拒不能に陥らせることまでは必要ありませんが、**反抗を著しく困難にする程度**のものでなければなりません（注1）。その程度は、被害者の年齢、精神状態、健康状態、犯行の時刻・場所・態様その他諸般の事情を考慮し、社会通念に従って判断されます（注2）。

（注1）最判昭24.5.10、（注2）最決昭33.6.6

イ　性交等

「**性交**」とは膣内に陰茎を入れる行為で、「**肛門性交**」とは肛門内に陰茎を入れる行為、「**口腔性交**」は口腔内に陰茎を入れる行為をいいます。

自己又は第三者の膣内、肛門内、口腔内に被害者の陰茎を入れる行為を含みます。

ウ　犯意

a　13歳以上の者に対する場合

暴行又は脅迫が、性交等の手段とする意思でなされることが必要です。

b　13歳未満の者に対する場合

13歳未満の者であることの認識が必要です（注）。年齢の認識をめぐる問題については、強制わいせつ罪の該当部分を参照して下さい。

（注）大判大14.4.23

（2）相手方の承諾

13歳以上の相手方の真意の承諾がある場合には、

本罪は成立しませんが、相手方が 13 歳未満の場合は、その同意・承諾があっても本罪が成立します。

（3） 着手時期

強制わいせつ罪の該当部分を参照してください。

（4） 未遂犯

本罪の未遂は処罰されます（第180条）。

（5） 非親告罪

本罪は親告罪ではありません。

（6） 他罪との関係

ア　本条前段と後段との関係

13 歳以上と誤信して 13 歳未満の者に対して暴行又は脅迫を加えて性交等を行った場合は、本条一罪が成立します(注1)。

イ　住居侵入罪との関係

住居侵入を手段として本罪を犯した場合は、牽連犯となります(注2)。

（注1）大判大 2.11.19、（注2）大判大 7.5.12

3　準強制わいせつ・準強制性交等罪

第178条　人の心神喪失若しくは抗拒不能に乗じ、又は心神を喪失させ、若しくは抗拒不能にさせて、わいせつな行為をした者は、176 条の例による。
2　人の心神喪失若しくは抗拒不能に乗じ、又は心神を喪失させ、若しくは抗拒不能にさせて、性交等をした者は、前条の例による。

| 心神喪失又は抗拒不能に乗じ | わいせつ行為 第1項 | 準強制わいせつ罪 |
| 心神を喪失させ又は抗拒不能にさせて | 性交等 第2項 | 準強制性交等罪 |

本罪は、人の心神喪失若しくは抗拒不能に乗じ、又はそのような状態にさせて、わいせつな行為（第1項）や性交等（第2項）を行った者を処罰の対象とするものです。

（1） 心神喪失、抗拒不能

本罪にいう「心神喪失」とは、精神機能の障害によって正常な判断能力を失っている状態をいいます。例えば、高度の精神疾患・精神薄弱(注1)などの状態です。

また「抗拒不能」とは、心神喪失以外の理由で、

心理的又は物理的に抵抗が不可能ないし著しく困難な状態をいいます(注2)。心神喪失、抗拒不能にさせる手段・方法には制限はなく、例えば、泥酔、熟睡(注3)をはじめ催眠術(注4)や覚醒剤(注5)を用られた場合や祈祷に不可欠な行為だと信じ込んだ場合(注6)などがあります。

（注1）福岡高判昭 41.8.31、（注2）名古屋高判昭 28.10.7、（注3）仙台高判昭 32.4.18、（注4）東京高判昭 51.8.16、（注5）福岡高判昭 54.6.13、（注6）広島地三次支判昭 40.1.7

（2） 犯意

心神喪失又は抗拒不能に乗じる場合には、相手方がその状態にあることの認識が必要です。

（3） 未遂犯

本罪の着手時期は、本条前段は、相手方の心神喪失、抗拒不能の状態を利用してわいせつ行為や性交等の行為を開始した時点です。後段は、犯意をもって相手方を心神喪失、抗拒不能に陥らせるための行為を開始した時点です。未遂も処罰されます(第180条)。

4　監護者わいせつ・監護者性交等罪

第179条　18歳未満の者に対し、その者を現に監護する者であることによる影響力があることに乗じてわいせつな行為をした者は、第176条の例による。
2　18 歳未満の者に対し、その者を現に監護する者であることによる影響力があることに乗じて性交等をした者は、第 177 条の例による。

本罪は、監護者であることの影響力を利用しての、18 歳未満の者に対するわいせつ行為、性交等を強制わいせつ、強制性交等と同様に処罰の対象とするものです。

（1） 成立要件

ア　主体

18 歳未満の者を現に監護する者で、本罪は身分犯

です。「監護する」とは、民法第820条に規定されているのと同様、監督、保護することをいい、「現に監護する者」とは、事実上、18歳未満の者を現に監督し、保護する者をいいます。したがって、経済的にも精神的にも監護といえる実態がなければこれには当たりません。

具体的には、

・ 同居の有無、居住場所に関する指定等の状況
・ 指導状況、身の回りの世話等の生活状況
・ 生活費の支出などの経済的状況
・ 未成年者に関する諸手続等を行う状況

などの諸事情を考慮して判断されます。

現に監護する者と認められた例としては、

● 約9年間にわたり被害者と同居して養父として被害者の日常生活の指導・監督を行うなどしていた場合(注1)
● 内縁の妻の娘である被害者と同居してその寝食の世話及び指導・監督をしていた場合(注2)

などがあります。

(注1)福岡地判平30.1.24、(注2)長崎地判令2.3.24

イ 客体

18歳未満の者です。

ウ 犯意

自己が18歳未満の者を現に監護する者であること、現に監護する者であることによる影響力があることに乗じること、わいせつ行為又は性交等を行うことの認識が必要です。

エ 行為

a 監護者わいせつ罪(第1項)

18歳未満の者に対し、その者を現に監護する者であることによる影響力があることに乗じて、わいせつな行為をすることです。わいせつな行為は、強制わいせつ罪(第176条)のそれと同様です。

b 監護者性交等罪(第2項)

18歳未満の者に対し、その者を現に監護する者であることによる影響力があることに乗じて、性交等をすることです。性交等は、強制性交等罪(第177条)のそれと同様です。

「影響力」とは、現に生活全般にわたって、衣食住などの経済的な観点や生活上の指導・監督などの精神的な観点から18歳未満の者を監督し、保護することにより生じる影響力をいいます。

「影響力があることに乗じて」とは、監護者が18歳未満の者に対する影響力を利用してという意味で、積極的・明示的な作為は必要ありません。

(2) 被害者の同意

18歳未満の者が抵抗することなくわいせつ行為、性交等に応じたとしても、本罪の成否には影響しません。

(3) 未遂犯

本罪の未遂は処罰されます(第180条)。

(4) 非親告罪

本罪は親告罪ではありません。

(5) 他罪との関係

ア 強制わいせつ罪、強制性交等罪との関係

現に監護する者が、暴行・脅迫を用いてわいせつ行為又は性交等に及べば、強制わいせつ罪又は強制性交等罪のみが成立します。

イ 児童福祉法違反(「児童に淫行させる行為」)との関係

本罪と児童福祉法違反とは観念的競合となります。

5 強制わいせつ・強制性交等致死傷罪

第181条 第176条、第178条第1項若しくは第179条第1項の罪又はこれらの罪の未遂罪を犯し、よって人を死傷させた者は、無期又は3年以上の懲役に処する。
2 第177条、第178条第2項若しくは第179条第2項の罪又はこれらの罪の未遂罪を犯し、よって人を死傷させた者は、無期又は6年以上の懲役に処する。

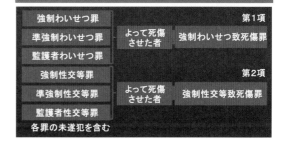

本罪は、強制わいせつ罪、強制性交等罪などから死傷の結果が生じた場合の**結果的加重犯**です。死傷の結果が生じれば、強制性交等などの行為が**未遂**であっても本罪は成立します。

(1) 因果関係

強制わいせつ罪、強制性交等罪などを犯したことと死傷の結果との間に因果関係があることが必要です。

(2) 死傷の結果

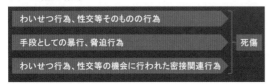

死傷の結果は、わいせつ行為、性交等そのものから生じた場合はもとより、**手段としての暴行・脅迫から生じた場合**（注1）、さらにはわいせつ行為や性交等の機会に行われた**密接関連行為**から生じた場合も含まれます（注2）。密接関連行為としては、被害者が逃げるために2階から飛び降り負傷したケース（注3）、被害者が逃げるために海中に入り、溺死したケース（注4）などがあります。

（注1）最決昭 43.9.17、（注2）大判明 44.6.29、（注3）最決昭 35.2.12、（注4）福岡高判那覇支判昭 49.4.24

(3) 傷害の意義

本罪の「傷害」には、通常の創傷、挫傷、擦過傷などのほか処女膜裂傷も含まれます（注）。

（注）最判昭 24.7.12、最判昭 25.3.15、最決昭 34.10.28

第4節　私生活の平穏を害する罪

第1　住居を侵す罪

1　住居侵入罪

> 第 130 条（前段）　正当な理由がないのに、人の住居若しくは人の看守する邸宅、建造物若しくは艦船に侵入した者は、3年以下の懲役又は 10 万円以下の罰金に処する。

住居侵入罪は、正当な理由がないのに人の住居等に侵入することにより成立する犯罪です。

(1) 成立要件

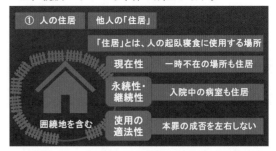

❶　人の住居等

本罪の**客体**は、人の住居と人の看守する邸宅、建造物、艦船です。

①「人の住居」とは、他人の住居、犯人がそこに住んでいない住居をいいます。

家出中の息子が強盗目的で実父宅に侵入する行為（注1）、別居中の夫が、妻の不貞の現場の写真を撮りに侵入する行為（注2）など同居していない者については、親族であっても本罪が成立します。

「住居」とは、人の起臥寝食に使用する場所をいいます（注3）。

人が**現在**していることは不要で、一時不在中も住居です。**永続性・継続性**も必須条件ではなく、例えば、

旅館、ホテル(注4)、入院中の病室(注5)も住居にあたります。

また、家賃の不払いなどによる**不法な占拠**について、判例は、法律上正当な権原をもって居住しているか否かは犯罪の成否を左右するものではない(注6)としています。したがって、家賃を払わない賃借人を追い出すために家主が侵入する行為は本罪にあたります。

住居の**囲繞地**（柵等で周りを囲んでいる土地）も住居に含まれます(注7)。

(注1)最判昭 23.11.25、(注2)東京高判昭 58.1.20、(注3)大判大 2.12.24、(注4)名古屋高判昭 26.3.3、(注5)東京高判平 11.7.16、(注6)最決昭 28.5.14、(注7)福岡高判昭 57.12.16、（かつて囲繞地は「邸宅」に含まれていた。最判昭 32.4.4）

②「人の看守する邸宅」の「人の看守する」とは、他人が事実上管理・支配している状態をいいます。例えば、管理人や監視員が配置されている、施錠しその鍵を保管しているような場合です。

「邸宅」とは、住居用に作られたが、現に住居に使用されていないものをいい、空き家やシーズンオフの別荘などがこれにあたります。邸宅の**囲繞地**も邸宅に含まれます。

③「建造物」とは、住居用以外の建物一般を指し、その要件として、●屋根を有し壁又は柱によって支えられたもの、●土地に定着しているもの、●人の出入りが可能なもの、でなければなりません(注1)。例えば、官公庁の庁舎、学校、事務所、工場、駅舎、神社、寺院などです。建造物の**囲繞地**も「建造物」に含まれます(注2)。

(注1)大判大 3.6.20、(注2)最判昭 51.3.4「囲繞地であるためには、その土地が建物に接し、その周辺に付属して存在する土地で、

建物の管理者が外部との境界に門・塀等を設けているか、少なくとも外部との交通を阻止し得る程度の構造を有するものを設置することにより、当該建物の付属地として建物利用のために供されるものであることが外観上明示されており、さらに、その土地への侵入により、建物自体への侵入と同程度又はこれに準ずる程度に建造物利用の平穏が害され又は脅かされる状況になければならない。」

④「艦船」とは、軍艦及び船舶をいいます。

❷ 行為、正当な理由なく侵入

本罪の**行為**は正当な理由なく侵入することで、住居権者の意思に反して立ち入ることをいいます(注1)。公然、非公然を問わず、平穏を害する態様のものであるか否か(注2)、侵入を禁止する旨の外部的表示の有無も問いません。

(注1)最判昭 58.4.8、(注2)東京高判昭 27.4.24

(2) 着手及び既遂時期

本罪の既遂時期は、体の全部を客体の中に入れた時点です。したがって、犯人が塀によじ登っているときや侵入のために鍵を壊し、ドアを開けて、まさに内部に入り込もうとした際に発見された場合は、本罪の未遂です。

(3) 未遂犯

本罪の**未遂**は処罰されます（第132条）。

(4) 罪数

住居侵入の犯人が、住居者等から退去を要求されてこれに応じなかった場合、別個に不退去罪は成立しません(注)。

(注)最判昭 31.8.22

(5) 他罪との関係

住居侵入罪と**窃盗罪**(注1)、**強盗罪**(注2)、**強制性交等罪**(注3)などは**牽連犯**となります。侵入した住居内で暴行、**傷害**を行った場合も**牽連犯**(注4)です。建造物に侵入し、建造物内で**威力業務妨害**(注5)に及んだ場合や、住居に侵入して**放火**(注6)した場合も牽連犯です。

(注1)最判昭和 28.2.20、(注2)最判昭 25.9.21、(注3)大判昭 7.5.12、(注4)高松高判昭 38.2.25、(注5)京都地判昭 44.8.30、(注6)大判昭 7.5.25

2 不退去罪

第130条（後段） 要求を受けたにもかかわらず人の住居若しくは人の看守する邸宅、建造物若しくは艦船から退去しなかった者は、3年以下の懲役又は10万円以下の罰金に処する。

本罪は、**要求を受けて退去しない行為を処罰の対象**とするもので**真正不作為犯**(注)です。

(注)構成要件が明白に不作為を定めている罪（アップ「総論」19頁参照）

本罪の**主体（犯人）**は、人の住居等（住居侵入罪の客体と同じ。）に立ち入った者で、**適法に又は過失により立ち入った者**です。

退去要求できる者は、**居住者、看守者、管理者又はこれに代わるべき者**です。

退去の要求は**正当なもの**で、**言語又は動作により相手方に了知されるものである必要**があります(注1)。

本罪は、退去を要求されたからといって即座に既遂となるわけではなく、**退去に要する合理的な時間を超えて故意に退去しなかった場合**に成立します。

本罪が成立するか否かは、**行為者の滞留の目的、その間になされた行為、居住者等の意思に反する程度、滞留時間等を考慮**し、住居の平穏が乱されたか否かにより決せられます(注2)。

本罪は、**退去するまで犯罪が継続する継続犯**です。

威力業務妨害罪との関係、例えば、客が店に対するクレームを言い続け、店側から退去を要求されたにもかかわらず居座り続け、業務を妨害したような場合、本罪と威力業務妨害罪は**観念的競合**となります(注3)。

(注1)大阪高判昭 57.5.13、(注2)東京高判昭 45.10.2、(注3)最判昭 53.3.3

第5節　名誉、信用・業務を害する罪

名誉に対する罪	❶ 名誉毀損罪（230、230の2）
	❷ 侮辱罪（231）
信用・業務に対する罪	❶ 信用毀損罪（233前段）
	❷ 偽計業務妨害罪（233後段）
	❸ 威力業務妨害罪（234）
	❹ 電子計算機損壊等業務妨害罪（234の2）

第1　名誉に対する罪

| 名誉に対する罪 | 名誉毀損罪（230、230の2） |
| | 侮辱罪（231） |

「侮辱罪」厳罰化　刑法改正

インターネット上での他人に対する誹謗中傷。令和2年に女子プロレスラーがSNS上で中傷を受けた後、急死したのを契機に侮辱罪の見直しをめぐる議論が拡大し、令和4年6月13日、インターネット上の誹謗中傷対策として侮辱罪を厳罰化する刑法の一部を改正する法律が国会で可決、成立、同年7月7日から施行されました。従来の法定刑「拘留（30日未満）又は科料（1万円未満）」に「1年以下の懲役・禁錮又は30万円以下の罰金」が加わり、公訴時効も1年から3年に延長されました。

令和3年中のインターネット上の掲示板やSNS等のコミュニティサイトなどをめぐる名誉毀損罪や侮辱罪での検挙件数は、前年から＋40件の353件となっています(注)。

(注)「令和3年におけるサイバー空間をめぐる脅威の情勢等について」令4.4.7、警察庁。名誉毀損罪315件、侮辱罪38件。

1　概説

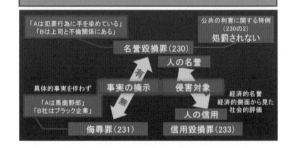

まず、名誉毀損罪（第230条）と侮辱罪（第231条）、名誉毀損罪と信用毀損罪（第233条）との関係です。

名誉毀損罪と**侮辱罪**は、保護法益を同じくしますが、**事実の摘示の有無**で区別されます。例えば、「Aは犯罪行為に手を染めている」という表現は具体的事実を伴っていますが、「Aは馬鹿野郎」、「B社はブラック企業」というのは事実の摘示がありません。

次に、**名誉毀損罪**と**信用毀損罪**は、**侵害される対象（客体）**により区別され、信用毀損罪の客体は「人の『信用』」、すなわち**経済的名誉**、経済的側面から見た社会的評価で、名誉毀損罪の客体は、それ以外の人の名誉になります。

また、名誉毀損罪にあたる行為であっても**公共の利害に関する場合の特例**（第230条の2）により処罰されない場合があります。

2 名誉毀損罪

第230条 公然と事実を摘示し、人の名誉を毀損した者は、その事実の有無にかかわらず、3年以下の懲役若しくは禁錮又は50万円以下の罰金に処する。
2 死者の名誉を毀損した者は、虚偽の事実を摘示することによってした場合でなければ、罰しない。

本罪（第1項）にいう「人の名誉」の「人」には、行為者以外の人をはじめ**法人、その他の団体も含まれます**。「名誉」とは、個人や企業、団体などが社会から受ける**積極的評価**をいい、人の経済的名誉については、信用毀損罪（第232条）の対象で本罪には含まれない(注)ことは前述しました。

(注)大判大 5.6.26

(1) 成立要件

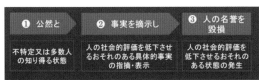

本罪の成立要件は、❶公然と、❷事実を摘示し、❸人の名誉を毀損することです。

❶「**公然**」とは、**不特定又は多数人の知り得る状態**をいいます(注)。特定であっても多数であればよく、少数であっても不特定であればよいとされています。不特定の者が閲覧可能なインターネット上の書き込みは「公然」にあたります。

また、**知り得る状態にあればよく**、現実に了知されることは要しません。

(注)最判昭 36.10.13

❷「**事実を摘示し**」とは、**人の社会的評価を低下させるおそれのある具体的な事実を指摘・表示すること**をいいます。

ア 対象者の特定

必ずしも氏名などが表示されている必要はありませんが、その**内容から第三者に容易に人物の特定が可能であること**が必要です(注)。

(注)最判昭 28.12.15

イ 内容

悪事醜行に限らず(注1)、既に公知の事実でもよく(注2)、真実か虚偽かも問わず、伝聞(注3)や噂(注4)として述べても摘示になります。

(注1)大判大 7.3.1、(注2)大判昭 10.4.1、(注3)東京高判昭 30.2.28、(注4)最決昭 43.1.18

ウ 手段・方法

手段・方法は問わず、例えば、わいせつな写真と被害者の顔写真を組み合わせたものを公衆の目に触れるところに掲示する行為(注1)や露天風呂に入浴中の女性のいわゆる盗撮画像(注2)も公然と示せば事実の摘示にあたります。

(注1)横浜地判平 5.8.4、(注2)東京地判平 14.3.14

❸「**人の名誉を毀損した**」とは、**人の社会的評価を低下させるおそれのある状態を発生させること**をいい、現実に被害者の社会的評価が低下したことは必要ありません(注)。

(注)大判昭 13.2.28

本罪の「**犯意**」としては、他人の社会的評価を低下させるおそれのある事実を不特定又は多数人が認識し得る形で摘示していることの認識（未必で足りる。）が必要です。名誉毀損の意図や目的を有している必要はありません(注)。

(注)大判昭 13.7.14、東京高判昭 47.7.17

(2) 既遂時期

本罪は、人の名誉を毀損するおそれのある具体的事実を摘示した時点で既遂となり（抽象的危険犯(注1)）、例えば、インターネット上に特定の人の名誉を害する内容を発信すれば、その時点で既遂となります(注2)。

(注1)法益侵害のおそれをもって既遂とするもので、現実に法益侵害がなされたか否かを問わない。(注2)大阪高判平16.4.22

(3) 罪数

本罪は、原則として名誉を害された**被害者ごとに一罪**が成立し、それが1個の行為で行われれば観念的競合となります。

(4) 他罪との関係

一個の行為により**名誉毀損罪**と**侮辱罪**の両罪にあたる行為をした場合は、いわゆる**法条競合**として**本罪一罪**となります(注1)。

また、一個の行為により**信用**とそれ以外の名誉を同時に毀損した場合は、信用毀損罪と本罪との**観念的競合**となります(注2)。

(注1)大判大3.11.26、(注2)大判大5.6.1

(5) 親告罪

本罪は、**親告罪**です（第232条）。

● 死者名誉毀損罪（第2項）

本罪は、虚偽の事実を摘示して死者の名誉を毀損することにより成立する犯罪です。

摘示事実が真実であるときには本罪は成立しません。

本罪の犯意は、死者の名誉を毀損すること及びその事実が虚偽であることの確定的な認識です。

本罪も**親告罪**（第232条）で、**告訴権者**は死者の**親族又は子孫**です（刑事訴訟法第233条1項）。

2-1 公共の利害に関する場合の特例

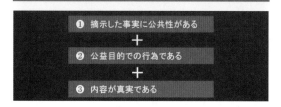

第230条の2 前条第1項の行為が公共の利害に関する事実に係り、かつ、その目的が専ら公益を図ることにあったと認める場合には、事実の真否を判断し、真実であることの証明があったときは、これを罰しない。

2 前項の規定の適用については、公訴が提起されるに至っていない人の犯罪行為に関する事実は、公共の利害に関する事実とみなす。

3 前条第1項の行為が公務員又は公選による公務員の候補者に関する事実に係る場合には、事実の真否を判断し、真実であることの証明があったときは、これを罰しない。

❶ 摘示した事実に公共性がある

＋

❷ 公益目的での行為である

＋

❸ 内容が真実である

死者以外に対する名誉毀損罪にあたる行為について、❶その行為が公共の利害に関し、かつ、❷専ら公益を図る目的で、❸真実を述べた場合には、名誉毀損罪は成立しないとされています。この場合、摘示された事実のうち重要な部分が真実であればよいのですが、真実であることは被告人が立証しなければなりません（立証責任の転換）。

なお、公訴提起前の犯罪行為に関する事実についてはその公共性が推定され、公務員又は公選による公務員の候補者に関する事実については、事実の公共性及び公益目的の双方が推定されます。

さらに、判例上、真実の証明がない場合でも行為者が真実であると誤信したことについて、確実な資料、根拠に照らして相当の理由があるときは、犯意がないものとして本罪は成立しない(注)とされています。

(注)最判昭44.6.25、最決平22.3.15

3 侮辱罪

第 231 条 事実を摘示しなくても、公然と人を侮辱した者は、1年以下の懲役若しくは禁錮若しくは 30 万円以下の罰金又は拘留若しくは科料に処する。

① 事実を摘示せず ② 公然と ③ 人を侮辱

本罪は、❶事実を摘示することなく、❷公然と、❸人を侮辱することにより成立する犯罪です。

本罪にいう「**侮辱**」とは、他人に対する軽蔑の表示であり、人の社会的評価を低下させるような抽象的な判断・批評を表現することをいいます。

本罪の犯意としては、他人の社会的評価を低下させるおそれがあることを公然と表現するという認識で足ります。

本罪も**抽象的危険犯**であり、人に対する社会的評価を低下させるおそれがある軽蔑の表示が公然となされた時点で既遂となります。

本罪も**親告罪**です（第 232 条）。

第2 信用・業務に対する罪

信用・業務に対する罪
信用毀損・偽計業務妨害罪（233）
威力業務妨害罪（234）
電子計算機損壊等業務妨害罪（234の2）

「バイトテロ」いたずらのつもりが偽計業務妨害罪

信用・業務に対する罪の身近な例として、インターネット上の口コミサイトに「A店で食事をしたら異物が混じっていた」と虚偽の投稿をしたり、他人を装って飲食店に偽の出前注文や宴会予約をしたり、あるいはアルバイトが店内で不衛生な悪ふざけをする様子を動画投稿サイトやSNSなどに投稿して拡散させる（俗にいう「バイトテロ」）などのケースについて、その成否が問擬されています。

1 信用毀損・偽計業務妨害罪

第 233 条 虚偽の風説を流布し、又は偽計を用いて、人の信用を毀損し、又はその業務を妨害した者は、3年以下の懲役又は 50 万円以下の罰金に処する。

① 虚偽の風説を流布	③ 人の信用を毀損	信用毀損罪
② 偽計を用い	④ 人の業務を妨害	業務妨害罪
⑤ 犯意		

(1) 信用毀損罪（前段）

本罪は、経済的な側面における人の社会的評価を保護するものです（注1）。

本罪にいう「人の信用」の「人」とは、行為者以外の人をいい、法人、その他の団体も含まれます。

人の特定については、名誉毀損罪と同様、誰を指すのか推知できる程度に至っていることが必要です。

「信用」とは、人の支払能力又は支払意思に対する社会的信頼に限らず、販売される商品の品質に対する社会的な信頼も含まれます（注2）。

（注1）（注2）最判平 15.3.11

ア 成立要件

本罪の成立要件は、虚偽の風説を流布又は偽計を用い、人の信用を毀損することです。

❶「虚偽の風説を流布」とは、事実と異なった噂を不特定又は多数人に伝える行為をいいます。

「虚偽」には、事実無根の場合はもちろん、一部の虚偽や基本となる実在の事実に虚偽を付加する場合も含まれます。虚偽であることの認識が必要ですので、他人の話を真実だと思って伝えたような場合には、本罪は成立しません。

風説の出所や根拠の明確さ、行為者自身の捏造によるものか否かを問いません（注1）。

流布の方法にも制限はなく、他人の口を利用して順次、不特定又は多数人に伝わればよく、特定少数の者に告知した場合も流布にあたります（注2）。この点、名誉毀損罪の「公然と摘示」とは異なります。

（注1）大判大 2.1.27、（注2）大判大 5.12.18

❷「偽計を用い」とは、人を欺罔・誘惑し、又は他人の錯誤又は不知を利用する不正な手段をいいます。

❸「人の信用を毀損」とは、人の信用を低下させる
おそれのある状態を生じさせることで、現実に人の信用
が低下することは要しません(注)。

(注)大判明 44.4.13、抽象的危険犯

❺本罪の犯意として、虚偽の風説を流布し、又は
偽計を用いることの認識とその結果人の信用を低下さ
せるおそれのある状態が生じることの認識（未必的で
足りる。）が必要です。

イ 罪数

1個の行為で本罪と偽計業務妨害罪を犯した場合は、
本罪一罪が成立します(注1)。

虚偽の風説の流布によって、人の信用を毀損すると
ともに名誉をも毀損した場合は、本罪と名誉毀損罪の
観念的競合となります(注2)。

(注1)大判昭 3.7.14、(注2)大判大 5.6.26

(2) 偽計業務妨害罪(後段)

本罪にいう「業務」とは、人が社会生活を維持す
る上で、反復・継続して従事する仕事をいいます。

公務と業務妨害罪については、次の威力業務妨害
罪の項を参照してください。

本罪の成立要件は、❶虚偽の風説を流布、又は❷
偽計を用い、❹人の業務を妨害することです。

❷本罪の偽計に当たるとされた行為として

● 外面からわからない程度に障害物を漁場の
海底に沈める行為(注1)

● 他社の購読者を奪うため紛らわしい名称に
改名して体裁も酷似させた新聞を発行し続け
る行為(注2)

● 中華そば店に3カ月の間に970回の無言電
話を繰り返す行為(注3)

● デパートの売り場の布団に前後16回に
わたり計469本の縫い針を混入させる行為
(注4)

● 業務用電力量計に工作しメーターを逆回転
させて使用電力量より少ない量を指示させた
行為(注5)

などがあります。

(注1)大判大 3.12.3、(注2)大判大 4.2.9、(注3)東京高判昭
48.8.7、(注4)大阪地判昭 63.7.21、(注5)福岡地判昭 61.3.3

❹「人の業務を妨害」とは、現に業務妨害の結果
の発生を必要とせず、業務を妨害するおそれのある状
態を生じさせることをいいます(注)。

(注)最判昭 28.1.30、抽象的危険犯

❺本罪の犯意として、虚偽の風説を流布し、又は
偽計を用いることの認識とその結果業務を妨害するお
それのある状態が生じることの認識（未必的で足りる。）
が必要です。

2 威力業務妨害罪

第 234 条 威力を用いて人の業務を妨害した者も、前条の例による。

(1) 成立要件

❶ 威力を用い　❷ 人の業務を妨害

本罪の成立要件は、❶威力を用いて、❷人の業務を
妨害することです。

❶ 「威力」とは、人の意思を制圧するに足りる勢力
を用いることをいいます(注1)。暴行、脅迫はもちろん、
地位、権勢を利用する場合も含まれます。

この勢力は、客観的にみて相手方の自由意思を
制圧するに足りるものであればよく、現実に相手方が
自由意思を制圧されたことは必要ありません(注2)。

威力に当たるか否かの判断は、犯行の日時・場所、
犯人側の動機・目的、人数、勢力の態様、業務の種
類、被害者の地位等諸般の事情を考慮して客観的に
判断されます(注3)。

本罪の威力に当たるとされた行為として

● 多数の客が飲食中の食堂内で数人共同して怒
鳴り散らし騒然とさせる行為(注4)

● 演劇開演の直前に舞台に上がり演劇を中止さ
せると怒号する行為(注5)

● 操業中の織機の運転を停止させるため配電盤
のスイッチを切断する行為(注6)

● 中国経済貿易展覧会会場に掲示された国家主
席の写真に生卵を投げつける行為(注7)

● 猫の死骸を被害者の事務机の引出内に入れる

行為(注8)

● 答弁中の参議院本会議場の演壇に向かって靴（スニーカー）を投げつける行為(注9)

● インターネット掲示板に文化センターの講座の教室に放火するかのような書き込みをする行為(注10)

などがあります。

(注1)最判昭 47.3.16、(注2)(注3)最判昭 28.1.30、(注4)大判昭 10.9.23、(注5)仙台高判昭 25.2.14、(注6)大阪高判昭 26.10.22、(注7)大阪地判昭 40.2.25、(注8)最決平 4.11.27、(注9)東京高判平 5.2.1、(注10)東京高判平 20.5.19

❷ 業務妨害

本罪にいう「業務」も前条と同様で、本罪も**抽象的危険犯**ですので、現実に業務妨害の結果が生じたことは必要なく、その結果を発生させるおそれのある行為をすれば足ります(注)。

(注)最判昭 28.1.30

本罪の犯意は、自らの行為が人の意思を制圧するような勢力を行使して、他人の業務を妨害するおそれのある行為であることの認識があれば足り、相手方の業務を妨害しようとする意思までは必要ありません(注)。

(注)東京高判平 20.5.29

(2) 公務と「業務」との関係

公務員の職務を暴行・脅迫により妨害した場合には**公務執行妨害罪**（第 95 条 1 項）が規定されているため、偽計、威力業務妨害罪の「業務」に「公務」が含まれるかという問題があります。

判例は、強制力を行使する権力的公務以外は業務に当たるとし、公務に対し本罪の成立が認められたものとして、

● 国立大学の入学試験(注1)

● 県議会常任委員会の条例案の審議・採決等の業務(注2)

● 国税調査官の税務調査(注3)

● 消防署の事務(注4)

● 公職選挙法上の選挙長の立候補届出受理事務(注5)

● 路上の段ボール小屋等を除去するなどの環境整備工事自体(注6)

などがあり、また、警察に対して犯罪予告の虚偽通報がなされた事案に関し、「虚偽通報さえなければ遂行されたはずの本来の警察の公務が妨害される」として偽計業務妨害罪の成立を認めています(注7)。

(注1)京都地判昭 44.8.30、(注2)最判昭 62.3.12、(注3)大阪高判昭 63.9.29、(注4)最決平 4.11.27、(注5)最決平 12.2.17、(注6)最決平 14.9.30、(注7)東京高判平 21.3.12

3 電子計算機損壊等業務妨害罪

第 234 条の 2 人の業務に使用する電子計算機若しくはその用に供する電磁的記録を損壊し、若しくは人の業務に使用する電子計算機に虚偽の情報若しくは不正な指令を与え、又はその他の方法により、電子計算機に使用目的に沿うべき動作をさせず、又は使用目的に反する動作をさせて、人の業務を妨害した者は、5 年以下の懲役又は 100 万円以下の罰金に処する。
2 前項の罪の未遂は、罰する。

本罪は、電子計算機によって遂行される人の業務を妨害する行為を処罰するものです。

(1) 成立要件

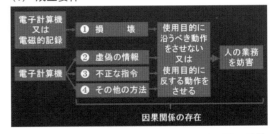

本罪の成立要件は、人の業務に使用する電子計算機又は電磁的記録を❶損壊し、又は同電子計算機に❷虚偽の情報若しくは❸不正の指令を与え、又は❹その他の方法により電子計算機に使用目的に沿うべき動作をさせない、又は使用目的に反する動作をさせることにより業務を妨害することです。

本罪にいう「使用目的に沿うべき動作」とは、電子計算機を使用している者が、具体的な業務遂行の場面で、この電子計算機を使用して実現しようとしている目的に沿う動作で、「使用目的に反する動作」とは、このような目的に反するような動作をいいます。

❶ 電子計算機、その用に供する電磁的記録の損壊

電子計算機や電磁的記録を物理的に**破壊すること**のほか、**電磁的記録の消去**などその**効用を害する行為**で、**電磁的記録の損壊**については、業務に使用する電子計算機の動作に影響を及ぼすものでなければなりません。

❷ 「虚偽の情報」とは、その内容が真実に反する情報をいいます。

❸ 「不正な指令」とは、当該事務処理の場面において、**本来予期されていない情報**をいいます。「与え」とは、情報や指令を**入力すること**です。

❹ 「その他の方法」とは、**電子計算機の動作に影響を及ぼす加害手段**で、例えば、電源の切断、温度・湿度などの環境の破壊、通信回線の切断、入出力装置など付属設備の破壊などが考えられます。

❶～❹により、電子計算機に**使用目的に沿うべき動作をさせない、又は使用目的に反する動作をさせる**ことにより**業務を妨害すること**（因果関係の存在が必要）で、本罪は成立します。

本罪も**抽象的危険犯**ですので、現実に業務の遂行を不可能にするという妨害の結果が生じたことは必要なく、その**結果を発生させるおそれのある状況を生じさせれば足ります。**

(2) 他人のパスワードによる情報の不正入手、のぞき見、他人の電子計算機の無権限使用

このような行為は、電子計算機の処理能力をオーバーさせて動作を狂わせる、動作を停止させるといった場合は格別（また、不正アクセス禁止法違反の成立は格別）、「**使用目的に沿うべき動作をさせず、又は使用目的に反する動作をさせて**」という要件に当たらず、本罪には該当しません。

(3) 本罪に関する裁判例（大阪地判平 9.10.3）

放送会社のホームページ内の天気予報画像を消去してわいせつ画像等に置き換えるため、同社内に設置されたサーバーコンピュータの記憶装置であるハードディスク内に記憶・蔵置されていた天気予報画像のデータファイルを消去し、わいせつ画像に置き換えた行為について、人の業務に使用する電子計算機の用に供する電磁的記録を損壊し、かつ、同電子計算機に虚偽の情報を与え、電子計算機に使用目的に反する動作をさせて、人の業務を妨害したとして、本罪の成立を認めています。

各論

第2章

社会公共の法益を侵害する罪

- 経済的秩序
  - 文書偽造
  - 有価証券偽造
  - 通貨偽造
  - 印章偽造
  - 支払い用カード電磁的記録不正作出
  - 不正指令電磁的記録作成
- 風俗秩序
  - 礼拝所墳墓
  - わいせつ
  - 賭博・富くじ
- 公共の平穏
  - 放火
  - 往来妨害

第1節 公共の平穏を害する罪

放火・失火の罪	❶ 現住建造物等放火罪(108) ❷ 非現住建造物等放火罪(109) ❸ 建造物等以外放火罪(110) ❹ 延焼罪(111) ❺ 放火予備罪(113) ❻ 失火・業務上失火等罪(116、117の2) ❼ 激発物破裂罪(117) ❽ ガス等漏出・同致死傷罪(118)
往来を妨害する罪	❶ 往来妨害・同致死傷(124) ❷ 電汽車・船舶往来危険罪(125) ❸ 過失・業務上過失往来危険罪(129)

第1 放火・失火の罪

放火・失火の罪
- 現住建造物等放火罪(108)
- 非現住建造物等放火罪(109)
- 建造物等以外放火罪(110)
- 延焼罪(111)
- 放火予備罪(113)
- 失火・業務上失火等罪(116、117の2)
- 激発物破裂罪(117)
- ガス等漏出・同致死傷罪(118)

犯罪情勢
放火の認知・検挙状況の推移(平成23年～令和2年)

年次 区分	平成23	24	25	26	27	28	29	30	令和元	2
認知件数	1,122	1,081	1,086	1,093	1,092	914	959	891	840	786
検挙件数	880	822	779	837	810	686	715	702	658	700
検挙人員	616	592	549	598	591	577	579	537	519	582
検挙率%	78.4	76.0	71.7	76.6	74.2	75.1	74.6	78.8	78.3	89.1

令和3年版『警察白書』

　火災をめぐる現状について、令和3年版『消防白書』によると、令和2年中の出火件数は3万4,691件（1日当たり95件、人口1万人当たり2.7件）、死者数1,326人、負傷者数5,583人となっています。

　そのような中、放火の認知件数は近年減少傾向にあり、令和2年は786件と10年前の約7割となっています。検挙率は、令和2年が89.1%で10年間を平均すると77.2%となっています(令和3年版『警察白書』)。

1 概説

「放火・失火の罪」の概要について見てみます。

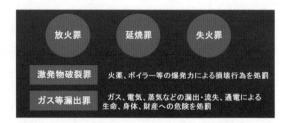

激発物破裂罪	火薬、ボイラー等の爆発力による損壊行為を処罰
ガス等漏出罪	ガス、電気、蒸気などの漏出・流失、通電による生命、身体、財産への危険を処罰

　大別すると「放火罪」、「延焼罪」、「失火罪」そして火薬、ボイラー等の爆発力による損壊行為を処罰する「激発物破裂罪」、ガスなどの漏出等による人の生命、身体、財産への危険を処罰する「ガス等漏出罪」が規定されています。

　次に、放火罪などは客体を「現住建造物等」、「非現住建造物等」、「建造物等以外」に分けています。

現住建造物等	非現住建造物等	建造物等以外

現住建造物等
現に人が住居に使用し、又は現に人がいる建造物等をいう。
● 「人」とは、犯人以外の者。犯人の家族を含む。
● 「現に人が住居に使用し」とは、起臥寝食の場として日常使用すること
● 「現に人がいる」とは、犯人以外の者が、放火当時に建造物内に存在すること

　「現住建造物等」とは、現に人が住居に使用し、又は現に人がいる建造物等をいい、「人」とは、犯人以外の者で犯人の家族も含みます。したがって、犯人の一人住まい、又は犯人のみが現存する建造物等は、次にお話する「非現住建造物等」にあたり、夫婦二人暮らしの住居を、妻の不在中に夫が放火すれば、その住居は「現住建造物等」にあたります。

　「現に人が住居に使用し」とは、起臥寝食の場として日常使用することをいい、放火当時、人が現存するか否かを問わず、また、昼夜の間断なく人が現存する必要もありません。単に、寝泊まりするだけの家屋も現住建造物等にあたります。

　「現に人がいる」とは、犯人以外の者が、放火当時に建造物内に存在することをいいます。

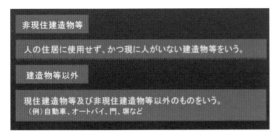

「非現住建造物等」とは、人の住居に使用せず、かつ現に人がいない建造物等をいい、「建造物等以外」とは、現住建造物等及び非現住建造物等以外のもの、例えば、自動車やオートバイ、門や塀などがこれにあたります。

次に、罪の構成の概要です。

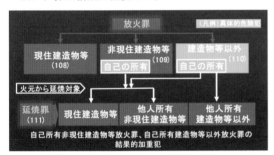

放火罪は、今お話した3つの客体に関して、それぞれ規定しています。そのうち、黄色で示した部分、非現住建造物等の中でも自己所有の場合と建造物等以外への放火は、具体的危険犯といい、公共の危険が具体的に発生することが要件となります。

具体的危険犯
公共の危険が具体的に発生することを要求されているものをいう。

抽象的危険犯
条文上、公共の危険の発生が明記されてなく、構成要件に該当する事実があれば、当然に公共の危険があるものと擬制されるものをいう。

延焼罪は、延焼という言葉から一般に想起される失火による隣家などへの延焼ではなく、**放火を起点**としています。すなわち、**自己所有の非現住建造物等への放火**から現住建造物等又は他人所有の非現住建造物等への延焼と、**自己所有の建造物等以外への放火**から現住建造物等、他人所有の非現住建造物等又は他人所有の建造物等以外への延焼について規定しています。これらの規定は、自己所有非現住建造物等放火罪、自己所有建造物等以外放火罪の**結果的**

加重犯です。

失火罪は、現住建造物等、非現住建造物等そして建造物等以外について規定され、**自己所有の非現住建造物等**と建造物等以外の失火については、前述した具体的危険犯です。

2　現住建造物等放火罪

第108条　放火して、現に人が住居に使用し又は現に人がいる建造物、汽車、電車、艦船、又は鉱坑を焼損した者は、死刑又は無期若しくは5年以上の懲役に処する。

(1) 成立要件

本罪の成立要件は、放火して現住建造物等(他人所有か自己所有かを問わない)を焼損することです。

ア　客体

　a　建造物、汽車、電車、艦船、鉱坑

　　「建造物」、「艦船」は、建造物等損壊罪(73頁参照)の客体と同一に解されています。**汽車、電車**は停車中のものも含み、「**鉱坑**」とは、地下の鉱物を採掘するために設けられた坑道その他の設備をいいます。

　b　現住性

　　建造物の一部が起臥寝食の場として利用されていれば、全体が現住建造物となります。例えば、仮眠休憩施設がある交番(注1)や宿直施設がある官公署や学校等の建造物(注2)です。

　　　(注1)札幌地判平6.2.7、(注2)大判大2.12.24、大判大3.6.9

c 建造物の一体性

　マンションなどのように外観上は一個であることが明らかな建物に関して、内部の部分的独立性が問題となることがあります。

　判例は、犯人のみが居住するマンションの自室に対する放火でその一部を燻焼するにとどまった事案（一人住まいの住居なので「非現住建造物等」に該当）に関し、「耐火構造といっても火勢が他の部屋に及ぶおそれが絶対にないとはいえない」として**マンション全体を一個の建造物として現住性を肯定**(注1)し、また、マンション内部のエレベーターに放火した事案に関し、「エレベーター設備は、マンションの各居住空間部分と一体となって機能し、現住建造物である本件マンションを構成」「かご部分は、取り外し作業に著しい手間と時間を要することから**建造物の一部である**」として**現住性を肯定**(注2)しています。

　(注1)東京高判昭 58.6.20、(注2)最決平 1.7.7

イ　放火

　「放火」とは、故意をもって火を放つことをいい、直接客体に点火する場合はもちろん媒介物を利用する場合も含みます。火を消す法律上の義務があり、かつこれを容易に消し止め得る場合にその火力を利用する意思をもってこれを消し止めない**不作為**(注1)も放火行為に含まれます。

　故意の内容としては、現に人が住居に使用し、又は人の現在する建造物等であること、これらを焼損することの認識・認容が必要です（未必的で足る。）。

　放火に着手すれば未遂、焼損に至れば既遂(注2)となります。

　(注1)不作為の放火についてアップ「総論」20 頁参照、(注2)本罪は、**抽象的危険犯**で公共の危険の発生は既遂の要件ではない。

ウ　焼損

　「焼損」とは、火力をもって物を毀損することをいい、火がその媒介物を離れて目的物に移り、独立して燃焼を継続する状態に至れば、焼損の結果が発生したもの（**既遂**）と解されています（「**独立燃焼説**」(注1)）。したがって、放火の目的物が焼失又はその効

用の大半が失われることは必要ありません。

　難燃性建造物に関しては、「鉄筋コンクリート造りの堅固な建物であるからといって、その重要部分が燃え始めるとか、建物としての効用を失う程度に達するを要しない」(注2)、「鉄筋コンクリート造りの不燃性建造物であっても、内部の木製の窓枠、階段の手すりなど可燃物が独立して燃焼すれば既遂に達する」(注3)などの判例があります。

　(注1)最判昭 23.11.2、(注2)札幌高判昭 47.12.19、(注3)東京高判昭 49.10.22、東京高判昭 52.5.4

(2) 未遂犯

　本罪の**未遂は処罰されます**（第112条）。

(3) 罪数

ア　1個の放火行為で処罰規定を同じくする数個の目的物を焼損した場合

　1個の放火行為で複数の現住建造物を焼損した場合は、1個の現住建造物等放火罪が成立します(注1)。

イ　1個の放火行為で処罰規定を異にする数個の目的物を焼損した場合

　1個の放火行為で現住建造物と非現住建造物を焼損した場合は、後者は前者に吸収され、現住建造物等放火罪のみが成立します(注2)。

　なお、現住建造物を放火する意思で、非現住建造物や建造物等以外のものを媒介物として放火して焼損したものの、目的とした現住建造物に延焼しなかった場合は、現住建造物等放火罪の未遂罪のみが成立します(注3)。

　(注1)大判大 2.3.7、(注2)大判明 42.11.19、(注3)大判昭 8.7.27

(4) 他罪との関係

ア　住居侵入罪との関係

　住居に侵入して放火した場合、本罪と住居侵入罪は牽連犯となります(注1)。

イ　詐欺罪との関係

　保険金詐欺の目的で放火して、住宅を焼損し保険金を騙取した場合は、本罪と詐欺罪とは**併合罪**となります(注2)。なお、保険金詐欺の目的で放火し焼損したものの、未だ保険金請求をしていない段階

では、詐欺の実行の着手が認められないので、単に本罪が成立するのみです(注3)。

(注1)大判明 43.2.28、(注2)大判昭 5.12.12、(注3)大判昭 7.6.15

3 非現住建造物等放火罪

第109条 放火して、現に人が住居に使用せず、かつ、現に人がいない建造物、艦船又は鉱坑を焼損した者は、2年以上の有期懲役に処する。
2 前項の物が自己の所有に係るときは、6月以上7年以下の懲役に処する。ただし、公共の危険を生じなかったときは、罰しない。

本罪は、第1項で非現住建造物等放火罪を規定し、第2項で自己所有の非現住建造物等放火罪について、公共の危険が生じなかった場合は不可罰としています。

● 他人所有非現住建造物等放火罪(第1項)

(1) 成立要件

本罪の成立要件は、放火して非現住建造物等を焼損することです。

ア 客体

本罪の客体は、「現に人が住居に使用せず、かつ、現に人がいない」建造物、艦船若しくは鉱坑です(汽車、電車は客体ではない。)。

「建造物」は人の住居に使用していないもので、納屋(注1)、物置小屋(注2)などが典型例です。

本罪の対象は、他人所有のものか、又は自己所有のもので差押えを受け、物権を負担し又は賃貸し若しくは保険に付したものなどです(第115条)。

(注1)大判昭 13.8.22、(注2)大判明 41.12.15

イ 犯意

建造物が自己の所有に属さず、現に人の住居に使用されず、かつ人が現在しないことと、これに放火し焼損することの認識・認容が必要です。

---

(2) 既遂時期

焼損の結果が生じた時点で既遂となります。本罪も抽象的危険犯ですので、客体を焼損すれば足り、公共の危険が現実に発生することは必要ありません。

(3) 未遂犯

本罪の未遂は処罰されます(第112条)。

● 自己所有非現住建造物等放火罪(第2項)

前項の客体が自己の所有物である場合には、公共の危険が発生した場合のみ処罰され(「具体的危険犯」)、前項に比べ法定刑も軽く、未遂犯の処罰規定もありません。

(1) 公共の危険

本罪にいう「公共の危険」とは、例えば、火の勢いが強く近隣の住宅に燃え移りそうになった場合など一般人に他の建造物等に延焼するであろうと思わせるに足りる状態をいいます(注)。

(注)大判明 44.4.24

(2) 犯意

建造物が自己の所有物であり、現に人の住居に使用されず、かつ人が現在しないことと、これに放火し焼損することの認識・認容が必要です。

「公共の危険」の認識を必要とするか否かについては見解が分かれていますが、判例はこれを不要としています(注)。

(注)最判昭 60.3.28「火を放って客体を焼損する認識のあることが必要であるが、焼損の結果、公共の危険を発生させることまでを認識する必要はないものと解すべきである」

(3) 既遂時期

放火して客体を焼損しただけでは足りず、公共の危険が現実に発生した時点で既遂となります。

(4) 錯誤

犯人が、中に人はいないと思って他人の納屋に放火したところ、人がいたために焼死させたという場合、抽象的事実の錯誤(注1)として、現住建造物等放火罪と非現住建造物等放火罪の構成要件が重なり合う非現住建造物等放火罪の範囲で故意犯の既遂が認められます(注2)。

(注1)アップ総論 18 頁参照、(注2)過失致死罪も成立し、両罪は観念的競合になると解される。

4 建造物等以外放火罪

第110条 放火して、前二条に規定する物以外の物を焼損し、よって公共の危険を生じさせた者は、1年以上10年以下の懲役に処する。
2 前項の物が自己の所有に係るときは、1年以下の懲役又は10万円以下の罰金に処する。

```
第108条、第109条の      放火      焼損
客体以外のもの                     かつ
                                公共の危険の発生
                                   具体的危険犯
```

本罪は、建造物等以外の物に放火してこれを焼損し、公共の危険を生じさせた場合に成立します（「具体的危険犯」）。

第1項の対象は、他人所有の物か、又は自己所有の物で差押えを受け、物権を負担し又は賃貸し若しくは保険に付されたものなどです（第115条）。

(1) 公共の危険

本罪にいう「公共の危険」は、現住建造物、非現住建造物等に対する延焼の危険に限られず、不特定又は多数の人の生命、身体、現住建造物・非現住建造物等以外の財産に対する危険、例えば、他の車両への延焼の危険なども含まれます(注)。

(注)最決平15.4.14「法110条1項にいう『公共の危険』は、必ずしも同法108条及び109条1項に規定する建造物等に対する延焼の危険のみに限られるものではなく、不特定又は多数の人の生命、身体又は前記建造物等以外の財産に対する危険も含まれると解するのが相当である。」

(2) 犯意

前条の罪と同様、「公共の危険」の認識は不要です(注)。

(注)前掲最判昭60.3.28

なお、現住建造物を焼損する目的で隣接する塀やごみ箱などに放火して、後者だけの焼損に終わった場合は、現住建造物等放火罪の未遂となります(注)。

(注)大判昭7.4.30

(3) 既遂時期

放火して客体を焼損しただけでは足りず、**公共の危険が現実に発生した時点**で既遂となります。

(4) 未遂犯

本罪の未遂は処罰されません。公共の危険を生じさせなければ、別途、器物損壊罪（第261条）の成否が問題となるにすぎません。

5 延焼罪

第111条 第109条第2項又は前条第2項の罪を犯し、よって第108条又は第109条第1項に規定する物に延焼させたときは、3月以上10年以下の懲役に処する。
2 前条第2項の罪を犯し、よって同条第1項に規定する物に延焼させたときは、3年以下の懲役に処する。

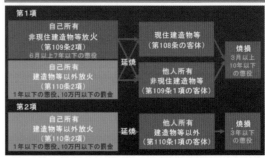

本罪は、放火して自己所有の非現住建造物等や建造物等以外の物を焼損し、さらに現住建造物等又は他人の所有する非現住建造物等に延焼した場合(第1項)と、放火して自己所有の建造物等以外の物を焼損し、さらに他人の所有する建造物等以外の物に延焼した場合（第2項）をそれぞれ重く処罰するものです。

(1) 延焼

本罪にいう「延焼」とは、犯人が目的とした物件から犯人が予期しなかった物件に燃え移り、これを焼損する結果が発生することをいいます。したがって、延焼の結果について故意がない場合にだけ本罪は成立します（「結果的加重犯」）。

なお、放火行為と延焼結果との間に因果関係が必要です。

(2) 他罪との関係

犯人が、現住建造物等や非現住建造物等放火など未必的であれ重い結果に関する犯意をもっていれば、本罪ではなく、その重い結果の刑責を負います。

6 放火予備罪

第113条 第108条又は第109条第1項の罪を犯す目的で、その予備をした者は、2年以下の懲役に処する。ただし、情状により、その刑を免除することができる。

(1) 予備犯処罰の対象

対象は、現住建造物等放火罪と他人所有の非現住建造物等放火罪(注)の予備行為です。

(注)自己の物であっても第115条により、他人の物として扱われる場合も含む。

(2) 放火予備行為

放火予備行為とは、火を放つ準備行為で、実行の着手と評価される以前のものをいい、放火を実行する意思とその意思を実行に移す準備行為としての外部的行動が必要です。例えば、点火材料の準備、事前の発火装置の製作、あるいはこれらを携帯して放火目的の所在地まで赴く行為などがこれにあたります。

7 失火・業務上失火等罪

第116条 失火により、第108条に規定する物又は他人の所有に係る第109条に規定する物を焼損した者は、50万円以下の罰金に処する。
2 失火により、第109条に規定する物であって自己の所有に係るもの又は第110条に規定する物を焼損し、よって公共の危険を生じさせた者も、前項と同様とする。

本罪は、過失により出火させ建造物等を焼損する行為を処罰の対象とするもので、客体により第1項と第2項に分かれ、第2項については具体的危険犯として公共の危険が発生することが必要です。

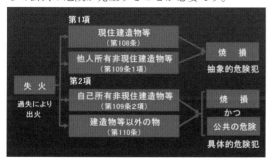

抽象的危険犯である第1項の客体は、現住建造物等又は他人所有の非現住建造物等、具体的危険犯である第2項の客体は、自己所有の非現住建造物等又は建造物等以外の物です。

● 業上失火罪、重過失失火罪(第117条の2)

第117条の2 第116条又は前条第1項の行為が業務上必要な注意を怠ったことによるとき、又は重大な過失によるときは、3年以下の禁錮又は150万円以下の罰金に処する。

第117条の2前段は、業務上の注意義務違反による失火、後段は重大な過失による失火について刑を加重しています。

本罪にいう「業務」は、特に「職務として火気の安全に配慮すべき社会生活上の地位」に限られます(注1)。例えば、

○ 火気を直接取り扱う工場のボイラーマン、食堂などの調理師、溶接作業員(注2)

○ 引火等火気発生の蓋然性が高い物質、器具、設備等を取り扱うガソリンスタンド従業員(注3)、高圧ガス等販売業者(注4)、浴槽、風呂釜等の販売・取付業者(注5)、

○ 火災の発見、防止を職務内容とする施設の防火責任者、夜警(注6)、易燃物工場の責任者(注7)

などが本罪の「業務者」にあたります。

(注1)(注7)最決昭60.10.21、(注2)東京高判昭55.8.5、名古屋高判昭61.9.30、(注3)東京高判昭39.11.25、最判昭57.11.8、(注4)最決昭42.10.21、(注5)福岡高判昭52.9.20、(注6)最判昭33.7.25

本罪にいう「重大な過失」とは、火気を取り扱う際、わずかの注意を払えば結果の発生を防げたにもかかわらず、その注意を怠った場合をいいます。具体例として、石油ストーブに給油する際、ストーブの火が確実に消えたのを確認せずに給油を行い、かつ、給油の監視を怠ったため灯油が床に溢れ、これにストーブの残り火が引火して火災が発生し、4人が焼死したという事案について、重過失致死罪とともに本罪の成立を認めたケースがあります(注)。

(注)東京高判昭62.10.6

8 激発物破裂罪・過失激発物破裂罪

第 117 条 火薬、ボイラーその他の激発すべき物を破裂させて、第 108 条に規定する物又は他人の所有に係る第 109 条に規定する物を損壊した者は、放火の例による。第 109 条に規定する物であって自己の所有に係るもの又は第 110 条に規定する物を損壊し、よって公共の危険を生じさせた者も、同様とする。
2 前項の行為が過失によるときは、失火の例による。

本罪は、火薬、ボイラー等の爆発力による損壊行為を公共的危険性が大きい点に着目して、放火罪と同様に処罰する規定です。

本条第1項は、故意に火薬、ボイラー、その他の激発すべき物を破裂させて、❶「現住建造物等」又は「他人所有の非現住建造物等」を損壊した場合は、現住建造物等放火罪 (第108条) 又は非現住建造物等放火罪 (第109条1項) により、また、❷「自己所有の非現住建造物等」又は「建造物等以外の物」を損壊し、かつ、公共の危険を生じさせた場合は、自己所有非現住建造物等放火罪 (第109条2項) 又は建造物等以外放火罪 (第110条) により、それぞれ処断することを定めています。第2項、過失によるときは、失火罪の例によります。

本条にいう「激発すべき物」とは、それ自体急激に破裂して物を破壊する性質を有する物質をいい、高圧ガスボンベや酸素等の圧縮気体を入れた容器、大量に貯蔵された引火性・爆発性の高い化学物質類などがこれにあたります。また、密閉した室内に充満したガス(注1)もこれにあたり、例えば、自殺する目的で、自宅に充満させた都市ガスにライターで点火して破裂させ、住宅を損壊したという事案について本罪の成立が認められています(注2)。

(注1)東京高判昭 54.5.30、(注2)山口地判平 17.11.16

9 ガス等漏出・同致死傷罪

第 118 条 ガス、電気又は蒸気を漏出させ、流出させ、又は遮断し、よって人の生命、身体又は財産に危険を生じさせた者は、3年以下の懲役又は 10 万円以下の罰金に処する。
2 ガス、電気又は蒸気を漏出させ、流出させ、又は遮断し、よって人を死傷させた者は、傷害の罪と比較して、重い刑により処断する。

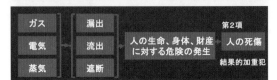

本罪は、ガス、電気又は蒸気を漏出、流出又は遮断し、その結果人の生命、身体、財産に危険を生じさせる行為を処罰の対象とするものです。ガス等の漏出、流出、又は遮断の事実について認識することが必要ですが、公共の危険発生についての予見は不要と解されています。第 2 項は、第 1 項の罪を犯し、よって人を死傷させることにより成立する結果的加重犯です。

(1) 危険発生の認定

東京高判昭 55.1.23 は、ガス漏出に関し「ガスを漏出させることによって、人の死亡が確実視される状態あるいは人の死亡に密着するほどの危険な状態になることは必要ではなく、ガス漏出の時刻・量、動機・目的、漏出場所の構造等当時の具体的事情のもとで、通常生命を侵害するおそれがある状態となれば足りると解される」としています。

(2) 本罪の成立が認められた事例

いずれも自殺企図事案で、木造瓦葺平屋建長屋の自室を閉め切り、可燃性の都市ガスを室内に充満させたケース(注1)、ビル内の住居で、部屋のドア、窓などを密閉し約 1 時間半にわたりプロパンガスを室内に充満させたケース(注2)などがあります。

(注1)大阪地判昭 58.2.8、(注2)札幌地判昭 55.10.31

(3) 犯意

第 2 項は、公共の危険が発生しなくても人を死傷させれば成立します。死傷の結果について予見・認容があれば、ガス等漏出罪と殺人罪又は傷害罪の観

念的競合となります。

(4) 罰則

ガス等漏出致傷罪は 15 年以下の懲役又は 50 万円以下の罰金、同致死罪は 3 年以上の有期懲役です。

第2　往来を妨害する罪

「往来を妨害する罪」は、交通機関の安全、往来の安全を保護法益としています。なお、本罪では補えない交通機関・施設への侵害・妨害行為を規律する各種特別法(注)が制定されています。

(注)道路法、道路交通法、道路運送法、高速自動車国道法、鉄道営業法、新幹線妨害特例法など

1　往来妨害・同致死傷罪

第 124 条　陸路、水路又は橋を損壊し、又は閉塞して往来の妨害を生じさせた者は、2 年以下の懲役又は 20 万円以下の罰金に処する。
2　前項の罪を犯し、よって人を死傷させた者は、傷害の罪と比較して、重い刑により処断する。

(1) 成立要件

本罪の成立要件は、❶陸路、水路又は橋を❷損壊又は閉塞し、❸往来の危険を生じさせることです（第 1 項）。さらに、第 1 項の行為により人を死傷させた場合には、往来危険致死傷罪が成立します（第2項）。

❶ 客体

①「陸路」とは、一般に道路と呼ばれるもので、事実上、人や自動車等の往来に使われているもの（トンネルを含む。）であれば、公有、私有を問いません。ただし、単に個人が私用に使うに過ぎないものは、

偶に他人が通行することがあっても、公共性が認められないことから本罪の陸路には当たりません。

②「水路」とは、船などの航行に用いられる河川、運河、港口をいいます。

③「橋」とは、河川や湖沼の上に架けられた橋のことをいい、陸橋、桟橋も含みます。

(注)「鉄道」、汽車・電車のための「橋」は、第 125 条の客体

❷ 行為

①「損壊」とは、道路の全部又は一部を物理的に破壊することをいい、往来を妨害する程度のものであることが必要です。例えば、道路上に大きな穴をあけたり、河川の堤防を破壊するなどの行為が考えられます。

②「閉塞」とは、障害物を設け往来の不能又は危険を生じさせることをいいます。例えば、道路上にバリケードを設置して通行を妨害する行為です。障害物が道路を部分的に遮断するに過ぎない場合でも、往来の妨害や危険を生じさせる程度のものであれば閉塞にあたり、道路の一部で自動車を燃やす行為も含まれます(注)。

(注)最決昭 59.4.12

❸ 結果

損壊、閉塞の結果、通行困難という往来妨害の状態を発生させることが必要です(注1)。現に人や車などの往来が阻止される必要はありません(注2)。

(注1)名古屋高判昭 35.4.25、(注2)最決昭 32.9.18

(2) 未遂犯

第 1 項の罪の未遂は処罰されます（第 128 条）。

2　電汽車・船舶往来危険罪

第 125 条　鉄道若しくはその標識を損壊し、又はその他の方法により、汽車又は電車の往来の危険を生じさせた者は、2 年以上の有期懲役に処する。
2　灯台若しくは浮標を損壊し、又はその他の方法により、艦船の往来の危険を生じさせた者も、前項と同様とする。

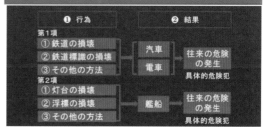

本条第1項は、鉄道又はその標識を損壊し、又はその他の方法で汽車・電車の往来の危険を生じさせた場合に成立する罪です。

❶ 行為

「鉄道」には軌道法の軌道（路面電車など）も含まれ、レールのみならず枕木、犬釘や鉄橋、トンネルなど運航に直接必要な施設すべてをいいます。

「鉄道標識」とは、運行に必要な信号機その他の目標をいいます。

「その他の方法」は、往来の危険を生じさせるものであれば手段・方法を問わず、判例上、軌道上に石を置く行為(注1)や自転車を放置する行為(注2)、枕木を投げ入れる行為(注3)、線路内の標識を抜いて軌道に挟む行為(注4)、車両自体に工作して無人電車を暴走させる行為(注5)などがあります。

（注1）大判大 9.2.2、（注2）東京高判昭 30.4.26、（注3）大判昭 4.10.18、（注4）大判昭 13.11.24、（注5）最判昭 30.6.22 いわゆる三鷹事件

❷ 結果

「汽車、電車」は軌道上を走行するもので、ケーブルカーやモノレールも含みます。

「往来の危険を生じさせる」とは、汽車又は電車の脱線、転覆、衝突、破壊など、汽車・電車の往来の安全を害するおそれのある状態を発生させることをいいます(注1)。この危険が発生すれば、既遂となります。実害が発生することは必要ありません(注2)。

（注1）最判昭 35.2.18、最決平 15.6.2、（注2）大判大 9.2.2

❸ 犯意

往来危険の発生についての予見・認識があれば足り、実害発生そのものについての予見・認識は必要ありません(注)。

（注）最判昭 36.12.1

本条第2項は、灯台又は浮標を損壊し、又はその他の方法で艦船の往来の危険を生じさせた場合に成立する罪です。

「灯台」とは、夜間、艦船の航行の安全・利便を図るために灯火を標示する陸上の標識をいい、「浮標」とは、水路の深浅、その他艦船の航行上の安全を

標示する水上の目標・表示物をいいます。

「その他の方法」は、往来の危険を生じさせるものであれば手段・方法を問いません。

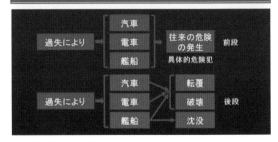

本条第1項前段は、過失により汽車、電車、艦船の往来の危険を生じさせることにより成立する罪です。事故の発生などの具体的な危険の発生が必要です。

同項後段は、過失による汽車・電車の転覆、破壊、艦船の転覆、沈没、破壊の罪で、転覆・破壊等の結果の発生を必要とします。

本条第2項は、身分による第1項の罪の加重規定で、その主体は「業務に従事する者」です。

「業務に従事する者」とは、汽車、電車、艦船の交通往来の業務に直接従事する運転手や船長などのほか、間接的に従事する駅長、車掌、航海士なども含まれます(注1)。

これらの者が、遵守すべき注意義務は、法令に規定されているものだけではなく、行政上の取締規則をはじめ当該業務に照らして実験則上、慣習上又は条理上必要とされるものによっても生じます(注2)。

（注1）大判昭 2.11.28、（注2）最判昭 32.12.17

過失行為と結果発生との間に因果関係が必要です。

第2節 経済的秩序を害する罪

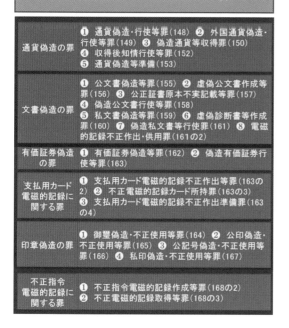

社会生活を送る中では、種々の交渉の場面があり、文書、印章、通貨、有価証券などがその手段として使われます。これらの手段が真正な内容のものであることは絶対に必要であり、仮にその信用が失われれば、社会の取引は大混乱に陥ります。経済的秩序を害する罪は、これらの手段の信用を害する行為を処罰するものです。

第1 概説

経済的秩序を害する罪の罪名をスライドで示しましたが、改めて偽・変造・不正作出の対象となる客体を挙げると次のようになります。

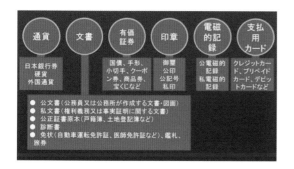

通貨、文書、有価証券、印章、電磁的記録そして支払用カードが対象となる客体です。

それぞれの具体例を挙げると●通貨は、日本銀行券、硬貨、そして外国通貨、●文書は公文書（公務所又は公務員が作成する文書・図画）、私文書（権利義務又は事実証明に関する文書・図画）、公正証書原本（戸籍簿、土地登記簿など）、診断書、免状（自動車運転免許証、医師免許証など）、鑑札、旅券、●有価証券は国債、手形、小切手、クーポン券、商品券、宝くじなど、●印章は、御璽、公印、公記号、私印、●電磁的記録は、公電磁的記録、私電磁的記録、そして●支払用カードは、クレジットカード、プリペイドカード、デビットカードなどです。

偽造	作成権限のない者が作成すること
変造	いったん真正に作成されたものを権限のない第三者がその内容を変更すること
行使	真正なものとして使用すること

偽造の罪では、「偽造」、「変造」、「行使」等の行為が中心となります。

「偽造」とは、作成権限のない者が客体を作成することで「有形偽造」といいます。これに対して、作成権限のある者が内容の虚偽なもの（例えば文書）を作ることは「無形偽造」といい、特別な場合に罰せられます（文書偽造の罪「概説」120頁参照）。

「変造」とは、いったん真正に作成されたものを権限のない第三者がその内容を変更することをいい、「行使」とは真正なものとして使用することをいいます。

次に、それぞれの客体について罪とされる行為を概略示すと次のようになります。

(1) 通貨偽造の罪

通貨	偽・変造(148Ⅰ)	行使(148Ⅱ)	交付、輸入(148Ⅱ)
	外国通貨偽・変造(149Ⅰ)	行使(149Ⅱ)	交付、輸入(149Ⅱ)
	収得(150)	行使の目的で収得する行為	
	収得後行使(152)	収得後に偽・変造通貨と知り、これを行使又は交付する行為	
	偽造等準備(153)	偽・変造する目的で機器や原料を準備する行為	

（2）　文書偽造の罪

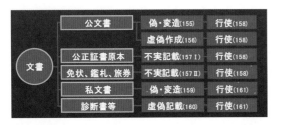

（3）　有価証券偽造の罪

（4）　印章偽造の罪

（5）　電磁的記録不正作出罪

（6）　支払用カード電磁的記録に関する罪

1　通貨偽造・行使等罪

<u>犯罪情勢</u>

偽造日本銀行券の発見枚数の推移（平成23年～令和2年）

年度 区分	平成23	24	25	26	27	28	29	30	令和元	2
1万円券	1,157	1,457	587	1,581	793	2,637	713	1,523	2,836	2,643
5千円券	85	109	74	108	33	24	28	29	14	3
2千円券	3	4	2	1	16	2	0	0	3	2
千円券	291	380	303	545	366	67	98	146	34	45
合計(枚)	1,536	1,950	966	2,235	1,208	2,730	839	1,698	2,887	2,693

　偽造日本銀行券の発見枚数の推移です。警察庁は、近年、高性能のプリンター等で印刷された偽造日本銀行券が多数発見されているほか、精巧に偽造された日本銀行券が日本国内へ大量に持ち込まれているとしています（令和3年版『警察白書』）。

> **第148条**　行使の目的で、通用する貨幣、紙幣又は銀行券を偽造し、又は変造した者は、無期又は3年以上の懲役に処する。
> 2　偽造又は変造の貨幣、紙幣又は銀行券を行使し、又は行使の目的で人に交付し、若しくは輸入した者も、前項と同様とする。

　本条は、第1項で通貨偽・変造罪を、第2項で偽・変造通貨行使罪をそれぞれ定めています。

（1）　通貨偽・変造罪（第1項）

ア　成立要件

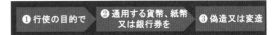

　本罪の成立要件は、❶行使の目的で、❷通用する貨幣、紙幣又は銀行券を❸偽・変造することです。

❶　行使の目的

　「行使の目的」とは、真正の通貨として流通に置く目的をいいます。行使の目的を欠く場合、例えば、学校の教材に使用する、装飾にする、出来栄えを他人に誇るためなどというケースでは、本罪は成立しません。行使の目的は、行為者自身が行使する目的に限らず、他人に行使させる目的も含みます（注）。

　（注）最判昭34.6.30

❷　通用する貨幣、紙幣又は銀行券

　「通用する」とは、国内において強制通用力を持っていることをいいます。

　「貨幣」とは硬貨を、「紙幣」とは、政府が発行し、その信用で交換の媒介物となる貨幣代用の証券をい

い、現在、強制通用力を持つものは存在しません。

「銀行券」とは、銀行が発行し、政府が発行の承認をしたもので、現在、日本銀行券だけです。

❸ 偽造又は変造

「偽造」とは、発行権限のない者が通貨の外観を有する物を作り出すこと(注1)で、例えば、1万円札を両面カラーコピーし、スキャンしてプリンターで印刷するといった行為が該当し、その手段・方法は問いませんが、**一般人が通常の注意力で真貨と誤認する程度に達している必要があります**(注2)。その程度に至らないものは「模造」(通貨と紛らわしい外観を有する物を製造することをいう。)にあたり、**通貨及証券模造取締法により処罰**(注3)されます。

「変造」とは、発行権限がない者が、真正の通貨を加工することで偽造にあたらないものをいいます。偽造と同様、一般人が通常の注意力で真貨と誤認する程度に達している必要があります。

偽造と変造を区別する基準は、真貨に対する加工が、その真貨の同一性を害しない限度内にあるか否かで、元の通貨と同一性を欠くようなものを作成した場合は偽造となります。

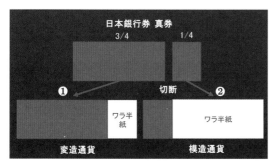

この例では、真正な日本銀行券を材料として、その4分の1を切断し、❶残った4分の3の部分に4分の1のワラ半紙を貼付しただけで、いまだ元の銀行券との同一性が害されたとは見ることができないので「変造」と解され(注4)、❷4分の3のワラ半紙を貼付したものは「模造」の段階にとどまると解されます。

(注1)最判昭22.12.17、(注2)最判昭25.2.28、(注3)第1条「貨幣、政府発行紙幣、銀行紙幣、兌換銀行券、国債証券及地方債証券ニ紛ハシキ外観ヲ有スルモノヲ製造シ又ハ販売スルコトヲ得

ス」第2条「前条ニ違犯シタル者ハ1月以上3年以下ノ重禁錮ニ処シ5円以上50円以下ノ罰金ヲ附加ス」、(注4)東京高判昭39.10.28

イ 未遂犯

本罪の**未遂は処罰されます**(第151条)。例えば、行使の目的で、通貨の偽造に手を付けたものの技術が拙劣だったため目的を遂げなかった場合(注)や、作り出したものが模造の程度にしか至らなかった場合などが考えられます。

(注)大判昭3.6.12

(2) 偽・変造通貨行使罪(第2項)

ア 成立要件

本罪の成立要件は、❶偽造又は変造の通貨を❷行使し、又は❸行使の目的で他人に交付し若しくは❹輸入することです。

❶ 偽・変造は、行為者自身によるものか他人によるものかを問わず、偽・変造が行使の目的でなされたことも必要ありません。ただし、通用する通貨に限られます。

❷ 「行使」とは、偽・変造通貨を流通に置くことをいいます(注1)。例えば、物品の支払い、両替、自動販売機への投入などです。いわゆる「見せ金」として単に他人に示したというだけの場合は、いまだ「行使」とはいえません(注2)。

(注1)大判明41.4.10、(注2)大判明37.5.13

❸ 「交付」とは、偽・変造通貨であることを告げて、又は偽・変造通貨であることを知っている相手に渡すことをいいます(注)。偽貨であることを告げずに、情を知らない相手に渡す場合は「行使」です。

「行使の目的で人に交付し」とは、交付することにより、その偽・変造通貨が流通に置かれるであろうことを認識しながら交付することです。

(注)大判明43.3.10

❹ 「輸入」とは、偽・変造通貨を国外から日本国内に搬入することをいいます。

イ 既遂時期

　a 　行使罪は、偽・変造通貨を真貨として流通に置いた時点です。相手方に怪しまれて返還されても行使した以上、既遂です(注1)。

　b 　交付罪は、交付した時点です。交付された相手方が偽・変造通貨を行使しなくても本罪は成立します。

　c 　輸入罪は、陸揚げされた時点です(注2)。

　　(注1)大判大 7.6.15、(注2)大判昭 8.7.6

ウ 未遂犯

　本罪の未遂は処罰されます（第151条）。

エ 他罪との関係

　通貨偽・変造と同行使は牽連犯と解されており、偽・変造通貨を使って詐欺の既遂となった場合は、詐欺罪は本罪に吸収されます(注)。

　　(注)大判昭 7.6.6

2 外国通貨偽造・行使等罪

> 第149条 行使の目的で、日本国内に流通している外国の貨幣、紙幣又は銀行券を偽造し、又は変造した者は、2年以上の有期懲役に処する。
> 2 偽造又は変造の外国の貨幣、紙幣又は銀行券を行使し、又は行使の目的で人に交付し、若しくは輸入した者も、前項と同様とする。

　本条は、第1項で外国通貨偽・変造罪を、第2項で偽・変造外国通貨行使罪をそれぞれ定めています。

(1) 外国通貨偽・変造罪（第1項）

ア 成立要件

　本罪の成立要件は、❶行使の目的で、❷日本国内に流通している外国の貨幣、紙幣又は銀行券を❸偽造又は変造することです。

❷ 　日本国内に流通している外国の貨幣、紙幣又は銀行券

　「流通している」とは、前条の「通用」とは異なり、事実上、合法的に使用されていること(注1)をいい、流通の範囲は、例えば米軍施設内というような制限的

なものでもよい(注2)とされています。ドル貨がその例です。

　　(注1)東京高判昭 30.3.14、(注2)最決昭 28.5.25

イ 未遂犯

　本罪の未遂は処罰されます（第151条）。

(2) 偽・変造外国通貨行使罪（第2項）

ア 成立要件

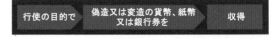

　本罪の成立要件は、偽・変造の外国通貨を行使し、又は行使の目的で人に交付し、若しくは輸入することです。

　偽造された外国通貨を日本の通貨に両替する行為も「行使」にあたります(注)。

　　(注)最決昭 32.4.25

イ 未遂犯

　本罪の未遂は処罰されます（第151条）。

3 偽造通貨等収得罪

> 第150条 行使の目的で、偽造又は変造の貨幣、紙幣又は銀行券を収得した者は、3年以下の懲役に処する。

(1) 成立要件

行使の目的で	偽造又は変造の貨幣、紙幣又は銀行券を	収得

　本罪の成立要件は、偽造又は変造の通貨を収得することです。客体には、日本に流通する外国の通貨も含まれます。

　「収得」とは、自己の占有に移すことをいい、有償・無償を問いません。

　行使の目的と偽・変造通貨であることの認識が必要です。

(2) 未遂犯

　本罪の未遂は処罰されます（第151条）。

4　収得後知情行使等罪

第152条　貨幣、紙幣又は銀行券を収得した後に、それが偽造又は変造のものであることを知って、これを行使し、又は行使の目的で人に交付した者は、その額面価格の3倍以下の罰金又は科料に処する。ただし、2千円以下にすることはできない。

本罪の成立要件は、偽・変造された通貨であることを知らずにこれを取得した者が、取得後に、偽造又は変造されたものであることを知り、これを行使し、又は行使の目的で人に交付することです。

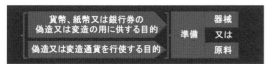

5　通貨偽造等準備罪

第153条　貨幣、紙幣又は銀行券の偽造又は変造の用に供する目的で、器械又は原料を準備した者は、3月以上5年以下の懲役に処する。

(1)　成立要件

本罪の成立要件は、通貨の偽造又は変造の用に供する目的で、器械又は原料(注1)を準備することで、通貨偽造罪等の予備罪にあたります。偽・変造通貨を行使する目的も必要(注2)です。

（注1）通常の予備罪はすべての準備行為を含むが、本罪では器械・原料の準備に限定されている。（注2）大判昭 4.10.15

ア　目的

「目的」には、行為者自身の偽・変造に限らず、他人による偽・変造も含みます(注)。

（注）大判大 5.12.21

イ　準備

「準備」とは、器械、原料を買い入れ、又は製作するなどして、これらを通貨の偽・変造のために使用可能な状態に置くことで、いまだ実行に着手していない段階のものをいいます(注1)。

「器械」には、偽・変造に使用することができるすべ

ての器械を含み(注2)、例えば、印刷機、写真機など、「原料」は、地金、用紙、印刷用インクなどが考えられます。

（注1）大判明 44.2.16、（注2）大判昭 7.11.24

ウ　既遂時期

本罪は、偽・変造の用に供する目的をもって器械、原料を準備した時点で既遂となり、その段階の準備状況が目的遂行に足りる程度であるか否かを問いません(注)。犯人の行為が実行の段階に及ぶときは偽・変造罪に吸収され、本罪は成立しません。

（注）大判昭 7.11.24

第3　文書偽造の罪

1　概説

(1)　客体

文書偽造の罪の保護法益は各種文書に対する公共の信用で、客体を公文書、私文書と電磁的記録に大別しています。

「公文書」とは、公務所又は公務員が、所定の形式に従って職務上作成すべき文書、「私文書」とは、公文書以外の他人の権利、義務又は事実証明に関する文書をいいます。

コピーの文書性	原本と同様の社会的機能と信用性があり、「文書」に当たる

各種証明等に関し原本に代えてコピーを提出する機会も多く、その際、原本の内容を改変したコピーを作成すれば文書偽造の罪の成否が問擬されることとなります(注)。

(注)最判昭51.4.30「写しが原本と同一の意識内容を保有し、証明文書として原本と同様の社会的機能と信用性を有するものと認められる限り文書に含まれる」。ファックスに関するものとして広島高岡山支判平8.5.22、東京高判平20.7.18（消極例）。

電磁的記録
電子的方式、磁気的方式その他人の知覚によっては認識することができない方式で作られる記録であって、電子計算機による情報処理の用に供せられるもの〔刑法第7条の2〕

「電磁的記録」とは、電子的方式、磁気的方式その他人の知覚によっては認識することができない方式で作られる記録であって、電子計算機による情報処理の用に供せられるもの（第7条の2）をいいます。例えば、半導体記憶集積回路（ICメモリ）、磁気テープ、光ディスク等がこれにあたります。

(2) 偽造

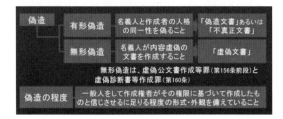

文書偽造の形態には、文書の「偽造」と「変造」があります。

まず、「偽造」には「有形偽造」と「無形偽造」という二つのパターンがあります。

「有形偽造」とは、名義人と作成者の人格の同一性を偽ること(注)で、これにより作成された文書を「偽造文書」あるいは「不真正文書」といいます。

(注)最判昭59.2.17

「無形偽造」は、名義人が内容虚偽の文書を作成することで、これにより作成された文書を「虚偽文書」といいます。

刑法は、原則として有形偽造を処罰の対象とし、無形偽造については、虚偽公文書作成等罪（第156条前段）と虚偽診断書等作成罪（第160条）だけを処罰の対象としています。

偽造の程度については、偽造された文書が、一般人をして作成権者がその権限に基づいて作成したものと信じさせるに足りる程度の形式・外観を備えていることが必要です。

ア 通称名の使用

通称名の使用と人格の同一性
社会的に広く通用しているものは偽造にはあたらない

名義人として、本名以外の名前を使用して私文書を作成しても、芸名、雅号、あるいは広く知られた通称を用いて文書を作成した場合は、人格の同一性を偽る意図がなく、客観的にも人格の同一性の判断を誤らせる危険がないので偽造には当たりません(注1)。ただし、通称名もたまたま限られた範囲で行為者を指称するものとして通用していた程度では、作成名義を偽ることになります(注2)。

(注1)大判大13.12.5、(注2)最決昭56.12.22

イ 名義人の承諾

名義人の承諾
文書の性質上、作成名義人以外の者が作成することを法令上許されていない場合には、あらかじめ他人の承諾を得ていたとしても偽造罪が成立

他人名義の文書を作成しても、名義人から有効な承諾を受けていれば、名義の冒用がないので原則として偽造にはあたりません。しかし、法令上許されていないものや文書の性質上、厳格な同一性が求められるもの、例えば、交通事件原票中の供述書(注1)、運転免許申請書(注2)、一般旅券発給申請書(注3)、いわゆる替え玉受験の試験答案(注4)などは、あらかじめ文書の名義人の承諾を得ていたとしても偽造にあたります。

(注1)最決昭56.4.16、(注2)最決昭56.4.8、(注3)東京高判平11.5.25、(注4)最決平6.11.29

(3) 変造

「変造」にも「有形偽造的変造」と「無形偽造的変造」という二つのパターンがあります。

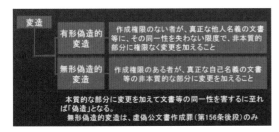

「有形偽造的変造」とは、作成権限のない者が、真正な他人の文書に対して、その同一性を失わない限度で、非本質的な部分に権限なく変更を加えることをいいます。

「無形偽造的変造」とは、作成権限のある者が、真正な自己名義の文書の非本質的部分に変更を加えることをいいます。

いずれの場合も、本質的な部分に変更を加えて文書等の同一性を害する状態になれば「偽造」になります。

刑法は、原則として有形偽造的変造を処罰の対象とし、無形偽造的変造については、虚偽公文書作成等罪（第156条後段）のみを処罰の対象としています。

(4) 行使

偽造文書、変造文書、虚偽文書の「行使」とは、これらの文書を真正あるいは内容が真実な文書として使用することをいい(注1)、例えば、身分証明のために使うなど、何らかの役に立たせる目的で使用されれば「行使」にあたり(注2)、提示、交付、備え付けなどの方法により、内容を相手方に認識させ、あるいは認識し得る状況に置けば、既遂となります(注3)。

また、必ずしも行使の行為者自身が偽・変造、虚偽記入したものである必要はなく(注4)、さらに、作成したときは行使の目的を欠いて偽造罪を構成しない文書であっても行使罪の客体となります(注5)。

（注1）大判明 44.3.24、（注2）最決昭 29.4.15、（注3）大判大 12.10.13（注4）大判明 41.12.21、（注5）大判明 45.4.9

(5) 有印と無印

| 署名 | ○ | ○ | × | × |
| 印章 | ○ | × | ○ | × |

有印 ────── 無印

文書偽造の罪にいう「有印」と「無印」の区別は、印章押捺の有無ではありません。印章の押捺がなくても署名があれば有印の文書にあたり、無印の文書とは、署名と印章の両者が記載、押印されていないものをいいます。

(6) 供用

「供用」とは、不正に作出された電磁的記録を真正なもの、あるいは内容の真実なものとして電子計算機等に用い得る状態に置くことをいいます。

2　公文書偽造等罪

第155条　行使の目的で、公務所若しくは公務員の印章若しくは署名を使用して公務所若しくは公務員の作成すべき文書若しくは図画を偽造し、又は偽造した公務所若しくは公務員の印章若しくは署名を使用して公務所若しくは公務員の作成すべき文書若しくは図画を偽造した者は、1年以上 10 年以下の懲役に処する。
2　公務所又は公務員が押印し又は署名した文書又は図画を変造した者も、前項と同様とする。
3　前二項に規定するもののほか、公務所若しくは公務員の作成すべき文書若しくは図画を偽造し、又は公務所若しくは公務員が作成した文書若しくは図画を変造した者は、3年以下の懲役又は 20 万円以下の罰金に処する。

有印公文書偽造	第1項
有印使用	前段
偽造した有印使用	後段
有印公文書変造	第2項
無印公文書偽造・変造	第3項

本条は第1項で有印公文書「偽造」の罪、第2項で有印公文書「変造」の罪、そして第3項で無印公文書「偽造・変造」の罪をそれぞれ定めています。

(1) 有印公文書偽造罪（第1項）

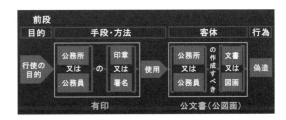

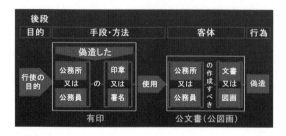

ア 主体

　格別の制限はなく、非公務員はもちろん、公務員であってもその作成権限に属さない文書をほしいままに作成し、又はその職務執行と関係なく公務所又は公務員名義の文書を作成すれば、本罪の主体となります(注1)。公務員には、いわゆるみなし公務員も含まれます(注2)。

　(注1)最判昭25.2.28、(注2)最決昭23.10.28

イ 客体

　公務所又は公務員が作成すべき文書（公文書）又は図画（公図画）(注1)です。

　作成権限のない者を作成者としている文書でも、公務員がその職務権限の範囲内でその職務に関して作成したものと一般人が信じる形式、内容を備えたものであれば公文書にあたります(注2)。

　(注1)「図画」とは、象形的符号（絵）によって物体の上に記載された意思表示で、判例上、社団法人日本音楽著作権協会の英文省略 JASRAC を図案化したシール（東京高判昭50.3.11）、旧日本専売公社のたばこ「光」の外箱（最判昭33.4.10）などがある。(注2)最判昭28.2.20、東京高判平18.10.18

ウ 手段・方法、行為

　行使の目的をもって、公務所、公務員の印章や署名、又は偽造した公務所、公務員の印章や署名を使用して公文書を偽造することです。

　「印章」は職印であると認印であるとを問わず、「署名」には自署のほか記名（印刷などによる氏名表記）も含みます(注)。印章又は署名のいずれかがあれば「有印」であることは前述しました。

　(注)大判大4.10.20

> **公務所又は公務員の印章、署名の使用（前段）**
> ● 真正な印章の不正押捺
> ● 正当に押捺、表示された印章、署名の不正使用

　公務所、公務員の印章や署名の使用（前段）は、作成権限のない者が、公務所又は公務員の真正な印章を不正に押捺したり、又は正当に押捺、表示された印章、署名を不正に使用することです(注)。

　(注)大判大3.6.13

> **偽造した公務所又は公務員の印章、署名の使用（後段）**
> ● 偽造した印形の押捺
> ● 公務所、公務員のものと誤信させるだけの印影の作出

　偽造した公務所、公務員の印章、署名の使用（後段）とは、印形(注1)を偽造してそれを押捺するだけでなく、公務所、公務員のものと誤信させるだけの印影を文書上に作り出せば、それで足ります(注2)。

　また、偽造した印章、署名は、行為者自身ではなく他人が偽造したものでも問題ありません。

　(注1)印影とは、紙などの上に印形を押して得られた形象、印形は印影を作り出すために必要な文字や符号を刻んだ物体。(注2)最決昭31.7.5

エ 既遂時期

　一般人をして、作成権者がその権限内において作成したものと誤信させるに足りる程度の外観を備えた時点で既遂となります。実害が発生する必要はありません(注)。

　(注)有印公文書変造罪につき大判大4.9.21

(2) 有印公文書変造罪（第2項）

　本罪は、行使の目的をもって、真正に作成された有印公文書を変造することにより成立する罪です。

　既遂時期は、文書の非本質的部分が改変され、一般人をして以前と異なる新たな証明力を有する文書と誤信させ得る状態に達した時点です。当該文書に対する公共的信用を害する危険性があれば足り、実害が発生する必要はありません(注)。

　(注)前掲大判大4.9.21

(3) 無印公文書偽・変造罪 (第3項)

本罪は、行使の目的をもって、印章及び署名がない無印公文書(注)を偽造又は変造することにより成立する罪です。

(注)判例上、物品税証紙(最決昭29.8.20)、物品税表示証紙(最決昭35.3.10)

---

3 虚偽公文書作成等罪

第156条 公務員が、その職務に関し、行使の目的で、虚偽の文書若しくは図画を作成し、又は文書若しくは図画を変造したときは、印章又は署名の有無により区別して、前二条の例による。

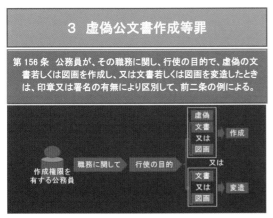

本罪は、職務上、当該文書の作成権限を有する公務員が、行使の目的をもって虚偽の公文書を作成する、又は真正な公文書を変造することにより成立する罪(身分犯)で、無形偽造を処罰するものです。

有印、無印のパターンがあり、次のとおりです。

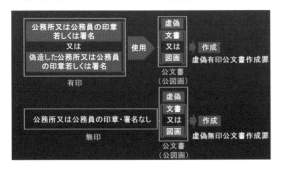

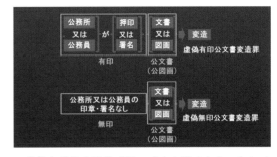

虚偽有印公文書作成罪の成立を認めたものとして、公立病院の医師が、医療過誤により死亡した患者の死亡診断書・死亡証明書を作成する際に、死因を病死と記載した例があります(注)。

(注)東京地判平13.8.30

---

4 公正証書等原本不実記載等罪

第157条 公務員に対し虚偽の申立てをして、登記簿、戸籍簿その他の権利若しくは義務に関する公正証書の原本に不実の記載をさせ、又は権利若しくは義務に関する公正証書の原本として用いられる電磁的記録に不実の記録をさせた者は、5年以下の懲役又は50万円以下の罰金に処する。
2 公務員に対し虚偽の申立てをして、免状、鑑札又は旅券に不実の記載をさせた者は、1年以下の懲役又は20万円以下の罰金に処する。

本条は、第1項が公正証書原本不実記載等罪、第2項が免状等不実記載罪を定めています。両罪とも、虚偽の申立てをして、作成権限のある公務員を利用して公文書に虚偽の内容を記載(記録)させるもので、公務員を利用しての公文書無形偽造(間接正犯)です。

(1) 公正証書原本不実記載等罪 (第1項)

ア 虚偽の申立て

「虚偽の申立て」には、申立事項の内容に虚偽がある場合のほか、申立人について虚偽がある場合も含まれます。また、口頭、書面のいかんを問わず、自己名義でも他人名義でも問題ありません。

イ 権利若しくは義務に関する公正証書の原本

公務員がその職務上作成する文書であって、権利

若しくは義務に関する事実を公的に証明する効力を有するものをいい、その原本に限られます。登記簿(注1)、戸籍簿のほかには、例えば、土地台帳(注2)、住民票(注3)、船舶簿(注4)、公証人が作成する公正証書(注5)等がこれにあたります。

公務員が申立内容の真偽を審査せずに記載するものでもよく、また、その文書作成の目的が私法上の権利義務か、公法上のものかも問いません(注6)。

(注1)土地登記簿、建物登記簿、商業登記簿、(注2)(注6)最判昭36.3.30、(注3)最判昭36.6.20、(注4)最決平16.7.13、(注5)最判昭37.3.1

ウ　権利若しくは義務に関する公正証書として用いられる電磁的記録

公務員がその職務上作成する電磁的記録で、公正証書の原本に相当するものとして、その記録に基づいて利害関係人のために権利、義務に関する一定の事項を公的に証明する効力を有するものをいいます。代表例として、戸籍簿ファイル(注1)、住民基本台帳ファイル(注2)、自動車登録ファイル(注3)、不動産登記・商業登記簿ファイル(注4)などがあります。

(注1)戸籍法第118条以下、(注2)住民基本台帳法第6条3項、(注3)道路運送車両法第6条、自動車登録令第7条、(注4)電子情報処理組織による登記事務処理の円滑化のための措置等に関する法律第2条

エ　不実の記載・記録

「不実の記載」とは、重要な点に関して存在しない事実を存在するものとし、又は存在する事実を存在しないものとして記載させることをいいます。

「不実の記録」とは、事実に反するデータを入力させて電磁的記録にその旨を記録させることをいいます。

オ　犯意

公務員に対する申立事項が虚偽であることを認識し、かつ、その申立てに基づいて公正証書の原本に不実の記載又は記録されることを予見、認容していたことを要します。

カ　着手及び既遂時期

本罪の着手時期は、公務員に対して虚偽の申立て

を開始した時点、既遂時期は、公務員が公正証書の原本に不実の記載をした時点、又は公正証書の原本たる電磁的記録に不実の記録をした時点です。

キ　未遂犯

本罪の未遂は処罰されます(第3項)。

(2) 免状等不実記載罪(第2項)

ア　客体

a 「免状」とは、特定の人に対して一定の行為を行う権利を与える公務所又は公務員が作成する証明書をいいます。例えば、医師や薬剤師の免許証、自動車運転免許証、狩猟免状などがこれにあたります。

b 「鑑札」とは、公務所の許可・登録があったことを証明するため公務所が作成交付し、交付を受けた者がこれを備え付け、あるいは携帯するものをいいます。例えば、質屋・古物商の営業許可証、犬の鑑札などがこれにあたります。

c 「旅券」とは、旅券法により発給される旅券をいいます。

イ　行為

本罪の成立には、虚偽の申立てによる不実の記載で足り、その交付を受けることまでは必要なく(注1)、不実が記載された免状等を受け取る行為は、本罪に包含され、別罪を構成しません(注2)。

(注1)大判大4.4.24、(注2)大判昭9.12.10

ウ　未遂犯

本罪の未遂は処罰されます(第3項)。

5　偽造公文書行使等罪

第158条　第154条から前条までの文書若しくは図画を行使し、又は前条第1項の電磁的記録を公正証書の原本としての用に供した者は、その文書若しくは図画を偽造し、若しくは変造し、虚偽の文書若しくは図画を作成し、又は不実の記載若しくは記録をさせた者と同一の刑に処する。

本罪の罪を類型化すると次のようになります。

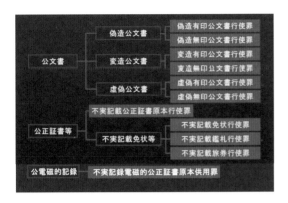

偽造公文書、変造公文書、虚偽公文書、不実記載公正証書原本、不実記載免状等を行使すること、又は不実の電磁的記録を公正証書の原本の用に供することで成立する罪です。

「行使」の意義については、概説（121頁）を参照してください。

本罪は、真正の文書として、偽造公文書等を提示、交付、備え付けなどの方法によって**内容を一般人が認識し得る状態に置くこと**により**既遂**となります。実害の発生は必要ありません(注)。

なお、不実記録電磁的公正証書原本供用罪については、通常、電子計算機に虚偽のデータを入力した時点で、即時、原本としていつでも閲覧の用に供することができる状態に置かれることになることから、電磁的公正証書原本不実記録罪の成立と同時に供用罪も成立します。

本罪の**未遂は処罰されます**（第2項）。

(注)大判昭5.11.21

6　私文書偽造等罪

第159条　行使の目的で、他人の印章若しくは署名を使用して権利、義務若しくは事実証明に関する文書若しくは図画を偽造し、又は偽造した他人の印章若しくは署名を使用して権利、義務若しくは事実証明に関する文書若しくは図画を偽造した者は、3月以上5年以下の懲役に処する。
2　他人が押印し又は署名した権利、義務又は事実証明に関する文書又は図画を変造した者も、前項と同様とする。
3　前二項に規定するもののほか、権利、義務又は事実証明に関する文書又は図画を偽造し、又は変造した者は、1年以下の懲役又は10万円以下の罰金に処する。

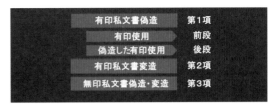

本条は第1項で有印私文書「偽造」の罪、第2項で有印私文書「変造」の罪、そして第3項で無印私文書「偽造・変造」の罪をそれぞれ定めています。

(1)　有印私文書偽造罪（第1項）

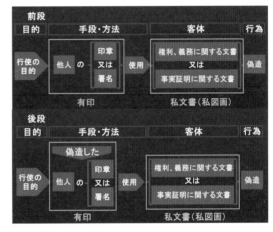

ア　主体

有形偽造なので、**作成権限がない者**に限られます。

イ　客体

公文書、公図画以外の他人の権利義務、又は事実証明に関する文書（若しくは図画）です。一般的に、私文書（私図画）と呼ばれます。

a　「他人」とは、公務所又は公務員以外の者をいい、人であると法人であるとを問いません。

b　「権利、義務に関する文書」とは、権利、義務の発生、存続、変更、消滅に関する事項を記載した文書をいい、権利・義務は、私法上のものであると公法上のものであるとを問いません。判例上、白紙委任状(注1)、借用証書(注2)、銀行の支払伝票(注3)、債権譲渡証(注4)、無記名定期預金証書(注5)、弁論再開申立書(注6)などがあります。

(注1)大判大1.11.26、(注2)大判大4.9.2、(注3)大判大3.4.6、(注4)大判大12.5.24、(注5)最決昭31.12.27、(注6)大判昭14.2.15

c 「事実証明に関する文書」とは、実社会生活に交渉を有する事項を証明するに足りる文書をいいます(注1)。判例上、履歴書(注2)、自動車登録事項等の証明書の交付請求書(注3)、私立大学の学業成績原簿(注4)、私立大学の入学試験答案(注5)、書画の箱書(注6)などがあります。

(注1)大判大 9.12.24、(注2)最決平 11.12.20、(注3)東京高判平 2.2.20、(注4)東京地判昭 56.11.6、(注5)最判平 6.11.29、(注6)大判大 14.10.10

ウ 手段・方法、行為

行使の目的をもって、他人の印章や署名を不正に使用し、又は偽造した他人の印章や署名を使用して私文書を偽造することです。

「署名」には自署のほか記名（印刷などによる氏名表記）も含みます(注)。印章又は署名のいずれかがあれば「有印」であることは前述しました。

偽造した他人の印章又は署名は、行為者自身ではなく他人が偽造したものでも問題ありません。

(注)大判大 45.5.30

エ 既遂時期

一般人をして、作成権者がその権限内において作成したものと誤信させるに足りる程度の外観を備えた時点で既遂となります。実害が発生する必要はありません(注)。

(注)有印公文書変造罪につき大判大 4.9.21

オ 複数文書が併存する場合

判例は、一通の文書に複数文書が併存する場合には、各別に文書性を認めています(注1)。

例えば、交通反則切符原票中の供述書欄は、警察官が作成すべき捜査報告書と一体をなしていますが、捜査報告書とは別個の独立した私文書として、同供述書欄に他人の名前を冒用した場合には、私文書偽造罪が成立します(注2)。他方、警察官の取り調べを受けて、警察官の作成した供述調書の末尾に他人の署名を冒用して署名指印した場合には、当該署名部分は、公文書たる供述調書から独立した刑法上の私文書とはいえないことから私印偽造・同使用罪が成立します(注3)。

(注1)大判明 43.6.23、(注2)最決昭 56.4.8、(注3)東京高判平

7.5.22。また、道路交通法違反（酒気帯び・酒酔い）事件捜査報告書の被疑者署名印欄（前記、交通反則切符の供述書欄のように供述文言のないもの）及び飲酒検知管袋の欄外に、被疑者が他人の氏名を冒用して指印した事案について、原審が有印私文書偽造・同行使罪の成立を認めたのに対し、いずれも独立性を有する文書とはいえないとして、私文書偽造・同行使罪の成立を否定し、私印偽造・同使用罪の成立を認めた裁判例（福岡高判平 15.2.13）がある。

(2) 有印私文書変造罪（第2項）

本罪は、作成権限を有しない者が、行使の目的をもって、真正に作成された有印私文書を変造することにより成立する罪です。

既遂時期は、文書の非本質的部分が改変され、一般人をして以前と異なる新たな証明力を有する文書と誤信させ得る状態に達した時点です。実害が発生する必要はありません(注)。

(注)大判大 4.9.21

(3) 無印私文書偽・変造罪（第3項）

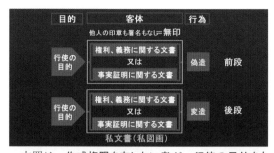

本罪は、作成権限を有しない者が、行使の目的をもって、他人の印章及び署名がない無印私文書を偽造又は変造することにより成立する罪です。

7 虚偽診断書等作成罪

第 160 条 医師が公務所に提出すべき診断書、検案書又は死亡証書に虚偽の記載をしたときは、3 年以下の禁錮又は 30 万円以下の罰金に処する。

本罪は、医師が、行使の目的をもって、公務所に提出すべき診断書(注1)、検案書(注2)、死亡証書(注3)に虚偽記載をすることにより成立する罪で、無形偽造を処罰するものです。

(注1)医師が診察の結果得た診断を表示し、人の健康上の状態を証明するために作成する文書。(注2)死後初めて死体に接した医師が死亡の事実を医学的に確認した結果を記載する書面。(注3)生前から診断に当たっていた医師が患者の死亡時に作成する死亡診断書

(1) 主体

本罪にいう医師は私人に限られ、公務員たる医師が本条に該当する行為を行った場合には、虚偽公文書作成等罪が成立します(注。123頁の公立病院医師の例)。

医師でない者が、私人たる医師の名義を冒用して本罪の客体たる文書を作成した場合は、私文書偽造罪で問擬されます。

(注)最判昭 23.10.23

(2) 公務所への提出

医師自ら提出する場合に限らず、他の者によって提出される場合でも問題ありません(注)。

(注)大判大 5.6.26

(3) 虚偽記載

虚偽の記載とは、客観的事実に反する一切の記載をいい、事実の記載のみならず、判断の記載をも含みます(注1)。判例上、安静加療の必要がないのに、その必要ありと記載した場合(注2)、柿の木からの墜落による脳障害の事故死亡を脳溢血による病死と記載した場合(注3)、死亡時刻をことさら1時間前の時刻で記載した場合(注4)などがあります。

(注1)大判昭 13.6.18、(注2)大判大 5.6.26、(注3)大判大 12.2.24、(注4)大判昭 13.6.18

(4) 犯意

作成する診断書、検案書、死亡証書が公務所に提出されるものであること、かつ、これに虚偽記載することを認識・認容すること（未必的で可）が必要です。

(5) 既遂時期

虚偽記載の診断書、検案書、死亡証書が作成された時点が既遂です。公務所に提出されることは要しません。

8 偽造私文書等行使罪

第161条 前二条の文書又は図画を行使した者は、その文書若しくは図画を偽造し、若しくは変造し、又は虚偽の記載をした者と同一の刑に処する。
2 前項の罪の未遂は、罰する。

本罪は、偽造又は変造された私文書又は医師が虚偽の記載をした公務所に提出すべき診断書、検案書、死亡証書を行使することにより成立する罪です。

「行使」は、公文書の場合と同様に真正な文書として使用することで、内容を一般人が認識し得る状態に置けば既遂となります（121頁参照）。虚偽記載の診断書等の場合は、公務所への提出です。

犯意については、行使される文書が偽造又は変造の私文書、あるいは医師が虚偽の記載をした公務所に提出すべき診断書等であることの認識と、これらを真正、真実な文書として、その用法に従い使用することの認識が必要です。

本罪の未遂は処罰され（第2項）、虚偽診断書等行使罪の場合は、診断書等を公務所に提出する行為に着手したが、これを遂げなかった場合が未遂です。

9 電磁的記録不正作出・供用罪

第161条の2 人の事務処理を誤らせる目的で、その事務処理の用に供する権利、義務又は事実証明に関する電磁的記録を不正に作った者は、5年以下の懲役又は 50 万円以下の罰金に処する。
2 前項の罪が公務所又は公務員により作られるべき電磁的記録に係るときは、10年以下の懲役又は100万円以下の罰金に処する。
3 不正に作られた権利、義務又は事実証明に関する電磁的記録を、第1項の目的で、人の事務処理の用に供した者は、その電磁的記録を不正に作った者と同一の刑に処する。
4 前項の罪の未遂は、罰する。

本条第1項は、私文書偽造に対応するもので、人の事務処理を誤らせる目的で、その事務処理の用に供する権利、義務又は事実証明に関する電磁的記録を不正に作ることにより成立する罪です。電磁的記録の性質上、有印無印の区別はありません。

第2項は、公文書偽造に対応するもので、対象が「権利、義務又は事実証明に関するもの」に限られています。

(1) 私・公電磁的記録不正作出罪（第1項、第2項）

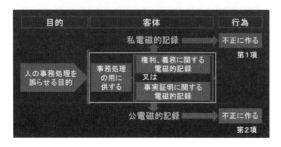

ア 主体

本罪の主体は、電磁的記録の作出権限を有しない者、又は作出権限を有する場合でその権限を濫用する者です。

イ 目的

「人の事務処理を誤らせる目的」は、文書偽造罪の「行使の目的」に対応するもので、不正に作られた電磁的記録を用いて、他人の事務処理を誤らせる目的です。「人」とは、行為者以外の者のことで法人も含みます。

ウ 客体

a 第1項

「事務処理」とは、財産上、身分上その他人の生活関係に影響を及ぼし得ると認められる事柄の処理をいいます。私文書偽造の場合と同様、権利、義務又は事実証明に関する電磁的記録に限定されます。

b 第2項

公務所又は公務員の職務の遂行として作出される電磁的記録をいい、権利、義務又は事実証明に関するものに限られます。例えば、自動車登録ファイル、住民基本台帳ファイルなどがこれにあたります。

エ 行為

「不正に作った」の「不正に」とは、事務処理を行なおうとする者の意思に反して、権限を与えられることなしに、あるいは権限を濫用して電磁的記録を作出することです。内容が虚偽か否かを問わず、記録を初めから作出する場合のほか、既存の記録を部分的に改変、抹消することにより新たな電磁的記録を作出したと評価できる場合も含みます。例えば、パソコン通信のホストコンピュータ内の顧客データベースファイルを改ざんする行為(注1)、日本中央競馬会の不的中馬券（いわゆる外れ馬券）の磁気ストライプ部分に的中馬券と同一内容を印磁する行為(注2)、受信権限のない衛星放送を受信して視聴するためにB-CASカードに記録された電磁的記録を改変するような行為(注3)などがこれにあたります。

(注1)京都地判平 9.5.9、(注2)甲府地判平 1.3.31、(注3)大阪高判平 26.5.22

(2) 不正作出私・公電磁的記録供用罪（第3項）

本罪は、人の事務処理を誤らせる目的で、不正に作出された権利・義務又は事実証明に関する私電磁的記録又は公電磁的記録を人の事務処理の用に供することにより成立する犯罪で、文書偽造の罪の行使罪に相当します。

例えば不正作出されたキャッシュカードを銀行のATMに挿入する行為や不正勝馬投票券（前掲）を投票券自動払戻機に挿入する行為、顧客ファイルのような備付型電磁的記録の場合は、作出行為が完了し、当該事務処理に用い得る状態に置くことです。

本罪の未遂は処罰されます（第4項）。

第4 有価証券偽造の罪

| 有価証券偽造の罪 | 有価証券偽造等罪(162) |
| | 偽造有価証券行使等罪(163) |

1 有価証券偽造等罪

> 第162条 行使の目的で、公債証書、官庁の証券、会社の株券その他の有価証券を偽造し、又は変造した者は、3月以上10年以下の懲役に処する。
> 2 行使の目的で、有価証券に虚偽の記入をした者も、前項と同様とする。

本条は、第1項で有価証券偽・変造罪を、第2項で有価証券虚偽記入罪をそれぞれ定めています。

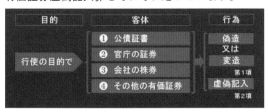

(1) 主体

偽・変造罪については客体たる有価証券の作成権限を有しない者、虚偽記入については格別の制限はありません。

(2) 客体

有価証券であり、公債証書、官庁の証券、会社の株券はその例示です。

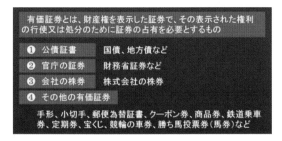

「有価証券」とは、財産上の権利が証券に表示され、その表示された権利の行使又は処分のために証券の占有を必要とするものをいいます(注1)。

「公債証書」とは、公的機関の債務を証明する証書で国債、地方債等がこれにあたり、「官庁の証券」とは、官庁名義の有価証券で財務省証券(注2)等があります。「会社の株券」は、株式会社が発行する株主としての地位を表示する証券です。そのほか、手形、小切手、郵便為替証書(注3)、クーポン券、商品券、鉄道乗車券、定期券、宝くじ、さらには競輪の車券、勝ち馬投票券(馬券)なども刑法上の有価証券にあたり

ます。

虚偽記入罪(第2項)では、真正に作成された有価証券はもちろん、一般人をして真正・有効な有価証券と誤信させる程度の外観を呈する限り、偽造のもの(注4)であると、私法上の有効要件を欠き無効なもの(注5)であるとを問いません。

(注1)最判昭32.7.25、(注2)財政法第7条に規定する国庫の資金繰りのための短期証券(財務省ホームページ)、(注3)所定の受取人欄記載の者が、証書と引き換えに表示された金額の現金を受け取ることができる。(注4)大判明43.2.1、(注5)大判大2.6.30

(3) 行使の目的

偽・変造された有価証券を真正なものとして、又は内容の真実なものとして、その情を知らない者に対して使用することです。他人に行使させる目的でもよく(注1)、証券を流通させる目的ではなく(注2)単に「見せ手形」として使用する場合であっても問題ありません(注3)。

(注1)大判大15.12.23、(注2)東京高判昭32.5.24、(注3)大判昭7.5.5

(4) 行為

ア 偽造

本罪にいう「偽造」とは、作成権限を有しない者が、名義を偽って他人の有価証券を作成することで、その方法に制限はありません。偽造といい得るためには、外形上一般人をして真正に成立した有価証券と誤信させるに足る外観を具備することが必要です。誤信させるものであれば、必ずしも有価証券としての完全な法定様式を備えることは要しません(注)。

(注)大判明35.6.5

イ 変造

本罪にいう「変造」とは、真正に成立した他人名義の有価証券に、その有価証券としての同一性を害さない程度の範囲で、ほしいままに変更を加えることです。日付や金額の数字の書き換えが典型例です。

本質的部分に変動を生じさせた場合は偽造となり、例えば、期限切れの通勤定期券の期日を書き換え、有効なもののように見せかける行為は、新たな定期券を作成したものとして偽造と評価されます。はず

れ宝くじを改ざんして、当選くじに見せかける行為も同様です。

ウ 虚偽記入

本罪にいう「虚偽記入」とは、有価証券に真実に反する記載をすることをいいます。流通に置く目的は不要で、真正の記入として誤信させる目的があれば問題ありません。

2 偽造有価証券行使等罪

第163条 偽造若しくは変造の有価証券又は虚偽の記入がある有価証券を行使し、又は行使の目的で人に交付し、若しくは輸入した者は、3月以上10年以下の懲役に処する。
2 前項の罪の未遂は、罰する。

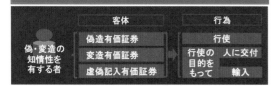

本罪は、偽・変造の有価証券又は虚偽の記入をした有価証券を、その偽・変造又は虚偽記入に係るものであることを知りながら行使し、又は行使の目的で人に交付し若しくは輸入することにより成立する罪です。

(1) 客体

偽・変造、虚偽記入をした有価証券で、他人の手により偽造等されたものでもよく、行使の目的で偽造等をしたものである必要もありません。

(2) 行為

ア 行使

「行使し」とは、真正な、又は内容が真実の有価証券として使用することをいいます。通貨の場合のように流通に置く必要はありません。

イ 行使の目的

「行使の目的」とは、交付される者に行使させる目的(注1)をいいます。現実に被交付者が行使したか否かは本罪の成否に影響がありません(注2)。

(注1)大判明44.5.29、(注2)大判昭7.4.20

ウ 交付

「交付」とは、偽・変造、虚偽記入に係る有価証券であることを知っている者に対して、これを引渡すこと

をいいます(注)。行為者がその情を明かした場合であると、被交付者がたまたま知っていた場合であるとを問いません。なお、情を知らない者に引渡す場合は、交付ではなく行使にあたります。

(注)大判昭2.6.28

(3) 既遂時期

ア 行使

偽・変造、虚偽記入に係る有価証券を真正、内容真実なものとして他人の認識できる状態に置いた時点で既遂となります。

イ 交付

行使の目的をもって情を知っている他人に交付することにより既遂となります。

ウ 輸入

空輸の場合は、着陸した航空機から機外に取り降ろした時点、海路の場合は、陸揚げした時点と解されています。

(4) 未遂犯

本罪の未遂は処罰されます（第2項）。

第5 支払用カード電磁的記録に関する罪

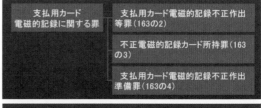

本罪が保護する法益は、支払用カードを構成する電磁的記録の真正、ひいてはこれら支払用カードを用いた支払いシステムに対する社会的信頼です。

1 支払用カード電磁的記録
不正作出等罪

第163条の2　人の財産上の事務処理を誤らせる目的で、その事務処理の用に供する電磁的記録であって、クレジットカードその他の代金又は料金の支払用のカードを構成するものを不正に作った者は、10年以下の懲役又は100万円以下の罰金に処する。預貯金の引出用のカードを構成する電磁的記録を不正に作った者も、同様とする。
2　不正に作られた前項の電磁的記録を、同項の目的で、人の財産上の事務処理の用に供した者も、同項と同様とする。
3　不正に作られた第1項の電磁的記録をその構成部分とするカードを、同項の目的で、譲り渡し、貸し渡し、又は輸入した者も、同項と同様とする。

支払用カード電磁的記録不正作出罪（第1項）
不正作出支払用カード電磁的記録供用罪（第2項）
不正電磁的記録カード譲渡し等罪（第3項）

本条は、第1項で支払用カード電磁的記録不正作出罪、第2項で不正作出支払用カード電磁的記録供用罪、第3項で不正電磁的記録カード譲渡し等罪をそれぞれ定めています。

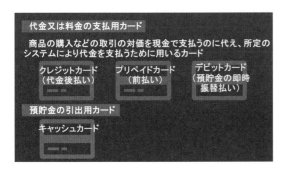

本罪の対象となるカードは、「クレジットカードその他の代金又は料金の支払用のカード」及び「預貯金の引出用のカード」です。

「代金又は料金の支払用のカード」とは、クレジットカード（代金後払い）、プリペイドカード（前払い）、デビットカード（預貯金の即時振替払い）など商品の購入などの取引の対価を現金で支払うのに代え、所定のシステムにより代金を支払うために用いるカードをいいます。

なお、デパート、大型量販店などの蓄積されたポイントの範囲内で顧客が割引等を受けられる顧客サービス用カードは、対価の支払いに用いられないので本罪の客体には含まれません。

「預貯金の引出用のカード」とは、郵便局、銀行等が発行する預貯金に関するキャッシュカードです。

(1) 支払用カード電磁的記録不正作出罪（第1項）

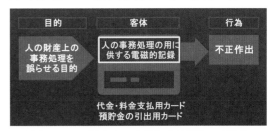

本罪は、人の財産上の事務処理を誤らせる目的で、その事務処理の用に供する電磁的記録であって、クレジットカードその他の代金又は料金の支払用のカードを構成するものを不正に作る行為、あるいは預貯金の引出用のカードを構成する電磁的記録を不正に作る行為を処罰の対象とするものです。

ア　目的

「人の財産上の事務処理を誤らせる目的」とは、不正に作られた電磁的記録を用いて人の財産関係に影響を及ぼし得ると認められる事柄の処理を誤らせる目的をいいます。財産上の事務に限定されます。

イ　客体

本罪の客体は、支払用カード（板）と一体となった状態の電磁的記録で、一定のシステムに用いられるものに限られます。

ウ　不正作出

「不正に作った」とは、記録を始めから作り出す場合のほか、既存の記録の部分を改変することによって新たな電磁的記録にする場合も含まれます。不正に作るのは電磁的記録部分であり、カード表面の印刷部分の改変は含まれません。

エ　未遂犯

本罪の未遂は処罰されます（第163条の5）。

(2) 不正支払用カード電磁的記録供用罪（第2項）

本罪は、電磁的記録を不正に作出したクレジットカードやキャッシュカードをシステム端末に通させたり、ATMに挿入する等、不正に作られた支払用カードの電磁的記録を、人の財産上の事務処理を誤らせる目的で、その事務処理の用に供する行為を処罰の対象とするものです。未遂も処罰されます（第163条の

5)。

(3) 不正電磁的記録カード譲渡し等罪（第3項）

本罪は、不正に作られた支払用カードの電磁的記録をその構成部分とするカードを、人の財産上の事務処理を誤らせる目的で、譲り渡し、貸し渡し、又は輸入する行為を処罰の対象とするものです。譲り渡し、貸し渡しの相手方が、不正に作出されたものであるという認識を有しているか否かを問いません。

本罪の未遂は処罰されます（第163条の5）。

2 不正電磁的記録カード所持罪

第163条の3 前条第1項の目的で、同条第3項のカードを所持した者は、5年以下の懲役又は50万円以下の罰金に処する。

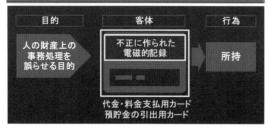

人の財産上の事務処理を誤らせる目的で、不正に作られた電磁的記録をその構成部分とするカード（「不正電磁的記録カード」）を所持する行為を処罰の対象とするものです。

「所持」とは、事実上支配していることで、所持者には「人の財産上の事務処理を誤らせる目的」が必要であることから、単に、窃取又は拾得した他人名義のカードを所持しているだけでは、本罪は成立しません。

3 支払用カード電磁的記録 不正作出準備罪

第163条の4 第163条の2第1項の犯罪行為の用に供する目的で、同項の電磁的記録の情報を取得した者は、3年以下の懲役又は50万円以下の罰金に処する。情を知って、その情報を提供した者も、同様とする。
2 不正に取得された第163条の2第1項の電磁的記録の情報を、前項の目的で保管した者も、同項と同様とする。
3 第1項の目的で、器械又は原料を準備した者も、同項と同様とする。

本条は、他人のカードの磁気ストライプ部分の電磁的記録をコピーして一体としてのカード情報を盗み取る行為（スキミング）等を処罰の対象とするものです。

> 支払用カード電磁的記録情報取得罪（第1項・前段）
> 支払用カード電磁的記録情報提供罪（第1項・後段）
> 支払用カード電磁的記録情報保管罪（第2項）
> 支払用カード電磁的記録不正作出器械原料準備罪（第3項）

第1項前段で支払用カード電磁的記録情報取得罪、同項後段で支払用カード電磁的記録情報提供罪、第2項で支払用カード電磁的記録情報保管罪、第3項で支払用カード電磁的記録不正作出器械原料準備罪をそれぞれ定めています。

(1) 支払用カード電磁的記録情報取得罪（第1項前段）、支払用カード電磁的記録情報提供罪（同項後段）

本罪は、支払用カード電磁的記録不正作出行為の用に供する目的で、支払用カードを構成する電磁的記録の情報を取得する行為及びその電磁的記録の情報を情を知って提供する行為を処罰の対象とするものです。

「取得」とは、支払用カードを構成する電磁的記録の情報を自己の支配下に移す行為で、スキミング行為がその典型例です。

「情を知って、その情報を提供」の「情を知って」とは、不正作出の用に供せられることを知ってということ、「提供」とは、カードを構成する電磁的記録の情報を相手方が利用できる状態に置くことをいいます。例えば、カード情報が記録されている記録媒体を相手方に交付する行為などが考えられます。

本罪の未遂は処罰されます（第163条の5）。

(2) 支払用カード電磁的記録情報保管罪（第2項）

本罪は、不正に取得された支払用カードを構成する電磁的記録の情報を支払用カード不正作出の用に

供する目的で保管する行為を処罰の対象とするものです。

「保管」とは、電磁的記録の情報を自己の管理、実力支配内に置くことをいいます。スキマー（注）やパソコンのハードディスクでの保存をはじめ磁気情報の内容をそのままプリントアウトしたものなどで保管する場合も含まれます。

（注）キャッシュカードやクレジットカードの電磁的記録情報を読み取る装置、スキミングカードリーダーの略。

(3) 支払用カード電磁的記録不正作出器械原料準備罪（第3項）

本罪は、支払用カード電磁的記録不正作出の用に供する目的で器械又は原料を準備する行為を処罰の対象とするものです。

器械又は原料の準備とは、カードに電磁的記録を印磁するカードライター、不正作出支払用カードの原版となるプラスティック板（いわゆる生カード）などを準備し、これらを利用してその目的を遂行できる状態に置く行為で、不正作出の行為に未だ着手していない段階です。

第6　印章偽造の罪

印章偽造の罪	御璽偽造・不正使用等罪（164）
	公印偽造・不正使用等罪（165）
	公記号偽造・不正使用等罪（166）
	私印偽造・不正使用等罪（167）

1　御璽偽造・不正使用等罪

第164条　行使の目的で、御璽、国璽又は御名を偽造した者は、2年以上の有期懲役に処する。
2　御璽、国璽若しくは御名を不正に使用し、又は偽造した御璽、国璽若しくは御名を使用した者も、前項と同様とする。

本罪は、行使の目的で、御璽（天皇の印章）、国璽（日本国の印章）、御名（天皇の署名）を偽造する行為、御璽、国璽、御名を不正に使用し、又は偽造した御璽、国璽、御名を使用する行為を処罰の対象とするものです。

2　公印偽造・不正使用等罪

第165条　行使の目的で、公務所又は公務員の印章又は署名を偽造した者は、3月以上5年以下の懲役に処する。
2　公務所若しくは公務員の印章若しくは署名を不正に使用し、又は偽造した公務所若しくは公務員の印章若しくは署名を使用した者も、前項と同様とする。

(1) 公印偽造罪（第1項）

本罪は、行使の目的で、公務所又は公務員の印章又は署名を偽造する行為を処罰の対象とするものです。

ア　主体

公務所の印章等の作成、あるいは記載する権限を有しない者です。

イ　行使の目的

本罪にいう「行使」は、第2項の「使用」と同義で、正当に押捺、作成されたものとして他人に閲覧、ないしは閲覧し得る状態に置くことをいいます。

ウ　客体

a　公務所又は公務員の印章

公務上使用される印章をいい、公務上使用されるものである限り、職員たると私印たると認印たるとを問いません。

b　公務所又は公務員の署名

公務所又は公務員の呼称、身分を明らかにして行った署名をいいます。署名には、記名を含みます。

エ　偽造

印章の偽造とは、権限なく紙などの物体の上に真正なものと誤信させるような印影を「表示」する行為で、偽造された印顆（形）の使用や印影を細工しカラーコピー機を利用するようなケースが考えられます。

署名の偽造とは、権限なく他人の署名と誤信させるような外観のものを記載する行為のことです。ペンなどで書くほか、器械によって転写する場合なども含まれると解されています。

オ 他罪との関係

偽造の印章、署名の使用が**公文書・有価証券偽造**の**手段**として行われた場合には、本罪は公文書・有価証券偽造罪に**吸収**され(注1)、公文書・有価証券偽造罪が**未遂にとどまったとき**は、本罪が**成立**します(注2)。

また、本罪を犯した者が、引き続いて**公印不正使用罪**にあたる行為を行った場合は、**牽連犯**となります(注3)。

(注1)大判明 44.3.21、(注2)大判明 44.5.12、(注3)名古屋高金沢支判昭 27.4.11

(2) 公印不正使用等罪(第2項)

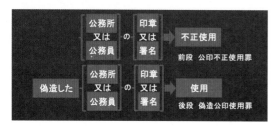

ア 公印不正使用罪(前段)

本罪は、**権限のない者**が、あるいは**権限ある者**がその権限を逸脱して、**真正な公務所又は公務員の印章若しくは署名**を、他人に対して**使用する行為**を処罰の対象とするものです。権限なく使用する認識があれば、それ以上の違法性の認識は必要ありません(注)。

(注)大判大 5.7.3

イ 偽造公印使用罪(後段)

本罪は、**偽造された公務所又は公務員の印章又は署名**を真正なものとして他人に対して**使用する行為**を処罰の対象とするものです。

ウ 未遂犯

本罪の**未遂は処罰**されます(第 168 条)。

エ 他罪との関係

本罪にあたる行為が、**公文書・有価証券偽造の手段**として行われた場合には、本罪は公文書・有価証券偽造罪に**吸収**され(注1)、公文書・有価証券偽造罪が**未遂にとどまったとき**は、本罪が**成立**します(注2)。

(注1)最決昭 32.11.29、(注2)大判明 44.5.12

3 公記号偽造・不正使用等罪

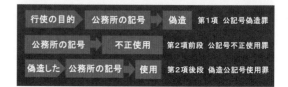

第166条 行使の目的で、公務所の記号を偽造した者は、3年以下の懲役に処する。
2 公務所の記号を不正に使用し、又は偽造した公務所の記号を使用した者も、前項と同様とする。

(1) 公記号偽造罪(第1項)

本罪は、**行使の目的**で、**公務所の記号**を偽造する行為を処罰の対象とするものです。

ア 主体

公務所の記号を作成する**権限を有しない者**です。

イ 客体

「**公務所の記号**」とは、公務所がある一定の事項を証明、表示するための簡略な表示をいいます。例えば、**警察手帳の表紙**(注1)、商品のラベルに押捺された**物品税表示証の表示(検印)**(注2)、産米の包装に押捺する**検査合格表示の印**(注3)などが、これにあたります。

(注1)東京地判平 14.2.8。警察手帳を偽造し、インターネットオークションに出品した行為が、買主により悪用される蓋然性を認識していたとして行使の目的が認められるとして、本罪が成立するとされた。(注2)最決昭 32.6.8、(注3)大判大 8.3.27

ウ 偽造

本罪にいう「**偽造**」とは、**権限を有しない者**が、公務所の記号を作出することをいい、通常人をして真正な記号と誤信させる程度のものであることを必要とします(注)。

(注)最決昭 32.6.8

(2) 公記号不正使用罪(第2項前段)、偽造公記号使用罪(第3項)

本罪は、**公務所の記号を不正に使用する行為**(前段)、**偽造した公務所の記号を使用する行為**を処罰の対象とするものです。

4　私印偽造・不正使用等罪

第167条　行使の目的で、他人の印章又は署名を偽造した者は、3年以下の懲役に処する。
2　他人の印章若しくは署名を不正に使用し、又は偽造した印章若しくは署名を使用した者も、前項と同様とする。

（1）私印偽造罪（第1項）

本罪は、行使の目的で、他人の印章又は署名を偽造する行為を処罰の対象とするものです。

ア　主体

他人の印章又は署名の作成、記載の権限を有しない者です。

イ　行使の目的

本罪にいう「行使」は、正当に押捺、作成されたものとして他人に閲覧、ないしは閲覧し得る状態に置くことをいいます。

ウ　客体

本罪にいう「他人」とは、公務所又は公務員以外の他人をいい、法人や法人格なき社団、外国の公務所、公務員も本罪の他人にあたります（注）。

（注）最判昭24.4.14

エ　偽造

印章の偽造とは、権限なく紙などの物体の上に真正なものと誤信させるような印影を「表示」する行為で、偽造された印顆（形）の使用や印影を細工しカラーコピー機を利用するようなケースが考えられます。

署名の偽造は、権限なく他人の署名と誤信させるような外観のものを記載する行為です。

オ　他罪との関係

偽造の印章、署名の使用が私文書・有価証券偽造の手段として行われた場合には、本罪は私文書・有価証券偽造罪に吸収され（注1）、私文書・有価証券偽造罪が未遂にとどまったときは、本罪が成立します。

また、本罪を犯した者が、引き続いて公印不正使用罪にあたる行為を行った場合は、牽連犯となります（注2）。

（注1）大判明42.4.30、（注2）大判昭8.8.23

（2）私印不正使用罪（第2項前段）、偽造私印使用罪（同後段）

本罪は、他人の印章又は署名を不正に使用する行為（前段）、偽造した他人の印章又は署名を使用する行為（後段）を処罰の対象とするものです。例えば、画家の許諾を受けないで、日本画の複製銅版画を多数制作した際、勝手に作成した著作権者の名を刻した印鑑を冒捺する行為（注1）、司法警察員作成の供述調書末尾の供述人欄に他人の氏名を署名して指印し提出する行為（注2）などが、これにあたります。

（注1）東京地判昭63.4.19、（注2）東京高判平13.7.16

第7　不正指令電磁的記録に関する罪

不正指令電磁的記録に関する罪	不正指令電磁的記録作成等罪（168の2）
	不正指令電磁的記録取得等罪（168の3）

不正指令電磁的記録に関する罪はいわゆるコンピュータ・ウイルスの作成、提供、供用、取得、保管行為を処罰の対象とするもので、保護法益は、電子計算機のプログラムに対する社会の信頼です。

1　不正指令電磁的記録作成等罪

第168条の2　正当な理由がないのに、人の電子計算機における実行の用に供する目的で、次に掲げる電磁的記録その他の記録を作成し、又は提供した者は、3年以下の懲役又は50万円以下の罰金に処する。
一　人が電子計算機を使用するに際してその意図に沿うべき動作をさせず、又はその意図に反する動作をさせるべき不正な指令を与える電磁的記録
二　前号に掲げるもののほか、同号の不正な指令を記述した電磁的記録その他の記録
2　正当な理由がないのに、前項第一号に掲げる電磁的記録を人の電子計算機における実行の用に供した者も、同項と同様とする。
3　前項の罪の未遂は、罰する。

本罪は、第1項で不正指令電磁的記録作成罪と不正指令電磁的記録提供罪を、第2項で不正指令電磁的記録供用罪をそれぞれ定めています。

(1) 不正指令電磁的記録作成罪、同提供罪（第1項）

　本罪は、正当な理由がないのに、人の電子計算機における実行の用に供する目的で、「❶、❷の電磁的記録その他の記録」を作成、又は提供する行為、具体的に言えば、正当な理由がないのに、使用者の意図とは無関係に勝手に実行されるようにする目的で、コンピュータ・ウイルス等を作成、提供する行為を処罰の対象とするものです。

ア　客体

　「❶、❷の電磁的記録その他の記録」とは、不正な指令を与える電磁的記録（不正電磁的記録）であることの認識のない（行為者以外の）他人が電子計算機を使用する際、①意図に沿うべき動作をさせない、若しくはその意図に反する動作をさせる不正指令電磁的記録（第1号）、又は②不正な指令を記述した電磁的記録その他の記録（第2号）です。

　「その他の記録」とは、コンピュータ・ウイルスの機能を有するプログラムを電磁的記録以外の媒体で記録したもので、プログラムのソースコード（注）を紙媒体に印刷したものなどが考えられます。

　（注）プログラミング言語を用いて記述したソフトウェアやプログラムの設計図

イ　前提条件

　「正当な理由がないのに」とは、「違法に」という意味で、ウイルス対策ソフトの開発や試験などの正当な理由があれば処罰されません。

ウ　目的

　本罪は目的犯であり、「人の電子計算機における実行の用に供する目的」が必要で、不正指令電磁的記録であるとの認識のない第三者のコンピュータで実行され得る状態に置くこと、例えば、

● 不正指令電磁的記録の実行ファイルを電子メールに添付して送付し、そのファイルを、事情を知らず、かつ、そのようなファイルを実行する意思のない第三者のパソコン上にいつでも実行できる状態に置くこと
● 不正指令電磁的記録の実行ファイルをウェブサイト上でダウンロード可能な状態に置き、事情を知らない第三者にそのファイルをダウンロードさせるなどして、そのようなファイルを実行する意思のない者のパソコン上にいつでも実行可能な状態に置くこと

などといった目的です。

エ　行為

　「作成」とは、不正指令電磁的記録を新たに記録媒体上に作り出すことをいい、「提供」とは、不正指令電磁的記録等であることを知った上で取得しようとする者に対して、これをその支配下に移して事実上利用し得る状態に置くことをいいます。

(2) 不正指令電磁的記録供用罪（第2項）

　本罪は、正当な理由がないのに、人が電子計算機を使用するに際して、その意図に沿うべき動作をさせず、又はその意図に反する動作をさせる不正指令電磁的記録を人の電子計算機における実行の用に供する行為、具体的に言えば、コンピュータ・ウイルスを使用者の意図とは無関係に勝手に実行される状態にする行為を処罰の対象とするものです。

　本罪の未遂は処罰されます（第168条の2　3項）。例えば、不正指令電磁的記録を他人の電子計算機で実行させようと企て、電子メールに添付して送信したものの、受信者のプロバイダのメールボックスに記録させるに止まった場合や、同じように送信して電子計算機のハードディスクに取り込ませたが、ウ

イルス対策ソフトにより発見駆除された場合などが
考えられます。

2 不正指令電磁的記録取得等罪

第168条の3 正当な理由がないのに、前条第1項の目的で、同
項各号に掲げる電磁的記録その他の記録を取得し、又は保管し
た者は、2年以下の懲役又は30万円以下の罰金に処する。

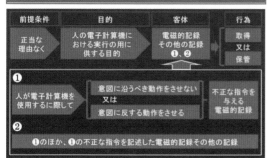

本罪は、正当な理由がないのに、人の電子計算機
における実行の用に供する目的で、人が電子計算機を
使用するに際して、その意図に沿うべき動作をさせ
ず、又はその意図に反する動作をさせる不正指令電
磁的記録を取得、又は保管する行為、あるいはそれ
らの不正な指令を記述した電磁的記録を取得、又は保
管する行為を処罰の対象とするものです。

「取得」とは、不正指令電磁的記録等であることを
知った上でこれを自己の支配下に移す一切の行為を
いい、例えば、不正指令電磁的記録が記録されてい
るDVD等の記録媒体の交付を受ける行為や不正指
令電磁的記録が添付された電子メールをメールサー
バーのメールボックスで受信する行為などがこれに
あたります。

「保管」とは、不正指令電磁的記録その他の記録
を自己の実力支配内に置いておくことをいいます。

第3節 風俗秩序を害する罪

わいせつ・重婚の罪	❶ 公然わいせつ罪（174）
	❷ わいせつ物頒布等罪（175）
	❸ 淫行勧誘罪（182）
賭博・富くじに関する罪	❶ 単純賭博罪（185） ❷ 富くじ発売等罪（187）

第1 わいせつ・重婚の罪

1 公然わいせつ罪

第174条 公然とわいせつな行為をした者は、6月以下の懲役若
しくは30万円以下の罰金又は拘留若しくは科料に処する。

本罪は、公然と行われるわいせつな行為を処罰の
対象とするものです。

「公然」とは、不特定又は多数人が認識できる状
態のことをいいます(注1)。それらの者が、認識する
可能性があれば足ります。

本罪にいう「わいせつな行為」とは、行為者その
他の者の性欲を刺激興奮又は満足させる動作であっ
て、一般人の正常な性的羞恥心を害し、善良な性的道
義観念に反するものをいいます(注2)。性交はもちろ
ん、単純な陰部露出によっても本罪が成立する場合
があります。

(注1)最決昭32.5.22、(注2)東京高判昭27.12.18

2 わいせつ物頒布等罪

第175条 わいせつな文書、図画、電磁的記録に係る記録媒体
その他の物を頒布し、又は公然と陳列した者は、2年以下の懲
役若しくは250万円以下の罰金若しくは科料に処し、又は懲役
及び罰金を併科する。電気通信の送信によりわいせつな電磁
的記録その他の記録を頒布した者も、同様とする。
2 有償で頒布する目的で、前項の物を所持し、又は同項の電磁
的記録を保管した者も、同項と同様とする。

（1） わいせつ物頒布等罪（第1項）

本罪は、わいせつ文書、図画、電磁的記録に係る
記録媒体その他の物を頒布する行為、若しくは公然
陳列する行為（前段）、又は電気通信の送信によりわ
いせつな電磁的記録その他の記録を頒布する行為

（後段）を処罰の対象とするものです。

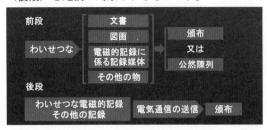

ア　客体

　わいせつな文書、図画、電磁的記録に係る記録媒体、その他の物、又はわいせつな電磁的記録その他の記録です。

a　わいせつの意義

　本罪にいう「わいせつ」とは、判例上、①徒に性欲を興奮又は刺激させ、②普通人の正常な性的羞恥心を害し、③善良な性的道義観念に反するものとされています(注)。

　　(注)最判昭 32.3.13

b　文書、図画、電磁的記録に係る記録媒体、その他の物

　「文書」には、文書偽造罪の場合のような制限はありません。「図画」には、絵画、写真、映画のほかビデオや映画フィルムなどがあります。「電磁的記録に係る記録媒体」とは、パソコンのハードディスクやインターネットのサーバーなどに記録されている情報をいいます。「その他の物」には、彫刻物や置物のほか、わいせつな音声を録音したレコードや録音テープ等(注)も含まれます。

　　(注)東京高判昭 46.12.23

イ　行為

a　頒布

　「頒布」とは、不特定又は多数人に交付することで、有償無償を問いません。

b　電気通信の送信による頒布

　電気通信の送信による頒布とは、不特定又は多数人の記録媒体上に電磁的記録その他の記録を記録・保存させることをいいます(注)。例えば、不特定多数の顧客によるダウンロード操作で、自動的にデータを送信するシステムの配信サイトから送信された

データが、顧客の記録媒体上に記録・保存される場合は、本罪の「頒布」にあたります(注)。

　　(注)最決平 26.11.25

c　公然陳列

　「公然と陳列した」とは、有償無償を問わず、不特定又は多数の者が認識できる状態に置くことをいいます。例えば、インターネットのホームページ上でわいせつな画像データを閲覧可能な形でプロバイダのサーバーに蔵置する行為も陳列にあたります(注)。

　　(注)東京地判平 8.4.22、最決平 13.7.16

(2)　有償頒布目的所持・保管罪（第2項）

　有償で頒布する目的で、わいせつな文書、図画、電磁的記録に係る記録媒体その他の物を所持する行為、又はわいせつな電磁的記録その他の記録を保管する行為も処罰の対象となります。

3　淫行勧誘罪

第182条　営利の目的で、淫行の常習のない女子を勧誘して姦淫させた者は、3年以下の懲役又は 30 万円以下の罰金に処する。

　本罪は、営利の目的で、淫行の常習のない女子を勧誘して姦淫させる行為を処罰の対象とするものです。

　「淫行の常習」とは、不特定人を相手に性的交渉をもつ習慣のことをいい、職業的な売春とは限りません。年齢に関しての制限はなく、実行行為は姦淫の勧誘で、女性が姦淫行為を行った時点で既遂となります。

　なお、児童福祉法は「児童に淫行をさせる行為」を 10 年以下の懲役若しくは 300 万円以下の罰金、又はこれを併科すると規定しています（第 34 条1項6号、第 60 条1項）。

第2　賭博・富くじに関する罪

賭博・富くじに関する罪	賭博罪（185）
	富くじ発売等罪（187）

1 単純賭博罪

> 第185条 賭博をした者は、50万円以下の罰金又は科料に処する。ただし、一時の娯楽に供する物を賭けたにとどまるときは、この限りでない。

　本罪は、賭博行為を処罰の対象とするものです。

　「賭博」とは、博戯又は賭事をすることで、平成7年の改正前の刑法では、偶然の輸贏(ゆえい)に関し財物をもって博戯又は賭事をすることとされており、これと同義です。

　「偶然の輸贏」とは、結果が偶然の事情、すなわち当事者にとって不確定な事情により勝敗を決することをいいます。技量の優劣が勝負を決する大きな要素である場合でも、偶然の事情の影響を受けるもの、例えば、マージャン、囲碁、将棋、さらにはゴルフ、野球や相撲などのスポーツも賭博の対象となり得ます。

　賭博罪には、当事者の双方について偶然性があることが必要で、勝敗の結果が確定しているのにそれを秘して相手に賭けさせて財物を得るいわゆる詐欺賭博は、本罪の賭博にはあたりません(注1)。

　本罪の構成要件にあたる行為であっても、単に「一時の娯楽に供する物を賭けた」ときは、違法性が阻却され、本罪は成立しません。「一時の娯楽に供する物」とは、果物、菓子等を賞品とする場合のようにその経済的価値が極めて僅少で、専ら娯楽を助けるための物をいいます。金銭については、金額の多寡にかかわらず財物（改正前の刑法）に該当するとされており(注2)、多くの場合賭博罪が成立します。

　本罪は、博戯又は賭事に着手することにより既遂となります。

　なお、宝くじ、競馬、オートレース、競輪、競艇などは特別法(注3)により、正当行為（第35条）として公認されています。

　(注1)最判昭26.5.8、(注2)最判昭23.10.7、(注3)当せん金附証票法、競馬法、小型自動車競技法、自転車競技法、モーターボート競走法

2 富くじ罪

> 第187条 富くじを発売した者は、2年以下の懲役又は150万円以下の罰金に処する。
> 2 富くじ発売の取次ぎをした者は、1年以下の懲役又は100万円以下の罰金に処する。
> 3 前二項に規定するもののほか、富くじを授受した者は、20万円以下の罰金又は科料に処する。

　本罪は、富くじを発売し又は発売の取次ぎをし又はその授受をする行為を処罰の対象とするものです。

　「富くじ」とは、事前に番号の記された札・券を発売した上で、抽選その他の方法により、その札・券の購入者の間に不平等な利益を配分するものをいいます。

　賭博との違いは、富くじの購入者が財産上の危険を負うだけで、発売する側にはその危険がないという点です。

　「発売」とは、富くじを多数の人に有償で譲渡すること、「取次ぎ」とは、発売者と購入者との間で売買の斡旋をすること、「授受」とは、発売・取次ぎを除く富くじの所有権を移転するすべての行為をいいます。

第3 礼拝所・墳墓に関する罪

　礼拝所・墳墓に関する罪は、社会的秩序・風俗としての一般的宗教感情・習俗及び宗教的平穏を保護法益とするものです。

1 礼拝所不敬・説教等妨害罪

> 第188条 祝祠、仏堂、墓所その他の礼拝所に対し、公然と不敬な行為をした者は、6月以下の懲役若しくは禁錮又は10万円以下の罰金に処する。
> 2 説教、礼拝又は葬式を妨害した者は、1年以下の懲役若しくは禁錮又は10万円以下の罰金に処する。

(1) 礼拝所不敬罪（第1項）

本罪は、**神祠**（しんし）、**仏堂、墓所その他の礼拝所**に対する、**公然となされる不敬な行為**を処罰の対象とするものです。

ア 主体
格別の制限はありません。

イ 客体
神祠、仏堂、墓所その他の礼拝所です。

a 「**神祠**」とは、**神道の神を祀った場所**をいいます。造りや大小は問いませんが、社務所や庫裡（くり）(注)は、これに含まれません。

(注)台所、居住する場所を意味する。

b 「**仏堂**」とは、**仏を祀った場所**をいいます。殿堂の造りや大小、宗旨(注)のいかんを問いません。

(注)宗教の流派

c 「**墓所**」とは、**人の遺体や遺骨を埋葬して死者を祭祀する場所**をいいます。このような場所であれば、墓碑や墓標がなくても墓所にあたりますが、単に人の死後の魂のみを祀る場所や生前に墓石を刻んで建立した場所は、これに含まれません。

d 「**その他の礼拝所**」とは、神祠、仏堂、墓所以外の**市民が宗教的崇敬をささげる場所**をいい、キリスト教の礼拝所などがあります。

ウ 行為
公然と不敬な行為をすることです。

a 「**公然**」とは、**不特定又は多数の者が認識することができる状態**をいい、その可能性があれば、現実に他人に覚知されることも公衆の面前であることも必要ありません。例えば、共同墓地の墓碑を押し倒した行為が午前2時から6時ころにかけて行われても「公然」にあたります(注)。

(注)最決昭43.6.5

b 「**不敬な行為**」とは、礼拝所を損壊、除去、汚染、転倒するような礼拝所の尊厳を冒涜する行為

一般を意味します。例えば、墓碑を押し倒す行為(注1)、墓所に放尿する格好をする行為(注2)などがあります。

(注1)福岡高判昭61.3.13、(注2)東京高判昭27.8.5

(2) 説教等妨害罪（第2項）

本罪は、**説教、礼拝、葬式を妨害する行為**を処罰の対象とするものです。

ア 主体
格別の制限はありません。

イ 客体
説教、礼拝、葬式に限定され、宗教的色彩を帯びる結婚式の妨害行為は本罪にはあたりません(注)。

(注)場合によっては、業務妨害罪や軽犯罪法1条24号（儀式妨害の罪）の成否の問題となる。

a 「**説教**」とは、**宗教上の教義を説く行為**をいいます。

b 「**礼拝**」とは、**神仏等に宗教的崇敬の念を示す動作**をいいます。

c 「**葬式**」とは、**死者の霊を弔う儀式**をいいます。通夜は、葬式そのものではありませんが、本罪にいう礼拝にあたります(注)。

(注)大判昭14.11.11

ウ 行為
説教等を**妨害**することです。「**妨害**」とは、**説教等の平穏で円滑な挙行に障害となる一切の行為**をいい、遂行の円滑を害すれば足り、現に説教等が阻止されることは必要ではありません。

エ 他罪との関係
軽犯罪法第1条24号（儀式妨害の罪）(注)は、本罪に吸収されます。また、本罪と業務妨害罪は観念的競合となります。

(注)「公私の儀式に対して悪戯などでこれを妨害した者」

2　墳墓発掘罪

第189条　墳墓を発掘した者は、2年以下の懲役に処する。

　本罪は、墳墓を発掘する行為を処罰の対象とするものです。

　「墳墓」とは、人の死体、遺骨、遺髪等を埋葬して死者を祭祀し、礼拝の対象となる場所をいいます。祭祀礼拝の対象とならない古墳(注)や生前に建立した墓石など遺骨等が埋葬されていないものはこれにはあたりません。

　(注)大判昭9.6.13

　「発掘」とは、墳墓の覆土の全部又は一部を除去し、若しくは墓石等を破壊・解体して墳墓を損壊する行為をいい、必ずしも、墳墓内の棺桶、遺骨、死体等を外部に露出させる必要はありません(注)。

　(注)最決昭39.3.11

3　死体損壊等罪

第190条　死体、遺骨、遺髪又は棺に納めてある物を損壊し、遺棄し、又は領得した者は、3年以下の懲役に処する。

　本罪は、死体、遺骨、遺髪又は棺に納めてある物を損壊、遺棄、領得する行為を処罰の対象とするものです。

(1)　成立要件

ア　主体

　格別の制限はありません。

イ　客体

　死体、遺骨、遺髪又は棺に納めてある物（棺内蔵置物）です。

a　死体

　「死体」とは、死亡した人の身体の全部又は一部です。例えば、脳漿(注1)も死体の一部として本罪の対象となり(注2)、胎児の死体も人の形態を具え

ている以上、妊娠月数にかかわらず、本罪にいう「死体」にあたります(注3)。

　(注1)のうしょう。脳脊髄液の通称で、脳の周りを満たしている液。(注2)大判大14.10.16、(注3)大判昭6.11.13

b　遺骨、遺髪

　「遺骨」、「遺髪」とは、死者の祭祀のために埋葬された死者の骨と毛髪をいいます。

c　棺に納めてある物

　「棺に納めてある物」とは、埋葬の際に死体ないし遺骨とともに棺内に入れて置かれた副葬品のことをいいます(注)。

　(注)大判大8.3.6

ウ　行為

　死体等を損壊、遺棄、領得することです。

a　損壊

　「損壊」とは、物理的に損傷・破壊することをいい、死体をバラバラに切断するなどの行為がその典型です。

b　遺棄

　「遺棄」とは、社会通念上埋葬とは認められないような態様で、現在場所から他の場所に移して放棄することをいいます。

c　領得

　「領得」とは、所持を取得することで(注)、直接であると間接であるとを問わず、また、窃取、騙取、買受など方法のいかんを問わないと解されています。

　(注)大判大13.10.7

(2)　死体遺棄罪をめぐる論点

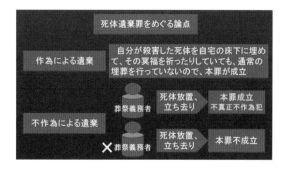

ア　作為による遺棄

　自分が殺害した死体を自宅の床下に埋めて、その冥福を祈ったりしても、通常の埋葬を行っていないので本罪が成立します(注)。

　(注)最判昭 24.11.26

イ　不作為による遺棄

　死体の場所的移転を伴わなくても、法令、慣習、契約等により当該死体について**埋葬の義務を有する者**が、**葬祭の意思なく死体を放置してその場所から立ち去るとき**は、**不真正不作為犯**として**本罪が成立します**(注)。

　他方、死体の葬祭義務のない者は、自分が殺害した死体を放置してその場を立ち去っても「遺棄」にはあたりません。犯跡を隠蔽しようと移動させたり、隠したりすることが必要です。

　(注)大判大 6.11.24、東京高判昭 40.7.19

4　墳墓発掘死体損壊等罪

第 191 条　第 189 条の罪を犯して、死体、遺骨、遺髪又は棺に納めてある物を損壊し、遺棄し、又は領得した者は、3 月以上 5 年以下の懲役に処する。

　本罪は、**墳墓を発掘した者**が、**死体、遺骨、遺髪、棺内蔵置物を損壊、遺棄、領得する行為**を処罰の対象とするもので、墳墓発掘罪（第 189 条）と死体損壊等罪（第 190 条）との**結合犯**(注)です。

　(注)それぞれ独立して犯罪となる 2 つ以上の行為を結合して、法律上一つの犯罪としたもの。

5　変死者密葬罪

第 192 条　検視を経ないで変死者を葬った者は、10 万円以下の罰金又は科料に処する。

　本罪は、**検視を経ないで変死者を葬る行為**を処罰の対象とするものです。

　「**変死者**」とは、①不自然な死亡を遂げ、その原因が不明な死体、②不自然な死亡を遂げた疑いのある死体、③犯罪によることが明白な死体です。

　「**検視**」とは、司法検視と行政検視に分かれ、前者は、その死亡が犯罪に起因するか否かを五感の作用によって判断する捜査の端緒の一つ(注)で、後者は、伝染病死の疑いのあるような行政上の要請のある場合に行われるものです。

　「**葬る**」とは火葬、土葬などの方法で埋葬することです。

　(注)刑事訴訟法第 229 条

各論

第3章

罪

国家の法益を侵害する

国家の
存立

外国国章損壊等

国家の
作用

公務執行妨害

逃走

賄賂

犯人蔵匿・
証拠隠滅

職権濫用

偽証

第1節　国家の存立を害する罪

第1　国交に関する罪

1　外国国章損壊等罪

> 第 92 条　外国に対して侮辱を加える目的で、その国の国旗その他の国章を損壊し、除去し、又は汚損した者は、2 年以下の懲役又は 20 万円以下の罰金に処する。
> 2　前項の罪は、外国政府の請求がなければ公訴を提起することができない。

本罪は、外国に対して侮辱を加える目的で、外国の国旗その他の国章を損壊等する行為を処罰の対象とするものです。

（1）目的

本罪は**目的犯**であり、「**侮辱を加える**」とは、その国の名誉を傷つける侮蔑の感情を表示することをいい、現に外国の名誉又は感情が害されることは必要ありません。

（2）国旗、その他の国章

「**国章**」とは、国家を象徴する物件で、「**国旗**」はその代表例です。国章には、陸海空軍の軍旗、元首旗、大公使館の徽章等があります。

本罪の国章には、私人が掲揚、使用するものは含まず、当該国の権威を象徴するために公用として掲揚されたものに限ると解されています。

（3）損壊、除去、汚損

「**損壊**」とは、国旗などの国章を物理的に破壊し、**外国の威信・尊厳を侵害する程度に外観に変更を加えること**をいいます(注1)。

「**除去**」とは、国章を**場所的に移転したり隠ぺいしたりするなどの行為**で、現に所在している場所で果たしている威信・尊厳を象徴する効用を滅失又は減少させる行為です(注2)。例えば、掲揚されている国旗を降ろす行為、幕を張り国章を見えなくする行為などが考えられます。

「**汚損**」とは、方法のいかんを問わず、一般人に嫌悪感を抱かせる物を国章に付着させ、国章としての効用を侵害することをいいます。例えば、ペンキを塗りつける行為、泥靴で国旗を踏み散らかす行為などが考えられます。

本罪は、外国政府の請求がなければ公訴を提起することができません(注3)。「**請求**」は、捜査機関に対して処罰を求める意思表示で、告訴などと同様に訴訟条件です。

(注1)大阪高判昭 38.11.27、(注2)最決昭 40.4.16、(注3)刑事訴訟法第 338 条 4 号

第2節　国家の作用を害する罪

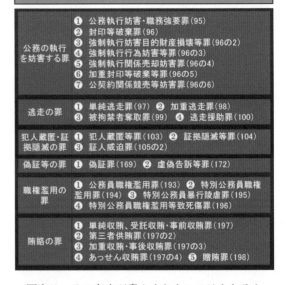

国家は、その存立が脅かされないのはもちろん、その作用が妨げられることなく公正・的確に行われることを必要とします。このことから、いろいろな形で国家の作用を妨げ、あるいは不公正にする行為が犯罪として処罰されます。

第1　公務の執行を妨害する罪

公務の執行を妨害する罪	公務執行妨害・職務強要罪（95）
	封印等破棄罪（96）
	強制執行妨害目的財産損壊等罪（96の2）
	強制執行行為妨害等罪（96の3）
	強制執行関係売却妨害罪（96の4）
	加重封印等破棄等罪（96の5）
	公契約関係競売等妨害罪（96の6）

1　公務執行妨害罪

　国家の作用は、公務員によって担われることが多いことから、日本の公務員による公務の執行を妨害する行為を排除することにより、公務（国家作用）を保護しようとするのが公務執行妨害罪です。それ故、公務員は犯罪の客体ではありますが、保護法益ではありません。

　公務執行妨害罪の認知件数は、平成 18 年に戦後最多の 3,576 件を記録した後、19 年から減少傾向にあり、令和 2 年は 2,118 件（前年比－185 件（8.0％））となっています（令和 3 年版『犯罪白書』）。

> **第 95 条　公務員が職務を執行するに当たり、これに対して暴行又は脅迫を加えた者は、3年以下の懲役若しくは禁錮又は 50 万円以下の罰金に処する。**

　本罪は、**公務員が職務を執行するに当たり、これに対して暴行又は脅迫を加える行為**を処罰の対象とするものです。本罪の**保護法益は公務そのもの**であり、公務員の地位、身分を保護するものではありません(注)。

　(注)最判昭 28.10.2

(1)　成立要件

ア　主体

　格別の制限はなく、必ずしも公務員の職務執行の相手方となった者に限らず、通行人、同伴者などの第三者も主体となり得ます。

イ　客体

　刑法第7条1項に規定する国又は地方公共団体の職員その他法令により公務に従事する議員、委員その他の職員です。単純な機械的労務に従事する者は、本罪の客体となる公務員からは除かれます(注)。

　(注)最判昭 30.12.3

ウ　行為

　公務員が職務を執行するに当たり、これに対して暴行又は脅迫を加えることです。公務員の職務の執行を妨害するに足りる程度のものであることを要しますが、現実に職務が妨害されたことは必要ありません(注)。

　(注)最判昭 42.5.24

エ　犯意

　①相手方が公務員であること、②公務員が職務執行中であること、③暴行又は脅迫を加えることの認識を必要とします(注1)。なお、公務員が職務執行中との認識がある限り、具体的にどのような内容の職務を執行中であるかの認識までは必要ありません(注2)。

　(注1)大判昭 15.10.10、(注2)最判昭 53.6.29

(2)　「職務」の意義

ア　非権力的公務

　本罪にいう「職務」は、ひろく公務員が取り扱う各種各様の事務の全てが含まれ、権力的公務のみならず、非権力的公務も含まれます(注)。

　(注)最判昭 53.6.29

イ　「職務」の時間的範囲

　公務員が現にその職務の執行中である場合だけに限らず、今まさに職務の執行に着手しようとしている場合、職務の執行に接着した準備中の段階にある場合、職務執行終了直後の段階にある場合なども含みます(注)。

　(注)最判昭 45.12.22

ウ　職務行為の適法性

　条文には「適法な職務執行」という文言はありませんが、**本条の「職務」は適法**でなければなりません（いわゆる**「書かれざる構成要件要素」**）(注1)。

もっとも、職務執行に当たる当該公務員の官公署内部で定められた分担に反していても、また若干手続き上に不十分な点があっても、**暴行、脅迫から厚く保護するに値する公務**(注2)に対しては本罪が成立します。それ故、近時は「公務の適法性」を「**公務の要保護性**」と称することが多くなっています。

(注1)大判昭7.3.24、(注2)違法侵害の程度と公務の目的の正当性、公務遂行手段の相当性、公務遂行の必要性など「当時の状況に基づいて」客観的、合理的に判断される。

(3) 暴行、脅迫

本罪における**暴行、脅迫**は、暴行罪、脅迫罪における暴行、脅迫よりも広い意味に解されており、「**暴行**」が、**公務員に向けられた不法な有形力の行使**であれば、**公務員の補助者や物に対して加えられる場合**（いわゆる「**間接暴行**」）でも問題ありません。例えば、警察官が覚醒剤取締法違反の犯人を現行犯逮捕する際に現場で差し押さえた覚醒剤注射液入りアンプルを足で踏みつけて損壊するような行為です(注)。

> **間接暴行が認められる要件**
> ① 暴行の対象、②暴行の時期、③暴行の場所、④暴行の程度

間接暴行が認められるためには、次の概ね4つの要件を充足する必要があります。すなわち、①**暴行の対象**が、公務員の職務執行と密接な関係にある物又は第三者であること、②**暴行の時期**が、公務員の職務執行中又はこれに接着した時期であること、③**暴行の場所**が、職務執行中の公務員の面前又は身辺であること、④**暴行の程度**が、公務員の職務の執行を妨害するに足りるものであることです。

また「**脅迫**」は、その害悪の内容、通知の方法を問わず、さらに、直接公務員に告知されなくてもよく、第三者に対する脅迫でも、公務の執行を妨害し得るものであれば本罪の「脅迫」と認められます。

(注)最判昭34.8.27

(4) 他罪との関係

暴行により公務員に**傷害**を与えたときは、**本罪と傷害罪が成立し観念的競合**となります(注)。

(注)最判昭28.4.14

2 職務強要罪

第95条
2 公務員に、ある処分をさせ、若しくはさせないため、又はその職を辞させるために、暴行又は脅迫を加えた者も、前項と同様とする。

本罪は、**公務員にある処分をさせ、若しくはさせないため、又はその職を辞させる**(注1)ため、これに**暴行又は脅迫を加える行為**を処罰の対象とするもので、「**強要罪**」（第223条）（88頁参照）の特別規定です。

「**処分**」とは、公務員の職務権限内の処分であるか権限外の処分であるかを問わず、その職務に関係ある処分であれば足り(注2)、また、処分の適法、不適法も問いません(注3)。

本罪の成立には、条文に定められた3つの目的を達する手段として暴行又は脅迫を加えることが必要ですが、その目的を達することは特に必要ありません。

強要罪は、義務のないことをさせるなどした時点で既遂となるのに対し、本罪は、**暴行又は脅迫を加えた時点で既遂**(注4)となります。

(注1)事例として、いわゆる中核派が、成田空港建設反対闘争の一環として、千葉県土地収用委員会委員（土地収用法第52条2項）の自宅に電話をかけて、その職を辞させるために脅迫した事案（千葉地判平3.3.29）、(注2)最判昭28.11.22、(注3)最判昭25.3.28、(注4)大判昭4.2.9

3 封印等破棄罪

第96条 公務員が施した封印若しくは差押えの表示を損壊し、又はその他の方法によりその封印若しくは差押えの表示に係る命令若しくは処分を無効にした者は、3年以下の懲役若しくは250万円以下の罰金に処し、又はこれを併科する。

本罪は、**公務員が職務上施した封印又は差押えの表示を損壊し又はその他の方法で封印又は差押**

えの表示に係る**命令**若しくは**処分**を**無効にする行為**を処罰の対象とするものです。

「**命令**」とは、裁判所による命令（民事執行法における執行裁判所による執行官保管の保全処分命令（第55条1項）を、「**処分**」とは、**執行官その他の公務員（徴税職員など）による差押えの処分**などをいいます。

破産するなどして裁判所から差し押さえられた物や土地には、シールや立札などで差し押さえられていることの目印をつけたり、使えないように封印がされたりすることがあります。こうした目印や封印を壊したり破ったりする行為を処罰するものです。

(1) 成立要件

ア 客体

公務員が施した「**封印**」又は「**差押えの表示**」です。

a 封印

「**封印**」とは、**物の現状変更を禁ずる処分**として公務員がその職務執行として特に施した**物的表示**をいい(注1)、必ずしも印章を用いたものである必要はありません(注2)。

（注1）大阪高判昭39.4.13、（注2）大判大6.2.6

b 差押えの表示

「**差押え**」とは、民事執行法による仮処分命令に基づき、執行官が強制的に土地を占有する処分や家屋明渡しの強制執行で居住者の占有を解き執行官の占有に移す処分などのように、**公務員がその職務上保全すべき物を自己の占有に移す強制処分**をいいます(注)。

「**表示**」とは、貼札や立札などの**差押えによる占有を明示するために施された表示で封印以外のもの**をいいます。

（注）大判大11.5.6

イ 行為

「**損壊**」とは、物理的に毀損、破壊し事実上の効用を失わせることで、破いたり剥がしたりするほか、位置をずらすことも含まれます。

「その他の方法」には、判例上、

● 封印等された物件そのものを奪取してその所在を不明にさせる行為(注1)、

● 封印した密造酒の桶から酒を漏出させる行為(注2)

● 立入禁止の表示札を無視して耕作する行為(注3)、

● 劇場経営禁止の公示札の上から映画のポスターをかけて見えなくし、映画興行を行う行為(注4)

などがあり、**封印や差押えの事実上の効力を減却又は減殺する行為**をいいます(注5)。

「**無効にした**」とは、差押え等の法的効果を失わせたということではなく、その**実質的効果を減失し又は減殺すること**を意味します。

（注1）大判明 44.12.19、（注2）大判明 44.7.10、（注3）（注5）大判昭 7.2.18、（注4）最決昭 28.5.13、大判大 7.2.18

ウ 犯意

封印、差押えの表示が公務員により施されたものであること、及びこれを損壊等により無効にすることの認識・認容が必要です。

次項から**強制執行妨害関係罰則**に移ります。

強制執行行為は、債務者から支払いを受けられない債権者が、債権の回収を図る上でいわば最終手段ともいえます。刑法は、強制執行行為の妨害行為に対して刑事罰を科すことにより、強制執行手続の適正な運用を確保し、強制執行手続による債権者の権利実現を図っています。

4 強制執行妨害目的財産損壊等罪

第96条の2 強制執行を妨害する目的で、次の各号のいずれかに該当する行為をした者は、3年以下の懲役若しくは250万円以下の罰金に処し、又はこれを併科する。情を知って、第3号に規定する譲渡又は権利の設定の相手方となった者も、同様とする。
1 強制執行を受け、若しくは受けるべき財産を隠匿し、損壊し、若しくはその譲渡を仮装し、又は債務の負担を仮装する行為
2 強制執行を受け、又は受けるべき財産について、その現状を改変して、価格を減損し、又は強制執行の費用を増大させる行為
3 金銭執行を受けるべき財産ついて、無償その他の不利益な条件で、譲渡をし、又は権利の設定をする行為

本罪は、例えば、民事裁判で原告（債権者）の勝訴判決が確定したり、住宅ローンの滞納が続いているような状況下で、財産の差押えなど強制執行を妨害する行為を処罰の対象とするものです。

これらの行為は、国家による強制執行を事実上無効なものにさせることから一種の公務執行妨害として処罰されます。

(1) 強制執行

本条の「強制執行」とは、民事執行法による強制執行のほか、担保権の実行としての競売及び民法、商法その他の法律の規定による換価のための競売や民事執行法の規定を準用する裁判の執行（民事保全法による仮差押えや仮処分の執行など）を含みます。

(2) 金銭執行

「金銭執行」とは、金銭債権についての強制執行をいいます。民事執行法所定の「金銭の支払を目的とする債権についての強制執行」（民事執行法第2章第2節）及び担保権の実行としての競売（同法第3章）並びに民事保全法所定の仮差押えの執行（民事保全法第3章第2節）の各手続きのほか、金銭債権の充足を目的として行われるこれらに準じた手続きを意味します。

(3) 成立要件

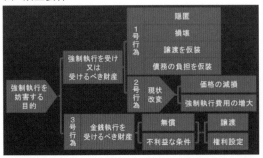

本罪は、強制執行を妨害する目的で、強制執行を受け、又は受けるべき財産を隠匿し、損壊し、若しくはその譲渡を仮装し、又は債務の負担を仮装する行為（1号）、強制執行を受け、又は受けるべき財産について、その現状を変更して、価格を減損し、又は強制執行の費用を増大させる行為（2号）、金銭執行を受けるべき財産について、無償その他の不利益な条件で、譲渡をし、又は権利の設定をする行為（3号）を処罰の対象とするものです。

ア 目的

「強制執行を妨害する目的」とは、強制執行を免れる目的のほか、強制執行手続の進行を一時的にでも阻害する目的も含みます。

イ 1号、2号行為関係

「強制執行を受け、若しくは受けるべき財産」とは、強制執行を受けた財産、又は強制執行を受けるおそれがある客観的状況が発生し、実際に強制執行手続が開始される前の目的財産（強制執行を受けるべき財産）をいうと解されています。

「財産」とは、強制執行の対象となり得る動産、不動産、債権をいいます。

a 1号行為

「隠匿」とは、例えば、自己の所有物を第三者の所有物と偽る行為(注1)、被告人名義の預金口座から払い戻しを受ける行為(注2)など財産の発見を不可能ないし困難にする行為です。

「損壊」とは、目的建物を破壊する行為(注3)など物理的に破壊等して財産価値を減少させる行為です。

「譲渡を仮装」とは、真実譲渡する意思がないのに、譲渡したと見せかけるために相手と通謀して財産名義を移転するなど譲渡が行われたことを装う行為です(注4)。

「債務の負担を仮装」とは、いわゆる占有屋(注5)が債務者との通謀等なく、目的不動産について仮装の占有権原を主張するなどの行為です。

（注1)最決昭39.3.31、（注2)東京高判平17.12.28、広島高判令2.1.21、（注3)東京地判平5.10.4、（注4)最決平21.7.14、（注5)裁判所による競売を妨害する目的で、正当な権利がないのにわざとその場に居座る者やグループ。

b　2号行為

　「現状を改変して、価格を減損し、又は強制執行の費用を増大させる」行為とは、例えば、債務者が目的の不動産に無用の増改築や廃棄物の搬入等を行い、その価値を著しく減少させたり、除去に過大な費用を要する状況を作り出し、債権者を費用倒れにさせるような行為です。

ウ　3号行為

　「金銭執行を受けるべき財産」とは、金銭債権についての強制執行を受けるおそれのある客観的状況が発生してから実際に強制執行が開始されるまでの間における目的財産に限定されます。

　「無償その他の不利益な条件」で「譲渡」をし、又は「権利の設定」をする行為は、引当財産不足の状態を生じさせることとなり、情を知って譲渡又は権利の設定の相手方となった者も、同様に処罰されます。

5　強制執行行為妨害等罪

> 第96条の3　偽計又は威力を用いて、立入り、占有者の確認その他の強制執行の行為を妨害した者は、3年以下の懲役若しくは250万円以下の罰金に処し、又はこれを併科する。
> 2　強制執行の申立てをさせず又はその申立てを取り下げさせる目的で、申立権者又はその代理人に対して暴行又は脅迫を加えた者も、前項と同様とする。

　本罪は、強制執行手続を進行する執行官や債権者等人に対する妨害行為を処罰の対象とするものです。

(1)　第1項

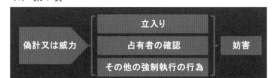

　執行官等の公務員に向けられた強制執行妨害行為について、暴行又は脅迫があれば公務執行妨害罪が成立しますが、本罪は、「偽計」又は「威力」を用いて、目的不動産への立入りや相手方となる占有者の確認行為さらには強制執行の現場における執行官の執行行為の進行を妨害する行為を処罰の対象とするものです。

　「偽計」を用いる例としては、建物の実際の占有者と債務名義（注）等に表示された強制執行の名宛人との同一性の確認を妨げて執行官による明渡命令の実施を不能とするようなケース、「威力」を用いる例としては、明渡執行の目的建物の敷地内に猛犬を放し飼いにする行為などが考えられます。

　（注）確定判決等、強制執行によって実現される請求権の存在を公に証明する文書

(2)　第2項

　強制執行の申立てをさせない又は申立てを取り下げさせる目的で、申立権者又はその代理人に対し暴行又は脅迫を加える行為を処罰の対象とするものです。

　申立権者又はその代理人の意思の自由に影響を及ぼしたか否かにかかわらず、暴行又は脅迫を行った時点で既遂となります。

　本罪の「脅迫」における害悪の告知は、脅迫罪（第222条）のような被害者又はその親族の生命、身体、自由、財産に関するものに限定されません。

6　強制執行関係売却妨害罪

　強制執行手続では、最終的に対象財産を売却し、その代金から債権の回収を図ることになります。したがって、売却が公正に適切な値段で行われないと債権者の債権回収が害されることとなります。

> 第96条の4　偽計又は威力を用いて、強制執行において行われ、又は行われるべき売却の公正を害すべき行為をした者は、3年以下の懲役若しくは250万円以下の罰金に処し、又はこれを併科する。

　本罪は、偽計又は威力を用いて強制執行に関する売却の公正を害する行為を処罰の対象とするもので、競売開始決定（注）前の妨害行為も含まれます。

　（注）執行裁判所が行う強制競売の開始手続き。不動産強制競売の場合、執行裁判所は目的不動産を差し押さえることの宣言（差押宣言）や債務者への開始決定の送達等を行い、その後、不動産登記簿への差押えの登記や目的不動産に対する差押えの公示が

行われる。

(1) 成立要件

ア　偽計、威力

　「偽計」とは、人を欺きその正当な判断を誤らせる術策をいい、強制執行手続における売却に関し談合が行われた場合は、偽計によりその売却の公正を妨げる行為として、本罪が適用されます。

　「威力」とは、人の意思を制圧するに足りる勢力を示すことをいい、例えば、いわゆる占有屋が、競売開始決定前に、競売が予想される物件に殊更に暴力団の代紋を掲示し、その後の入札希望を断念させる行為などが考えられます。本罪の「威力」は、業務妨害罪のそれよりは広く、地位を利用する場合も含まれると解されています。

イ　公正を害すべき行為

　強制執行における売却の公正に不当な影響を及ぼす全ての行為が含まれます。

7　加重封印等破棄等罪

> 第96条の5　報酬を得、又は得させる目的で、人の債務に関して、第96条から前条までの罪を犯した者は、5年以下の懲役若しくは500万円以下の罰金に処し、又はこれを併科する。

　本罪は、報酬を得又は得させる目的で、人の債務に関して第96条から第96条の4までの罪を犯した者を加重処罰の対象とするものです。

8　公契約関係競売等妨害罪

> 第96条の6　偽計又は威力を用いて、公の競売又は入札で契約を締結するためのものの公正を害すべき行為をした者は、3年以下の懲役若しくは250万円以下の罰金に処し、又はこれを併科する。
> 2　公正な価格を害し又は不正な利益を得る目的で、談合した者も、前項と同様とする。

　本罪は、強制執行関係売却妨害（第96条の4）以外の公共工事や公有物の売渡し等に関する競売又は入札の公正を害すべき行為を処罰の対象とするものです。

(1) 成立要件

　本罪は、偽計又は威力を用いて、公の競売又は入札で契約を締結するためのものの公正を害すべき行為（第1項）、及び公正な価格を害し又は不正な利益を得る目的での談合（第2項）を処罰の対象としています。

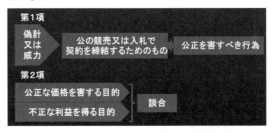

ア　公の競売又は入札で契約を締結するためのもの

　「公の競売、入札」とは、国及び公共団体が実施するもので、「競売」とは多数者に口頭で買受の申出を募り、最高額の申出人に承諾を与えて売買すること、「入札」とは競争契約の際に最も有利な申出をする者を選別するため申出者の契約内容を文書で表示させることをいいます。

　「契約を締結するためのもの」とは、本罪の対象となる公共工事等の競売又は入札が、強制執行関係売却妨害罪（第96条の4）の対象となる強制執行手続における売却の場合とは異なり、落札者との間で改めて契約の締結手続が行われることから、行為の対象を強制執行手続の場合と明確に区別するために付加されたものです。

イ 偽計、威力

それぞれの意義は前条と同義で、不正に入札予定額を探知することや、特定の業者を落札者とするために他の指名業者を脅す行為などがこれにあたります。

ウ 公正な価格

「公正な価格」とは、競売又は入札が公正に行われたならば成立したであろう価格をいいます。

エ 不正な利益

「不正な利益」とは、公正な価格を害することによって得られた利益で、談合金をもらい意図的に落札しない者の得た利益も不正な利益となります。

オ 談合

「談合」とは、競争者間であらかじめ相談し、その中の一人を競落人又は落札者と決めることをいいます。

第2 逃走の罪

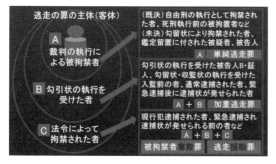

逃走の罪は、国家が主として刑事司法の目的のために行う身柄拘禁の作用を害する罪です。

逃走の罪の**主体**（被拘禁者奪取罪、逃走援助罪では**客体**）は、**拘禁の程度**という観点からスライドのように3つに分類され、単純逃走罪は A について、加重逃走罪は A＋B についてそれぞれ成立し、被拘禁者奪取罪と逃走援助罪は、客体が A＋B＋C となります。

1　単純逃走罪

第97条 裁判の執行により拘禁された既決又は未決の者が逃走したときは、1年以下の懲役に処する。

本罪は、裁判の執行により拘禁された既決又は未決の者による逃走行為を処罰の対象とするものです。

(1) 成立要件

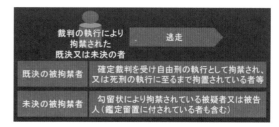

ア 主体

裁判の執行により拘禁された既決又は未決の者です。

「裁判の執行により拘禁された」とは、現に刑事施設に拘禁されていることをいいます。

「既決の者」とは、刑の言渡しを受けてこれが確定し、その執行のため刑事施設に拘禁されている者をいいます。自由刑（注）の執行として拘禁されている者のほか、死刑の執行に至るまでの間拘置されている者や、罰金・科料の不完納のため換刑処分として労役場に留置されている者も含みます。

（注）刑務所や拘置所などの刑事施設に罪を犯した者が収容され、移動や生活を大幅に制限される刑罰である懲役（第12条）、禁錮（第13条）、拘留（第16条）で、自由が制限されるために「自由刑」と呼ばれる。

「未決の者」とは、刑が確定するまでの間、勾留状（注）により拘禁されている被疑者又は被告人をいい、鑑定留置に付された者も含みます。

（注）被告人、被疑者を勾留するために裁判所又は裁判官が発する令状。

イ 行為

「逃走」することで、看守者による実力支配から脱する行為をいいます。

ウ 着手及び既遂時期

着手時期は拘禁から離脱する行為に着手したとき、

例えば、居房の扉を開けて房外に脱出したときは、扉を開けにかかった時点が着手時期で、刑事施設の外壁を乗り越えるなど**拘禁から完全に離脱した時点**が**既遂時期**となります。ただし、追跡が継続している場合は、実力支配を離脱したとはいえません。

(2) 未遂犯

本罪の**未遂は処罰されます**（第102条）。

2　加重逃走罪

第98条　前条に規定する者又は勾引状の執行を受けた者が拘禁場若しくは拘束のための器具を損壊し、暴行若しくは脅迫をし、又は2人以上通謀して、逃走したときは、3月以上5年以下の懲役に処する。

本罪は、裁判の執行により拘禁された既決又は未決の者（前条）又は勾引状(注)の執行を受けた者が拘禁場若しくは拘束のための器具を損壊し、あるいは暴行又は脅迫を加え又は二人以上で通謀して逃走する行為を処罰の対象とするものです。

（注）裁判所が被告人や証人などを強制的に出頭させるために発する令状。

(1) 成立要件

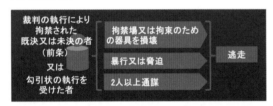

ア　主体

本罪の主体には、前条の主体に加え、**勾引状の執行を受けた者**が加わります。

「勾引状の執行を受けた者」とは、勾引状により勾引された被告人、証人のほか逮捕状により通常逮捕された者や緊急逮捕後に逮捕状が発せられた者も含まれます。しかし、緊急逮捕されても逮捕状が発せられる前の者、現行犯逮捕された者はこれには含まれません。

イ　行為

a　拘禁場、拘束のための器具の損壊

「拘禁場」とは刑事施設、警察署の留置場など拘禁の用に供される施設をいい、「拘束のための器具」とは、手錠、捕縄など**身体の自由を拘束する器具**をいいます。

「損壊」しなければ本罪は成立しないので、手錠を合鍵で外したり手錠をしたまま逃走しただけでは本罪は成立しません。

b　暴行又は脅迫

「暴行若しくは脅迫」は、逃走の手段としてなされる以上、看守者に対するものに限らず、その協力者に対するものも含まれ、公務執行妨害罪におけるのと同様、直接身体に向けられたものに限らず、いわゆる間接暴行でも足ります。

c　通謀

「通謀」とは、複数人が逃走の時期や方法等について意思を通じ合うことをいい、本罪の場合、通謀者がともに同一の機会を利用して逃走することを内容とした意思の連絡が必要です。

(2) 着手及び既遂時期

ア　拘禁場等の損壊又は暴行・脅迫を手段とする加重逃走罪

着手時期は、拘禁場等の損壊又は暴行・脅迫を開始した時点です。なお、逃走に着手後、拘禁場等の損壊又は暴行・脅迫を行った場合は、その段階で本罪の着手が認められます。

既遂時期は、拘禁状態を離脱した時点です。

イ　通謀逃走罪

着手時期は、各通謀者が同一機会に逃走を開始した時点で、それぞれが拘禁状態を離脱した時点で、通謀者ごとに既遂となります。

(3) 未遂犯

本罪の**未遂は処罰されます**（第102条）。

3　被拘禁者奪取罪

第99条　法令により拘禁された者を奪取した者は、3月以上5年以下の懲役に処する。

本罪は、**第三者**が法令により拘禁された者を奪取する行為を処罰の対象とするものです。

「法令により拘禁された者」とは、広く法令に基づき身体の自由を拘束されている者をいい、前々条の裁判の執行により拘禁された既決・未決の者と前条の勾引状の執行を受けた者に加えて、**現行犯として逮捕された者、緊急逮捕された者**等が含まれます。

「奪取」とは、**看守者の実力支配から離脱させて、自己又は第三者の実力支配内に移す行為**をいいます。したがって、被拘禁者を看守者の実力支配から離脱、逃走させただけの場合は、本罪ではなく次条の逃走援助罪が成立するにとどまります。奪取の手段・方法に制限はなく、被拘禁者の意思は本罪の成否に影響しません。

拘禁から離脱させるための行為に着手した時点で実行の着手が認められ、**自己又は第三者の実力支配内に置いた時点で既遂**となります。

本罪の**未遂は処罰されます**（第102条）。

4 逃走援助罪

> 第100条 法令により拘禁された者を逃走させる目的で、器具を提供し、その他逃走を容易にすべき行為をした者は、3年以下の懲役に処する。
> 2 前項の目的で、暴行又は脅迫をした者は、3月以上5年以下の懲役に処する。

本罪は、法令により拘禁された者を逃走させる目的で器具を提供し、その他逃走を容易にさせる行為（第1項）及び逃走を援助する目的で暴行又は脅迫を加える行為（第2項）を処罰の対象とするものです。

（1）成立要件

ア 目的

「**法令により拘禁された者を逃走させる目的**」で行われる必要があります（目的犯）。

イ 客体

「**法令により拘禁された者**」については前述。

ウ 行為

a 器具を提供し、その他逃走を容易にすべき行為（第1項）

「**逃走を容易にすべき行為**」とは、逃走に役立つ金鋸や縄、針金などの器具の提供のほか、逃走方法の指示などがこれにあたります。これらの行為が行われれば、本罪は**既遂**に達します。

b 暴行又は脅迫（第2項）

「**暴行又は脅迫**」は必ずしも直接看守者などに向けられたものに限られず、暴行・脅迫がなされた時点で**既遂**となります。

（2）未遂犯

本罪の**未遂は処罰されます**（第102条）。

第3 犯人蔵匿・証拠隠滅の罪

犯人蔵匿（隠れる場所を提供して匿うこと）や証拠隠滅の罪も国家の刑事司法作用を妨害する罪です。ともに犯人又は逃走した者自身が犯した場合は処罰されず、第三者が行った場合だけを犯罪としています。また、本人の親族が本人の利益のためにこれらの罪を犯したときは、情状によってその刑が免除できるとしています。親族間の道義又は人情を考慮したものです。

1 犯人蔵匿等罪

> 第103条 罰金以上の刑に当たる罪を犯した者又は拘禁中に逃走した者を蔵匿し、又は隠避させた者は、3年以下の懲役又は30万円以下の罰金に処する。

本罪は、罰金以上の刑に当たる罪を犯した者又は拘禁中に逃走した者を蔵匿し、又は隠避させる行為を処罰の対象とするものです。

(1) 成立要件

ア 主体

　格別の制限はありませんが、犯人又は逃走者の親族がこれらの者の利益のために本罪を犯したときは、その刑を免除することができるとされています（第105条）。

イ 客体

a 罰金以上の刑に当たる罪を犯した者

　「罰金以上の刑に当たる罪」とは、法定刑に罰金以上の刑を含む罪をいいます。拘留、科料が併せて規定されている罪を含みます。

　「罪を犯した者」には、その罪についての嫌疑に基づいて捜査又は訴追中の者も含みます(注)。正犯者、共犯者、予備・陰謀をした者を問いません。

（注）最判昭24.8.9

b 拘禁中に逃走した者

　拘禁中の者とは、被拘禁者奪取罪（第99条）の客体と同義の法令に基づき拘禁された者で、自ら逃走した場合はもちろん、奪取されて拘禁を脱した者も含まれます(注)。

（注）広島高判昭28.9.8

ウ 行為

　「蔵匿」とは、官憲の発見、逮捕を免れる場所を提供して匿うこと(注)をいい、「隠避」とは、蔵匿以外の方法で官憲の発見、逮捕を免れさせる一切の行為(注)をいいます。

（注）大判昭5.9.18

エ 犯意

　「罰金以上の刑に当たる罪を犯した者」又は「拘禁中に逃走した者」であることを認識している必要があります。「罰金以上の刑に当たる罪を犯した者」については、何らかの罰金以上の刑に当たる罪を犯したことの認識で足り、その法定刑が罰金以上であることの認識までは必要ありません(注)。

（注）最決昭29.9.30

(2) 隠避の具体例

a 不作為による隠避

　犯罪や犯人、逃走者の存在を知っていても、単なる不作為だけでは、隠避させたことにはなりません。

b 隠避に当たる事例

① 犯人に逃走するよう勧告する行為(注1)

② 犯人に金員を供与する行為(注2)

③ 犯人の留守宅の状況や捜査の進展状況を犯人に知らせる行為(注3)

④ 積極的に虚構の事実を供述して捜査活動を妨害する行為

● 犯人の所在確認に訪れた警察官に対し、犯人が現に自宅内にいるのに、既に他所に向けて立ち去った旨虚偽の供述をする行為(注4)

● 犯罪の目撃者が、捜査官の参考人取調べで、犯人の発見、逮捕を妨害しようと積極的に虚偽の供述をする行為(注5)

● 参考人として取調べを受けた者が、捜査官に対して、虚偽の犯人のアリバイを供述する行為(注6)、犯人との間での口裏合わせに基づいて虚偽の供述をする行為(注7)

⑤ 犯人の身代わりとして捜査機関に出頭する行為

● 真犯人の検挙前に出頭する行為(注8)

● 真犯人が別件で検挙取調べを受けているときに出頭する行為(注9)

● 真犯人が既に当該事件で逮捕勾留されているときに出頭する行為(注10)

（注1）大判明44.4.25、浦和地判昭49.10.29（注2）大判大12.2.15、東京高判昭37.4.18（注3）大判昭5.9.18、浦和地判昭49.10.29（注4）大判大8.4.22（注5）和歌山地判昭36.8.21（注6）札幌高判昭50.10.14（注7）最決平29.3.27、（注8）大判昭8.10.18、東京高判昭36.4.26（注9）高松高判昭27.9.30（注10）最決平1.5.1

(3) 犯人自身の蔵匿、隠避の教唆

　犯人自身が身を隠しても不可罰ですが、犯人が他人に自分を匿わせた場合は、犯人蔵匿罪の教唆となります(注)。

（注）最決昭40.2.26、最決昭60.7.3、大阪高判平7.5.18

2 証拠隠滅等罪

> **第 104 条** 他人の刑事事件に関する証拠を隠滅し、偽造し、若しくは変造し、又は偽造若しくは変造の証拠を使用した者は、3年以下の懲役又は 30 万円以下の罰金に処する。

本罪は、他人の刑事事件に関する証拠を隠滅し、偽造し、若しくは変造し、又は偽造若しくは変造の証拠を使用する行為を処罰の対象とするものです。

(1) 成立要件

ア 主体

格別の制限はありませんが、犯人又は逃走者の親族がこれらの者の利益のために本罪を犯したときは、その刑を免除することができるとされています（第105条）。

イ 客体

「他人の刑事事件に関する証拠」です。

a 他人の刑事事件

「刑事事件」とは、現に刑事被告事件として裁判所に係属しているものに限らず、捜査中のいわゆる被疑事件や捜査開始前の事件も含まれます(注1)。いわゆる少年事件もその証拠収集が基本的に刑事訴訟法に従って行われるので、刑事事件にあたります(注2)。

（注1）最決昭 36.8.17、（注2）札幌地判平 10.11.6

b 証拠

「証拠」とは、捜査機関や裁判機関における刑事事件の処理に関する一切の資料をいいます(注1)。犯罪の成否のほか情状に関する資料も含まれる(注2)ことから、物証、書証のほか証人や参考人などの人証も含みます。また、証拠能力の有無、証明力の程度を問わず、被告人・被疑者にとって有利、不利も問いません。

（注1）大判昭 10.9.28、（注2）大判昭 7.12.10

ウ 行為

a 「隠滅」

とは、証拠そのものを滅失させる行為のみならず、その顕出を妨げ、若しくはその価値・効力を減少させるすべての行為をいいます(注1)。例えば、証拠物を隠匿又は焼却する行為(注2)、証人を逃避させて隠匿する行為(注3)、捜査段階で参考人を隠匿する行為(注4)などがあります。

（注1）大判明 43.3.25、（注2）大判昭 10.9.28、（注3）大判明44.3.21、（注4）最決昭 36.8.17

b 「偽造」

とは、不真正な証拠を作り出す行為をいい、実在しない証拠を実在するかのごとく作り出す行為(注1)をはじめ、犯罪事実と何ら関係ない物件を利用して犯罪事実と因果関係があるように装う行為(注2)などです。

（注1）大判昭 10.9.28、（注2）大判大 7.4.20

c 「変造」

とは、既存の真正な証拠に変更を加えることをいい、その権限の有無、変更内容の真偽を問いません(注)。

（注）大判昭 10.9.28

d 偽造又は変造した証拠の使用

とは、偽・変造されたと知りつつ、裁判所や捜査機関に真正な証拠として提出することをいいます。自ら進んで提出するか、求めに応じ提出するかを問いません(注)。

（注）大判昭 12.11.9

エ 犯意

他人の刑事事件に関する証拠を隠滅、偽・変造し、又は偽・変造された証拠を使用することの認識が必要です。

(2) 犯人による隠滅教唆

犯人自身が自己の犯した事件に関し証拠の隠滅、偽造等を行う場合は不可罰ですが、第三者に証拠を隠滅あるいは偽造するように働きかけた場合は、証拠隠滅罪の教唆となります(注)。

（注）最決昭 40.9.16、最決平 18.11.21

1・2−1 親族についての特例

第105条 前二条の罪については、犯人又は逃走した者の親族がこれらの者の利益のために犯したときは、その刑を免除することができる。

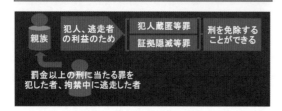

本条は、親族間における犯人蔵匿罪及び証拠隠滅罪について、任意的な刑の免除(注1)を定めるものです。

犯人(逃走者)の親族(注2)が、犯人(逃走者)の利益のために犯人蔵匿罪又は証拠隠滅罪の行為を行った場合に適用されます。

(注1)犯罪は成立するものの刑が免除され得る人的処罰阻却事由、(注2)6親等内の血族、配偶者、3親等内の姻族（民法第725条）

3 証人威迫罪

第105条の2 自己若しくは他人の刑事事件の捜査若しくは審判に必要な知識を有すると認められる者又はその親族に対し、当該事件に関して、正当な理由がないのに面会を強請し、又は強談威迫の行為をした者は、2年以下の懲役又は30万円以下の罰金に処する。

本罪は、自己若しくは他人の刑事事件の捜査若しくは審判に必要な知識を持っていると認められる者又はその親族に対して、当該刑事事件について正当な理由がないのに面会を強請する、又は強談威迫する行為を処罰の対象とするものです。

(1) 成立要件

ア 主体

格別の制限はありません。

イ 客体

本罪の客体は、「自己若しくは他人の刑事事件の捜査若しくは審判に必要な知識を有すると認められる者又はその親族」です。

a 自己若しくは他人の刑事事件

「刑事事件」は、証拠隠滅罪（第104条）と同様、現に被告事件（判決確定前に限る。）となっているものに限らず、被疑事件や将来被疑事件となり得るものも含みます。

b 捜査若しくは審判に必要な知識

「捜査若しくは審判に必要な知識」とは、犯罪の成否に関する知識のほか、量刑事情に関するものや犯人又は証拠の発見に役立つ知識、鑑定に必要な知識などです。

c 知識を有すると認められる者

「知識を有すると認められる者」とは、現に事件に関する知識を有する者に限らず、状況からして知識を有していると認められる者をいいます。例えば、犯行現場に居合わせて犯行を目撃したであろうと認められる者は、実際に目撃していなくても、これに含まれます。

また、刑事被告事件の証人として証言を終わった者でも、当該事件が未確定の間は本罪の客体となり得ます(注)。

(注)大阪高判昭35.2.18

ウ 行為

a 正当な理由なく面会強請

「正当な理由がないのに」とは、違法性の一般原則を表したもので、「面会強請」とは、面会の意思がないことが明らかな相手方に対して強いて面会を要求する行為です。一般的に、住居や事務所の玄関、入口等から面会を求めるといった態様が考えられ、相手方の私生活の平穏、安全感を害するような態様で行われることが必要です(注)。

(注)福岡高判昭38.7.15

b 強談威迫

「強談威迫」の「強談」とは、言語でもって強いて自己の要求に応じるように迫る行為をいいます。

「威迫」とは、言語、動作によって気勢を示し、相手方に不安、困惑の念を生じさせる行為をいい(注1)、直接相手と相対する場合に限られず、文書の送付による場合も含まれます(注2)。

(注1)大判大 11.10.3、(注2)最決平 19.11.13

エ 犯意

相手方が自己又は他人の刑事事件の捜査、審判に必要な知識を有すると認められる者又はその親族であることの認識、及びこれらの者に対して、正当な理由がないのに面会を強請し、又は強談威迫の行為をすることの認識で足り、公判の結果に何らかの影響を及ぼそうとする積極的な目的までは必要ありません(注)。

(注)東京高判昭 35.11.29

(2) 既遂時期

面会強請又は強談威迫の行為を行なった時点で、既遂となります。

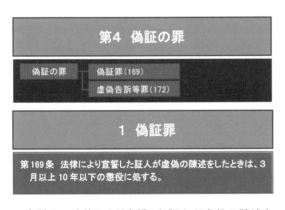

第4 偽証の罪

偽証の罪 ── 偽証罪(169)
          └ 虚偽告訴等罪(172)

1 偽証罪

第169条 法律により宣誓した証人が虚偽の陳述をしたときは、3月以上 10 年以下の懲役に処する。

本罪は、**法律により宣誓した証人**が**虚偽の陳述**をする行為を処罰の対象とするものです。

(1) 成立要件

法律により宣誓した証人 ➡ 虚偽の陳述

ア 主体

法律により宣誓した証人です(**真正身分犯**)。

法律により宣誓する場合はいろいろありますが、本罪については、民事あるいは刑事訴訟、非訟事件手続(注)、裁判官弾劾手続などにおける証人です。

(注)非訟事件とは、裁判所が扱う事件のうち訴訟以外の手続き(「非訟事件手続法」)によって処理される民事事件

イ 行為

虚偽の陳述をすることです。

「虚偽の陳述」とは、自己の記憶に反することを陳述することをいいます(通説・判例)。したがって、客観的事実に反する陳述であっても記憶を忠実に述べさえすれば本罪は成立しませんが、記憶に反する陳述をすれば、それがたまたま客観的事実に合致していても本罪を構成することになります(注)。

(注)大判明 42.6.18、大判明 44.10.30、東京高判昭 34.6.29

ウ 既遂時期

偽証は、1回の尋問手続における陳述全体が終わった時点で既遂に達し、その内容が裁判に影響を及ぼしたことは必要ありません。

(2) 自白による刑の減免

本罪を犯した者が、申告をした事件について、裁判が確定する前、又は懲戒処分が行われる前に自白したときは、その刑を減軽し又は免除することができる(第170条)とされています。

2 虚偽告訴等罪

第 172 条 人に刑事又は懲戒の処分を受けさせる目的で、虚偽の告訴、告発その他の申告をした者は、3月以上 10 年以下の懲役に処する。

本罪は、人に刑事又は懲戒の処分を受けさせる目的で虚偽の告訴、告発その他の申告をする行為を処罰の対象とするものです。

(1) 成立要件

人に刑事又は懲戒の処分を受けさせる目的 ➡ 虚偽の ── 告訴／告発／その他の申告

ア 主体

格別の制限はありません。

イ 目的

人に刑事又は懲戒の処分を受けさせる目的が必要です。

「人」とは、**行為者以外の者**をいい、法人も含みます。実在する者であることを要しますが、他の者と区別し得る程度に特定されていれば、必ずしも氏名、住所等が明示されている必要はありません(注1)。

「刑事の処分」とは、刑罰のほか**少年の保護処分**(注2)や**売春婦に対する補導処分**(注3)なども含みます。

「懲戒の処分」とは、公法上の監督関係に基づいて職務規律維持のために科される制裁をいい、公務員に対する懲戒処分のほか弁護士や医師などに対する懲戒が挙げられます。

「目的」は、それが唯一又は主要な動機である必要はなく、さらに刑事罰等の科される確定的な認識も不要で、処分を受けさせる未必的な故意で足ります(注4)。

(注1)仙台高判昭27.3.31、(注2)少年法第24条、(注3)売春防止法第17条以下、(注4)大判昭8.2.14

ウ 行為

虚偽の告訴、告発その他の申告をすることです。

「**虚偽**」とは、客観的事実に反することをいいます(注1)。主観的に虚偽だと思って申告したものの、告訴の内容が客観的事実に合致していた場合、本罪は成立しません(注2)。

申告の**内容**は、単なる抽象的な事実では足りず、**捜査機関等の誤った職権発動を促すに足りる程度の具体性**が必要です(注3)。

申告の**相手方**は、刑事処分については**捜査機関**、懲戒処分については**懲戒権者又は懲戒権の発動を促す機関**に対してなされる必要があります。

申告の**方法**については、特に制限はなく、告訴、告発の方式による必要もなく、書面ではなく口頭による申告や匿名、他人名義で行うこと(注4)も本罪の申告にあたります。ただ、捜査機関の取調べを受けて虚偽の陳述をしても、自発的な申告とは認められないことから本罪の申告にはあたりません。

(注1)(注2)最決昭33.7.31、(注3)大判大4.3.9、大判大11.5.9、大判昭2.3.17、(注4)大判明42.4.27

エ 犯意

申告事実が虚偽であることを未必的に認識していれば足ります(注)。

(注)最判昭28.1.23

(2) 既遂時期

虚偽の告訴、告発その他の**申告が担当機関に到達した時点で既遂**となります。文書による場合は、当該文書が担当機関に到達し、捜査官などが閲覧し得る状態に置かれれば足ります(注)。

(注)大判昭11.11.24

(3) 自白による刑の減免

本罪を犯した者が、申告をした事件について、裁判が確定する前、又は懲戒処分が行われる前に自白したときは、その刑を減軽し又は免除することができる（第173条）とされています。

第5 職権濫用の罪

職権濫用の罪	公務員職権濫用罪(193)
	特別公務員職権乱用罪(194)
	特別公務員暴行陵虐罪(195)
	特別公務員職権濫用等致死傷罪(196)

公務員は全体の奉仕者であり（憲法第15条）、その職権は国民全体のために公正に行使されなければなりません。特に、強制力を伴う権限は、最も慎重に行使されるべきで、これを本来の目的以外の目的に濫用し、国民の基本的人権を侵害する行為は、極めて悪質な行為といわざるを得ず、重く処罰されます。

1 公務員職権濫用罪

第193条 公務員がその職権を濫用して、人に義務のないことを行わせ、又は権利の行使を妨害したときは、2年以下の懲役又は禁錮に処する。

本罪は、**公務員**がその**職務上の権限を濫用**し、人に**義務のないことを行わせ又は権利の行使を妨害する行為**を処罰の対象とするものです。

(1) 成立要件

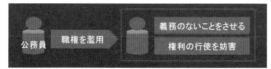

ア 主体

公務員（刑法第7条1項）です。

イ 客体

人で、その範囲には制限はなく、公務員もこれに含まれます。

ウ 行為

職権を濫用し、人に義務のないことを行わせ、又は権利の行使を妨害することです。

a 職権を濫用し

「職権を濫用し」とは、職権を本来の目的以外の目的のために行使することをいい、濫用に至らない単なる地位利用や不当な行為は本罪には該当しません。

職権は、法律上の強制力を有するものである必要はありませんが、それが濫用された場合、職権行使の相手方に法律上又は事実上の負担や不利益を生じさせるに足りる権限でなければなりません(注)。

(注)最決昭57.1.28

b 義務のないことを行わせ

法律上義務とされていないことを他人に強要させることをいいます。

c 権利の行使を妨害し

正当な権利行使を妨げることをいいます。

エ 犯意

職権を濫用して、人に義務のないことを行わせ、又は権利の行使を妨害するという認識が必要です。

(2) 既遂時期

本罪は、義務なきことを行わせ、又は権利の行使を妨害するという結果が生じた時点で、既遂に達します。なお、本罪は、強要罪（第223条）と異なり、未遂犯処罰規定がありません。

2 特別公務員職権濫用罪

第194条　裁判、検察若しくは警察の職務を行う者又はこれらの職務を補助する者がその職権を濫用して、人を逮捕し、又は監禁したときは、6月以上10年以下の懲役又は禁錮に処する。

本罪は、裁判、検察、警察それぞれの職務を行う者又はこれらの職務を補助する者が、その職権を濫用して、人を逮捕し、又は監禁する行為を処罰の対象とするもので、通常の逮捕・監禁罪（第220条）より重く処罰する不真正身分犯です。

3 特別公務員暴行陵虐罪

第195条　裁判、検察若しくは警察の職務を行う者又はこれらの職務を補助する者が、その職務を行うに当たり、被告人、被疑者その他の者に対して暴行又は陵辱若しくは加虐の行為をしたときは、7年以下の懲役又は禁錮に処する。
2　法令により拘禁された者を看守又は護送する者がその拘禁された者に対して暴行又は陵辱若しくは加虐の行為をしたときも、前項と同様とする。

本罪は、裁判、検察、警察それぞれの職務を行う者又はこれらの職務を補助する者が、その職務を行うに当たり、被告人、被疑者その他の者に対して暴行又は陵辱若しくは加虐する行為（第1項）、法令により拘禁された者を看守又は護送する者が、被拘禁者に対して暴行又は陵辱若しくは加虐する行為（第2項）を処罰の対象とするものです。

「職務を行うに当たり」とは、職務を行うに際しという意味で、職務遂行の一環として行われる必要は

ありません。

「陵辱若しくは加虐」とは、暴行以外の行為で本人に不当な精神的肉体的苦痛を与える行為をいい、「陵辱」と「加虐」を一括して「陵虐」といいます。例えば、わいせつな行為をしたり、食事を与えなかったり、睡眠を妨害するなどの行為です。

4 特別公務員職権濫用等致死傷罪

第196条 前二条の罪を犯し、よって人を死傷させた者は、傷害の罪と比較して、重い刑により処断する。

特別公務員職権濫用罪又は特別公務員暴行陵虐罪を犯し、よって人を死傷させる行為を処罰の対象とするもので、両罪の結果的加重犯です。死傷の点について認識がある場合を含みません。

第6 賄賂の罪

1 概説

賄賂の罪の保護法益は、公務員の職務の公正とこれに対する国民の信頼であり(注)、公務員が職務に関して賄賂を受け取る行為、又は一般人が公務員に対して賄賂を贈る行為に関する罰則を定めています。

(注)最判昭34.12.9

(1) 公務員

「公務員」とは、刑法第7条1項に定める国又は地方公共団体の職員その他法令により公務に従事する議員、委員その他の職員をいい、いわゆるみなし公務員も含まれます。

(2) 職務

賄賂の罪が成立するためには、公務員の「職務に関して」金品等の交付や交付の約束などをする必要があります。

「職務」とは、公務員がその地位に伴い公務として取り扱うべき一切の執務をいい(注1)、職務権限を有する公務員に対し金品が供与された場合、権限行使の対価であろうと、権限不行使(不作為)の対価であろうと賄賂罪を構成する(注2)とされています。

本罪にいう「職務」は、一般的な職務権限(注3)に属するものであれば足り、本人が具体的に担当している事務であることを要せず、また、職務に関する行為である以上は、職務行為それ自体でなくとも、それと密接な関係がある行為(職務密接関連行為)も含まれます。

(注1)最判昭28.10.27、(注2)最決平14.10.22、(注3)わかりやすく例えると、具体的職務権限(税務署の職員が担当している地区の者から賄賂を受け取る場合)と一般的職務権限(税務署の職員ではあるが、担当地区でない者から賄賂を受け取る場合)

(3) 賄賂

「賄賂」とは、公務員の職務に対する不法な報酬としての利益をいい(注1)、職務行為との間に対価関係が必要です。賄賂は、およそ人の需要・欲望を満足させるものであればよく現金のほか、判例上、債務の弁済、飲食物の供応、芸妓の演芸、異性間の情交、就職のあっせん、無利子の貸与、値上がり確実な未公開株式の譲渡などがあります。

いわゆる中元・歳暮等の社交儀礼と賄賂との関係については、判例上、職務行為と対価関係が認められれば積極、社交的儀礼の範囲内であれば消極とされています(注2)。

(注1)大阪高判昭26.3.12、(注2)大判昭4.12.4、仙台高判昭28.3.16、最判昭50.4.24

(4) 収賄罪の構成

収賄罪の構成の概要は、次のようになります。

単純収賄罪を基本に、❶「請託を受けて」賄賂を収受した「受託収賄罪」、請託を受けて賄賂を収受した上で公務員になった場合に成立する「事前収賄罪」、請託を受けて第三者に賄賂を供与させた場合に成立する「第三者供賄罪」、次に❷「不正な行為」がポイントとなる、賄賂を収受又は供与などさせた上で、公務員が不正な行為を働いた場合に成立する「加重収賄罪」、不正な行為を働いた後に賄賂を収受などする「事後加重収賄罪」、公務員であった者が在職中に不正な行為を働き、退職後に賄賂を収受する場合に成立する「事後収賄罪」、❸請託を受けて「他の公務員に不正な行為をさせたこと」の報酬として賄賂を収受した場合に成立する「あっせん収賄罪」が規定されています。

2　単純・受託収賄罪

第197条　公務員が、その職務に関し、賄賂を収受し、又はその要求若しくは約束をしたときは、5年以下の懲役に処する。この場合において、請託を受けたときは、7年以下の懲役に処する。

　本罪は、公務員が、その職務に関し、賄賂を収受し、又はこれを要求し若しくは約束する行為を処罰の対象とするものです。

（1）成立要件　単純収賄罪（第1項前段）

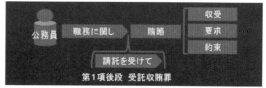

ア　行為

　職務に関し、賄賂を収受、要求、約束することです。

　a　「収受」とは、賄賂を受け取ることで、財物の場合は占有を取得すること、利益の場合は、その利益が享受されることです。

　b　「要求」とは、相手方に対して、賄賂の供与を求める意思表示で、一方的なもので足り、相手が応じなくても問題はなく、要求を行った時点で既遂となります。

　c　「約束」とは、両当事者間で賄賂の授受について合意が成立することで、一旦約束がなされた以上、その後に約束を解除しても本罪の成否に影響はありません（注）。

（注）大判昭 15.5.27

イ　犯意

　賄賂性の認識が必要です。

ウ　罪数

　賄賂を要求、約束して収受した場合は包括して本罪一罪が成立します（注）。

（注）大判昭 10.10.23

（2）受託収賄罪（第1項後段）

　本条後段は、請託を受けて単純収賄行為を行った場合の刑を加重しています。

　「請託」とは、職務に関し一定の行為を行うことを依頼することで、正当な職務についての依頼でも問題ありません。「請託を受ける」とは、依頼を承諾することです。

3　事前収賄罪

第197条
2　公務員になろうとする者が、その担当すべき職務に関し、請託を受けて、賄賂を収受し、又はその要求若しくは約束をしたときは、公務員となった場合において、5年以下の懲役に処する。

本罪は、公選の首長・議員の立候補者等公務員になろうとする者が、将来その担当すべき職務に関し、請託を受けて、賄賂を収受し、又はその要求若しくは約束する行為を処罰の対象とするものです。

公務員となった場合にのみ処罰されます。

4　第三者供賄罪

第197条の2　公務員が、その職務に関し、請託を受けて、第三者に賄賂を供与させ、又はその供与を要求若しくは約束をしたときは、5年以下の懲役に処する。

本罪は、公務員が、その職務に関し、請託を受けてこれを承諾し、賄賂を自ら収受することなく自己以外の第三者に供与させ、又はそのような供与を要求若しくは約束する行為を処罰の対象とするものです。

第三者が、賄賂であることの認識を有していたか否かを問いません。また、第三者が受け取らない限りは、供与の要求又は約束にとどまります。

5　加重収賄罪

(1)　事前加重収賄罪（第1項）

第197条の3　公務員が前2条の罪を犯し、よって不正な行為をし、又は相当の行為をしなかったときは、1年以上の有期懲役に処する。

本罪は、枉法収賄罪（注）とも呼ばれ、公務員が単純収賄、受託収賄、事前収賄、第三者供賄の結果として職務上不正な行為をし、又は相当の（なすべき）行為をしなかった行為を処罰の対象とするものです。

単純収賄罪等は本罪に吸収され、本罪一罪が成立します。

（注）枉法とは、私意によって法を曲げて解釈・運用すること。

(2)　事後加重収賄罪（第2項）

第197条の3
2　公務員が、その職務上不正な行為をしたこと又は相当の行為をしなかったことに関し、賄賂を収受し、若しくはその要求若しくは約束をし、又は第三者にこれを供与させ、若しくはその供与の要求若しくは約束をしたときも、前項と同様とする。

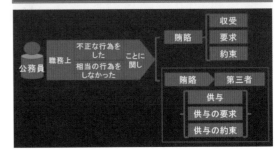

本罪は、職務上不正の行為をし又は相当の行為をしなかった後に、そのことに関し、賄賂を収受、要求若しくは約束し、又は第三者にこれを供与させ、若しくはその供与を要求、約束する行為を処罰の対象とするものです。

6　事後収賄罪

第197条の3
3　公務員であった者が、その在職中に請託を受けて職務上不正な行為をしたこと又は相当の行為をしなかったことに関し、賄賂を収受し、又はその要求若しくは約束をしたときは、5年以下の懲役に処する。

本罪は、公務員であった者が、その在職中に請託を受けて職務上不正の行為をしたこと又は相当の行為をしなかったことに関し、退職後になって賄賂を収受し又はその要求若しくは約束をする行為を処罰の対象とするものです。

第197条の4 公務員が請託を受け、他の公務員に職務上不正な行為をさせるように、又は相当の行為をさせないようにあっせんをすること又はしたことの報酬として、賄賂を収受し、又はその要求若しくは約束をしたときは、5年以下の懲役に処する。

本罪は、公務員が請託を受け、**他の公務員**に職務上**不正な行為**をさせるように、又は**相当の行為**をさせないように**あっせん**すること、又は**あっせんした**ことの**報酬**として賄賂を**収受**し、又はその**要求**若しくは**約束**する行為を処罰の対象とするものです。

「**あっせん**」とは、一定の事項について両当事者の間に立ち仲介することをいいます。

「**賄賂**」は、あっせんすることの対価です。

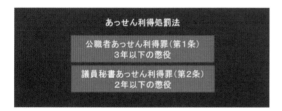

なお、本罪に関連する法律として「公職にある者等のあっせん行為による利得等の処罰に関する法律」（「あっせん利得処罰法」）があり、衆議院議員、参議院議員、それぞれの秘書、又は地方公共団体の議会の議員若しくは長が、国や地方公共団体の契約や行政処分に関し、請託を受けてその権限に基づく影響力を行使して、公務員にその職務上の行為をさせるように、又はさせないようにあっせんすること、又はしたことについて、その報酬を収受したときは処罰されます。

第198条 第197条から第197条の4までに規定する賄賂を供与し、又はその申込み若しくは約束をした者は、3年以下の懲役又は250万円以下の罰金に処する。

本罪は、これまでにお話した収賄罪における**賄賂**を供与し、又はその**申込み**若しくは**約束**をする行為を処罰の対象とするものです。

「**供与**」とは、相手に利益を収受させることで、相手が収受しない場合は、申込みにあたります。

「**申込み**」とは、利益の提供を申し出て収受を促すことをいいます。相手方の収受の意向に関係なく、一方的なもので問題ありません。

「**約束**」とは、賄賂の供与に関して収賄者との間で意思が合致することをいいます。

相手方に収受罪が成立しない場合には供与罪は成立せず、申込罪が成立するにすぎません。

事項索引 subject index

著者プロフィール

一瀬裕文（いちせ・ひろふみ）

1959 年、福岡県生まれ。佐賀大学卒業後、福岡県警察官を拝命。九州管区警察学校刑事教官、久留米警察署刑事管理官、警察庁出向（暴力団対策課課長補佐）、監察官などを経て、宗像警察署長、組織犯罪対策課長、暴力団対策部副部長、博多警察署長、生活安全部長、刑事部長などを歴任。2019 年 3 月、退職。ロングセラー『要点整理 捜査手続法』や『擬律判断の手引』の執筆に関わる。著書に『気づきの付箋〜警察実務の不易流行』がある。

はじめての刑法　ウォーミングアップ　総論・各論
2023 年 1 月 15 日　初版第一刷発行

著　者　　一瀬裕文
発行者　　間　一根
発行所　　株式会社　春吉書房
〒810-0003
福岡市中央区春吉 1-7-11　スペースキューブ 6 F
TEL：092-712-7729　FAX: 092-986-1838
装　丁　　佐伯正繁
印刷・製本　株式会社シナノ

価格はカバーに表示。乱丁・落丁本はお取替いたします。

ISBN978-4-908314-38-4 C0032　Printed in japan

気づきの付箋

警察実務の不易流行

警察実務の不易流行
気づきの付箋
一瀬裕文
不安は努力の起爆剤
達成感を得るためのヒント
50
複雑化する警察実務の中での
「不易流行」とは何か？
実例を挙げながら分かりやすく解説する。

幹部としてのあり方、仕事の進め方などについて、その時々、「感じ、考え、思った」都度、「気づきの付箋」としてメモし、自分なりに整理し直して、職場の方々にお話ししてきました。その話の底流は「不易流行」、変化の激しい時代であるからこそ、不変のものと機敏に変化させるものとを見極めて対応するという思いです。それらの内容を今回、本書に取りまとめました。

（「まえがき」より）

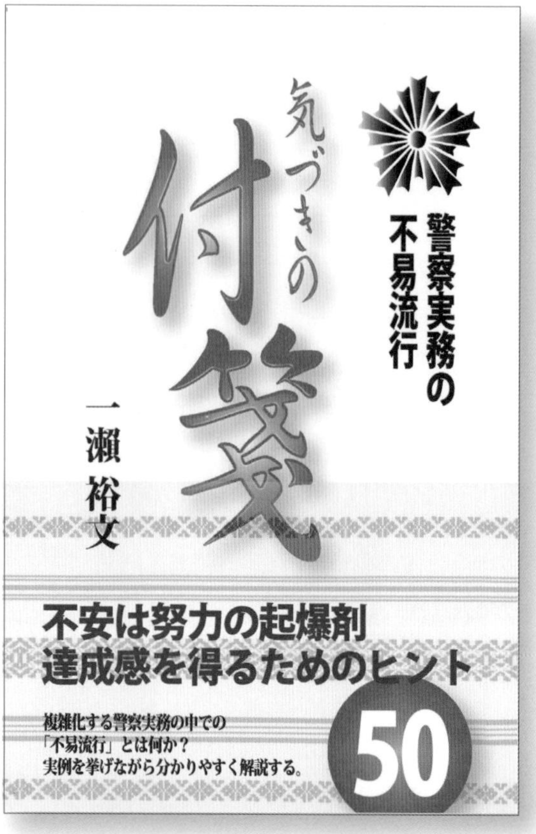

複雑多様化した警察実務に対処するために
今こそ役立つ「不易流行」の実践。

職場・現場で見つけた50のヒント！全ての警察官・一般職員の皆様に贈るガイドブックです

好評発売中

定価 1,760円（10%税込）　新書判／上製／284ページ

HINTS 50

【職場編】

1　縦、横、斜め
2　緩急粗密（かんきゅうそみつ）
3　新聞記事に目を通す
4　始業前点検のススメ
5　自分の頭で考える
6　原典に当たる
7　自分の言葉で話す
8　言葉（日本語）を大切に
9　報告（結論を先に）
10　「悪い情報」は、まず上司に第一報を
11　仕事の進め方
12　立ち位置と振り付け
13　人事異動で新所属に着任したら
14　文書作成のポイント
15　幹部の指導力と自己研鑽
16　縦型、横型のリーダーシップ
17　幹部としての姿勢
18　指示は具体的に
19　新任職員への指示
20　ミスや失敗への対処
21　ローカルルールの戒め
22　相談相手を多く持つ
23　部下に対する思いやり
24　パワーハラスメント
25　幹部としての戒め
26　ヒト、モノ、カネへの配意
27　たった一言で救われる
28　気持ちの切り替え、「まいっか！」
29　士気高揚の仕掛け人
30　明るく活力ある職場づくり
31　社会人としてのマナー
32　健康維持の鉄則
33　警察の原点を忘れない
34　「警察改革」の精神を忘れない

【現場編】

35　納得がいく捜査
36　捜査員の大量投入
37　新聞記事の見出しに「決闘」
38　現場検索と適正手続
39　密室性の証明
40　捜査方針の早期決定と科学捜査
41　関係機関への手配
42　事件のまとめ
43　素早い立ち上がり
44　擬律判断
45　踊らされた大捜査線
46　迅速な手配
47　本部関係各課の支援
48　素朴な疑問
49　関係機関との連携プレー
50　目撃者への配慮

不易流行（ふえきりゅうこう）
不易を知らざれば基立ちがたく
流行を知らざれば風新たならず
『去来抄』／松尾芭蕉

特別寄稿

私が大切にしている10の格言
藤林 信康　福岡県警察 生活安全部長

工藤會頂上作戦での捜査指揮
尾上 芳信　福岡県警察 暴力団対策部長

攻めて守る～「百戦百勝」を目指して
橋本 浩輔　福岡県警察 捜査第一課次席